黄檗禅と浄土教

田中実マルコス 著

萬福寺第四祖獨湛の思想と行動

佛教大学研究叢書

法藏館

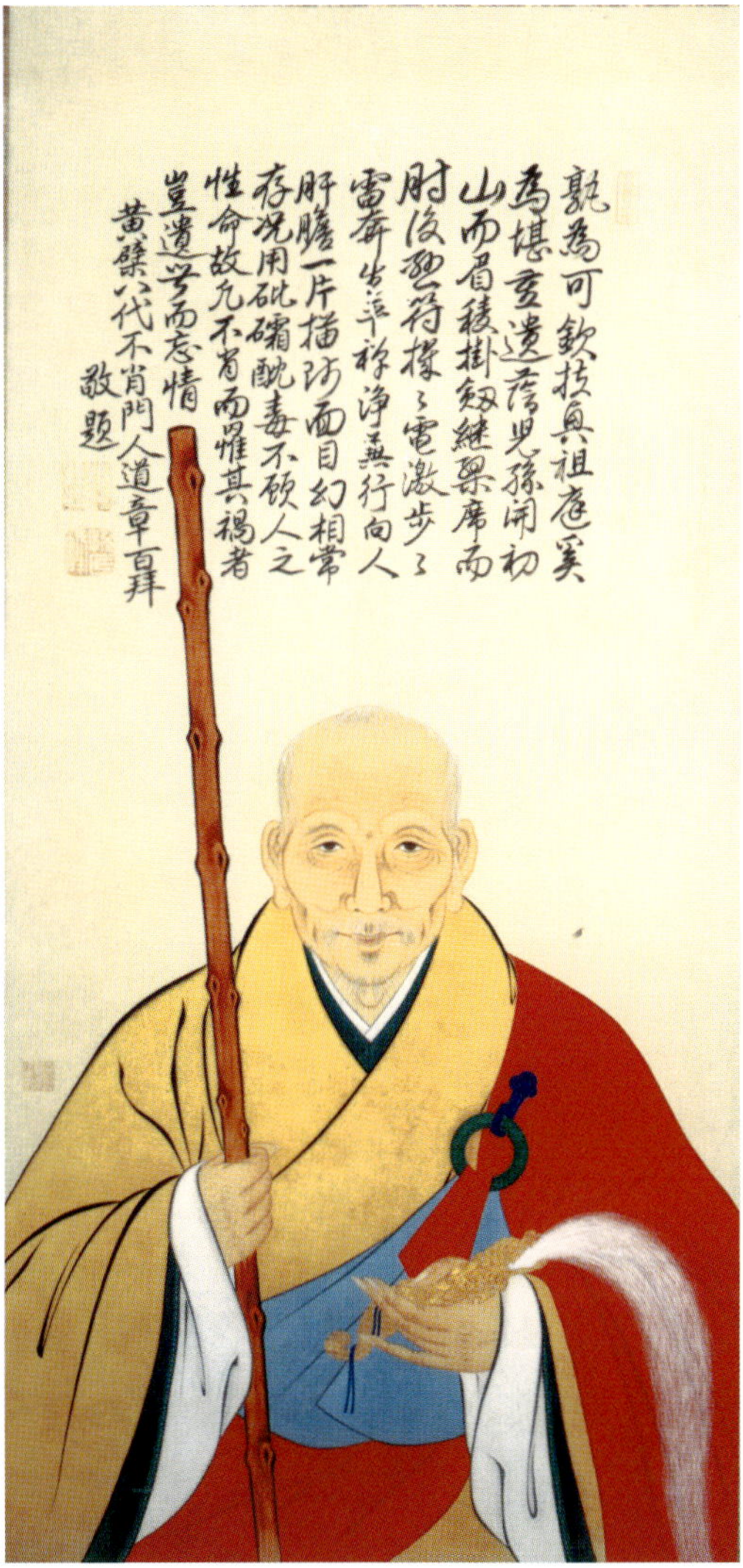

紙本着色　　獨湛性瑩像
藤原種信筆　悦峰道章題
（京都・萬福寺蔵）

黄檗禅と浄土教——萬福寺第四祖獨湛の思想と行動——＊目次

黄檗禅と浄土教

——萬福寺第四祖獨湛の思想と行動——

緒　言

日本の禅宗は大きく分けると臨済宗、曹洞宗と黄檗宗の三宗である。そのうち臨済系の黄檗宗は明僧隠元隆琦（一五九二～一六七三）によって伝えられた。日本禅宗史を見ると、隠元渡来以前、日本禅宗界に大きな影響を与えた次のような渡来僧がいる。[1]

・一山一寧（一二四七～一三一七）鎌倉後期（南宋）の臨済僧。一山派の祖。建長寺十世、円覚寺七世、南禅寺三世。中国の貴族社会の教養を日本に紹介し、その門流から優れた五山文学者を出した。

・蘭渓道隆（一二一三～一二七八）鎌倉中期（南宋）の臨済僧。大覚派の祖。建長寺の開祖。鎌倉禅宗の基礎を築き、関東・中部・東北地方にも教勢を伸ばした。

・無学祖元（一二二六～一二八六）鎌倉中・後期の臨済僧。仏光派の祖。建長寺五世、円覚寺の開祖。老婆禅と呼ばれる指導法で多くの鎌倉武士の参禅者を得て日本臨済宗の発展の基礎を確立した。

・清拙正澄（一二七四～一三三九）鎌倉後期（南宋）の臨済僧。清拙派の祖。建仁寺二十三世、建長寺二十二世、円覚寺十六世、南禅寺十四世。百丈懐海の禅風を重んじて『大鑑清規』を撰述して日本禅林の規律を確立した。

ところで隠元は福建省の黄檗山萬福寺の住持であったが、日本の逸然より四回も招請され、遂に断りきれず承応三年（一六五四）に来日した。黄檗の宗風は禅浄双修で、「臨済正宗」と標榜していた。

隠元の禅の宗風については、妙心寺二一九世虚櫺了廓（一六〇〇～一六九一）が長崎に赴き、興福寺で隠元と接見して法儀を視察し、その様子を手紙で妙心寺一九六世禿翁妙宏（一六一一～一六八一）に伝えている。その手紙には隠元とその門下の人柄や日本禅宗と異なった宗風を報告している。その中には「坐禪の儀式はいかにも殊勝に見え申候、總じて能々見申候に外は淨土宗に似、内は禪宗の様に存候是雲棲の軌範故乎」(2)と隠元の禅風を記している。つまりこれまでの日本の禅宗と違って念仏を双修する禅で、雲棲袾宏の宗風であろうと述べている。隠元が萬福寺から退く前に著した『黄檗清規』には、『阿彌陀經』の読誦や念仏遶道の実践が禅院での規範として織り込まれている。隠元は来日の際二十三人を同行しているが、その中で獨湛（一六二八～一七〇六）は「念仏獨湛」と称されるほど念仏を実践し、教化活動をした。そして浄土宗の諸僧と交流した。珂然（一六六九～一七四五）の『義山和尚行業記』には獨湛について次のように記している。

禪師禪而念佛可謂永明所謂如虎戴角之禪矣且禪師平居勸化四衆不説餘事唯以念佛宜禪師隨喜師講説良有以也(3)

つまり獨湛は禅僧であって念仏する。それは延寿の『四料簡』に説く延寿の禅風である。(4)獨湛は常に四衆を勧化して、念仏以外の教えを説かなかった。獨湛は義山の講説を聞いて随喜したという。

獨湛の著作として『獨湛禪師語録』九巻、『初山獨湛禪師語録』一巻、『獨湛和尚全録』三十巻、『獨湛禪師梧山舊稿』四巻、『初山勵賢録』一巻、『當麻寺化佛織造藕絲西方聖境圖說』一巻、『授手堂淨土詩』一巻、『黄檗獨湛和尚開堂法語』一巻、『施食要訣』一巻がある。(5)

また獨湛は黄檗最高の画僧としても知られ、多くの絵画を残している。隠元像、木庵像等の諸祖師像や諸仏菩薩像を描いている。その中で念仏獨湛らしく阿弥陀仏像、當麻曼陀羅、弥陀三尊、善導、法然像も残している。そして念仏教化の為に『勸修作福念佛圖說』を残している。

獨湛の思想の特徴は獨湛が遷化して、その葬儀の際に述べられた諸師の香語からうかがわれる。その香語は『輓偈稱讃淨土詠』に収録されている。その中に、木菴の弟子である萬福寺第七世悦山（一六二九～一七〇九）が「四佛事法語」の鎖龕文で次のように述べている。

恭惟黄檗山獅子林法叔獨湛瑩大和尚侍祖翁東來五十有三載其開堂出世四十有二年法道弘揚宗風丕振悲智同運禪淨雙修即萬行以印一心即一心而彰萬行如昔時之永明天如如近代之雲棲聞谷爲人蔑以加矣。(6)

つまり黄檗山獅子林の法叔獨湛は隠元に随行して渡来して五十三年、そのうち初山宝林寺で開堂出世してから四十二年間、仏道を宣揚したので、黄檗の宗風が大いに振興した。慈悲と智恵をめぐらし、参禅と浄土を双修した。「萬行に即して一心に境界を刻印し、一心に即して萬行を顯彰する」(7)（「雲棲蓮池宏大師塔銘」）。それは昔日の永明延壽（九〇四～九七五）や惟則天如（一二八六～一三五四）のようであり、近代の雲棲袾宏（一五三五～一六一五）や聞谷廣印（一五六六～一六三六）のようである。人となりは、さらにそれ以上つけ加えるものがない、と獨湛を讃えている。

獨湛に関する先行研究は少ない。発表順に紹介し、獨湛の研究史を概観しておきたい。
・大賀一郎「黄檗四代念佛禪師獨湛和尚について」（『念佛と禪　浄土学特輯』一九四二年）
黄檗僧の渡来について記し、獨湛の生涯と獨湛の信仰について述べている。獨湛の著作紹介では、獨湛の著作と伝わる『在家安心法語』を詳細に論じ、『當麻圖說』の刊行、『勸修作福念佛圖說』の印施、當麻曼荼羅の印行について述べている。獨湛の晩年に他宗僧、特に浄土宗諸僧との交流について述べ、最後に善導の肖像画を紹介している。
・中尾文雄「独湛禅師の参禅と念仏観」（『黄檗文華』十一号　昭和四十九年〈一九七四〉八～九月号）
・同「独湛禅師の参禅と念仏――『初山独湛禅師語録』より――」（『黄檗文華』二十三号　昭和五十年〈一九七五〉十月）
この二稿では『初山獨湛禪師語錄』に説かれている念仏と参禅について取り上げている。その中で念仏と参禅の優劣にかかわらず、人それぞれに因縁のある修行法に励むことを獨湛が勧めていることを指摘している。
・大槻幹郎「独湛と念仏禅」（『大法輪』昭和五十一年〈一九七六〉十一月）
獨湛の伝記を中心に述べている。構成は「隠元の従僧獨湛」、「琴棋書画の家に育つ」、「萬福寺入山と高泉事件」、「念仏禅に生きる」となっている。獨湛の個性の表現が、念仏獨湛、黄檗最高の画僧といわれるものであろうと指摘している。そして獨湛が萬福寺住持職中、黄檗禅は衰退したと評している。
・長谷川匡俊「近世念仏と外来思想――黄檗宗の念仏者独湛をめぐって――」（季刊『日本思想史』二十二号　一九八四年）
同著『近世浄土宗の信仰と教化』（第五章　他教併修の信仰と教化、第二節　黄檗宗の念仏独湛――禅浄双修から浄業帰一へ――）にも収められている。構成は「獨湛の略伝とその人なり」、「念仏者獨湛」、「獨湛の念仏教化」となっている。浄土宗側から見た黄檗禅僧獨湛は念仏の良き理解者、信仰者といえると指摘している。

・松永知海「黄檗四代獨湛和尚巧――當麻曼荼羅をめぐる浄土宗僧侶の関連において――」（坪井俊映博士頌寿記念『佛教文化論巧』昭和五十九年〈一九八四〉十月二日）

獨湛と當麻曼荼羅について述べて、『當麻寺化佛織造藕絲西方聖境圖説』を紹介している。最後に「獨湛と浄土宗」の節で、獨湛作の法然善導の二祖対面の図を紹介している。

・松永知海「『勸修作福念仏図説』の印施と影響――獅谷忍澂を中心として――」（『佛教大学大学院研究紀要』第十五号　昭和六十二年〈一九八七〉三月）

獨湛の『勸修作福念佛圖説』を紹介して、阿弥陀三尊図の左右両脇の長文を雲棲袾宏の『自知錄』と比較している。『念佛圖説』が与えた影響として雲洞の『丈六彌陀蓮會講百萬念僊圖説』、『勸修百萬遍十界一心願生西方作福念佛圖説』、『勸修作福百萬遍二世安樂圖説』と天性寺の『百萬遍念佛圖説』を紹介している。

・井村修『独湛性瑩と近藤貞用』一九八七年

近藤五家と旗本で大檀越である近藤貞用（語石）について記述し、隠元の渡来、貞用と黄檗僧徒の関わり、特に獨湛との関係を語っている。そして貞用の寄進によって初山に宝林寺が建立されたこと、獨湛が萬福寺に晋山したこと、最後に貞用の臨終について述べている。

・「近藤貞用と御林と独湛」（『引佐町史』上巻　平成三年〈一九九一〉三月）

近藤貞用について述べている。獨湛は寛文四年に金指に入り、最初に実相寺に新しい寺を建て入寺してから初山宝林寺を建立することになった。寛文元年に木庵を方広寺に請待する画策があったことを述べている。後に隠元の嗣法者となる妙心寺の住持であった龍渓性潜（宗）（一六〇二～一六七〇）は隠元を徳川家綱と引き合わせたり、性潜と近藤貞用との関係で獨湛に引佐へ行くことをすすめたり、隠元が萬福寺に晋山すると獨湛と龍渓は西堂となったことを述べている。渡来僧と日本人が会話できたのは、当時長崎では日中両言語に通ずる人が多く通訳をしていたことを指摘している。

・大槻幹郎「黄檗獨湛の絵画序説」（『大和文華』一一一号　二〇〇四年五月）

隠元渡来後について述べて、獨湛性瑩の伝記を記して獨湛の絵画をいくつか紹介している。最後に「獨湛の絵画について、その意義を特記するならば近世禅林絵画において、やがて禅画として評価されている白隠慧鶴や仙厓義梵の出現に先駆ける画業にあった」と指摘している。

・錦織亮介「黄檗僧独湛　絵画作品録（稿）」（『北九州市立大学文学部紀要』第七十四号　二〇〇八年一月）

獨湛の絵画を収録してそれらを紹介している。獨湛の賛が付されているものについてはそれを翻刻している。

獨湛は静岡県の初山宝林寺を建立したのをはじめ、多くの寺院を創建した[8]。獨湛は語録類、絵画、書を残しているが、絵画の中の多くは浄土教に関連するものである。

黄檗宗には永明延壽や雲棲袾宏等により禅浄を双修する伝統があるが、獨湛はその中でも念仏を修することが顕著で、「念仏獨湛」と称されたのである。また獨湛は「蓮宗化世人」という墨蹟を残している。そこには浄土宗が世人教化に重きを置く宗であるという認識と、それに共鳴する獨湛の念仏信仰を看取することができる。本論では、獨湛の生涯、思想、教化活動の考察を通して念仏獨湛の全体像に迫ってみたい。

註

（1）当初は臨済正宗黄檗派といったが、明治九年、臨済宗から一宗として独立、以後「黄檗宗」を公称している。
（2）『増補妙心寺史』四五九頁。
（3）『義山和尚行業記並要解』三十一丁（佛教大学図書館所蔵）。
（4）『四料簡』では禅浄を同様に重んじている。「有禅無浄土」であれば、十人のうち九人が蹉跎、つまりつまずく。もし禅定中に陰魔が現前すれば、娑婆に流転することになる。「無禅有浄土」であれば、万人が修すれば万人が浄土に往生できる。「有禅有浄土」であれば、虎が角を戴くように、現世で人師となり、来世で仏祖に成る。「無禅無浄」ならば、永劫に生死に沈淪することになると述べている（『角虎集』巻下「永明智覺延壽禪師」、『卍続蔵』第六十二巻、二一六頁b参照）。
（5）本論文の作成に当たって獨湛の著作と伝記を集輯して『獨湛全集』を作成した。本論中獨湛の著作の引用はすべて『獨湛全集』の巻数と頁数を示した。
（6）『輓偈稱讃浄土詠』八右〜左（大正大学附属図書館所蔵）。
（7）『憨山老人夢遊集』巻二十七（『卍続蔵』第七十三巻、六五五頁）「歴觀從上諸祖。單提正令。未必盡修萬行。若夫即萬行以彰一心。即塵勞而見佛性者。古今除永明。惟師一人而已。先儒稱寂音為僧中班馬。予則謂師為法門之周孔。以荷法即任道也。惟師之才。足以經世。悟。足以傳心。教。足以契機。戒。足以護法。操。足以勵世。規。足以救弊。至若慈能與樂。悲能拔苦。廣運六度。何莫而非妙行耶。出世始終。無一可議者。可謂法門得佛之全體大用者也。」
（8）獨湛は初山宝林寺を建立して隠元を開山として勧請、自ら第一世となった。それ以降、東は上野国から西は伊予国まで多くの寺院の開山となっている。それは次のようである。
上野　鳳陽山　国瑞寺
武蔵　龍泉山　洞雲寺
相模　慧日山　大泉寺

甲斐　錦　山　一乗寺
遠江　水灯山　慈雲寺
遠江　補陀山　指月院
尾張　興法山　大乗寺
摂津　和気山　邦福寺
摂津　紫金山　如意寺
大和　龍宝山　泉光寺
近江　天龍山　梵釈寺
近江　安土山　長徳寺
近江　安岡山　地蔵院
山城　西景山　崇円寺
播磨　高雄山　高男寺
伊予　如意山　雲門寺
伊予　興福山　長隆寺
備前　轟　山　普門院

（竹貫元勝著『近世黄檗宗末寺帳集成』参照）

第一章　黄檗宗と獨湛

第一節　黄檗禅

菩提達磨（五二〇年頃）はインドから中国に入って大乗禅を伝えた。それ以前の中国禅仏教はほとんどが小乗の禅観思想による禅法であった。達磨の坐禅の特色は大乗壁観であり、嵩山の少林寺で九年間面壁坐禅して壁観婆羅門と称されるようになった。その達磨禅系の中で中国に発展したものとして臨済義玄（～八六七）が宗祖となる中国臨済宗があげられる。ここで取り上げる黄檗派[1]は中国仏教史の上からいえば臨済宗の流れに連なり、獨湛の師である隠元隆琦（一五九二～一六七三）は臨済宗の高僧である。

臨済宗の血脈を中国禅宗の中に見ると、第一祖達磨、第二祖慧可（四八七～五九三）、第三祖僧璨（～六〇六）、第四祖道信（五八〇～六五一）、第五祖弘忍（六〇二～六七五）となる。その弘忍会下に慧能（六三八～七一三）、神秀（～七〇六）という二人の逸足がおり、慧能は南宋禅、神秀は北宋禅の開祖である。慧能の系統の禅は広く行われており、その流れから「五家七宗」を輩出し、一般には慧能を第六祖として、その宗風は中国仏教の中でも、最も中国的な趣を示している。慧能の弟子の中では青原行思（～七四〇）と南嶽懐譲の二人が著名である。行思の弟子には石頭希遷（七〇〇～七九〇）がおり、懐譲の流れからは、馬祖道一（七〇九～七八八）、南泉普願（七四八～八三五）、百丈懐海（七二〇～八一四）の名僧が出ている。

ところで五家七宗[2]について説明するならば、まず五家とは以下を指す。

一、潙仰（いぎょう）宗　百丈の弟子、潙山霊祐（七七一～八五一）およびその弟子、仰山慧寂（八四〇～九一六）によって大成される。

二、臨済宗　百丈の弟子に黄檗希運（　～八五〇）がおり、その弟子の臨済義玄（　～八六七）によってその家風が大成された。

三、曹洞宗　青原の血脈である洞山良价（八〇七～八六九）とその弟子、曹山本寂（八四〇～九〇一）によって大成される[3]。

四、雲門宗　青原の血脈である雲門文偃（　～九四九）が出て、この家風を起こした。

五、法眼宗　青原の血脈である法眼文益（八八五～九五八）が出て、この家風を起こすが、宋の中期以降、法灯が絶えた。

五家の中では臨済宗が最も栄え、雲門宗がそれに次いだようであるが、さらにその後には、臨済の系統から二派を出し、五家に二派を加え五家七宗と称するようになる。以下に二派を挙げる。

六、黄龍派　黄龍慧南（　～一〇六九）に始まる。後代まで栄え、日本の臨済宗の祖、栄西はこの派を伝えたものである。

七、楊岐派　楊岐方会（九九六～一〇四九）に始まる。その門派が宋以後の臨済宗のほとんどを占め、日本の臨済宗の諸流（二十四流[4]）の大半はこの派の系統に属する。黄檗派の隠元もこの派に属する僧である。

五家七宗を図で表すと次のようになる。

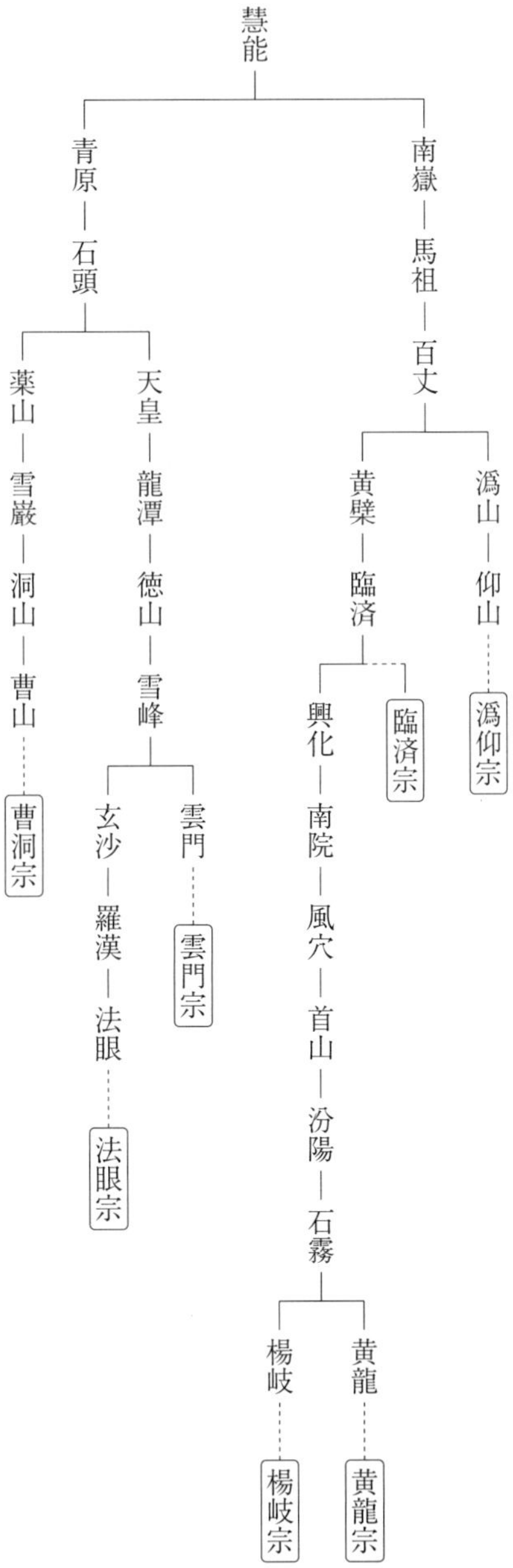

五家とは五宗ともいい、獨湛はこの五宗に関して『獨湛禪師梧山舊稿』[5]巻第一で言及している。そこでは釈迦よりの師資相承の血脈を慧能[6]まであげ、それに頌を添えている。そして慧能の後に五宗をあげ、その祖師にも賛を付している。慧能の箇所には、「曹溪千古波濤湧。一派法源東注(ニ)來(キル)」[7]とあり、慧能が継承した禅仏教の波濤はさらに力強いものとなって東に伝わっていたとあり、慧能の法流が日本にも伝わっていったことを記している。

ところで、日本の臨済宗の僧は隠元をどのように見ていたのであろうか。『妙心寺史』には「法山仙壽院の禿翁は承應元年に隠元の著書二巻を購ひ得、隠元の人なりを知つて之を龍安寺の龍谿に語り、私かに隠元を尊崇していた」[8]とあるから、少なくとも禿翁妙宏（一六一一～一六八一）は隠元の著述により隠元のことを知り、尊崇の念を持っていたのである。また隠元は承応三年（一六五四）十月十五日より正月十五日まで初めての結制を開いている

（日本僧七十人、中国僧二十人）。禿翁の法弟である虚櫺了廓（妙心寺二一九世）は広島禅林寺の法山耆宿の命に従って長崎へ行き、興福寺で隠元と接見して、当時の中国僧の法儀を視察し、その様子を手紙で禿翁に伝えている。その手紙の中で了廓は隠元とその門下の威儀等の特徴を箇条書きで報告している。その中で浄土教に関するものを上げると次のような項目がある

一朝暮勤行の末、大衆南無阿彌陀佛の行動、鐘鼓木魚等の唱物拍子面白候、併日本にては不相應の儀式毎日針レ耳者なり其外色々の作法有之候へ共、然し覺え不申に付不レ能ハ二筆記一候（1）

一座禪の儀式はいかにも殊勝に見え申候、總じて能能見申候に外は淨土宗に似、內は禪宗の様存候是雲棲の規範故乎（2）

一隱元伴僧にも、さのみ出格の人無レ之候、西堂獨應と申人發明の仁と承候、其次には書記獨知と申人にて是は唐土にても好人の內と申候、其外侍者良演と申者作能く候（3）

又獨湛と申者工夫專一に勤め、隱元も感じられしひとなり、其外衆少つゝ、才智ありといへど、日本人に無二知る事一我慢情識無而不レ好人[9]

つまり（1）は、朝と夕方の勤行の後に大衆が念仏をするが、その際隠元によって日本にもって来られた木魚[10]を打って唱える点に関心をもった。しかしそれは日本においては不相応の儀式であり、聞きなれない安穏をもたらすものではない。（2）は、座禅の行は殊勝に見えるが、全般的に見ると外は浄土宗に似ていて、内は禅宗である。これはおそらく雲棲袾宏（禅浄双修）の規範の流れを汲むためであろう。そして最後の（3）は、隠元の伴僧のう

ち、西堂獨應[11]は発明の人、書記獨知は中国でも仕事の上手な人、そして良演は侍者としてよく世話をする人である。獨湛の人柄については工夫専一につとめる人であり、隠元もそのことに感心していたという報告である。

この手紙によれば隠元一行が禅浄双修のもとに念仏を唱えていたことがわかる。しかし、疎石夢窓国師（一二七五〜一三五一）によって臨済宗から念仏が排斥された[12]のである。

註

（1）明僧隠元隆琦を開祖とし、京都府宇治市の黄檗山萬福寺を本山とする禅宗の一派。隠元は臨済宗楊岐派の系統に属した人であり、黄檗宗は明末の臨済宗に含まれ、伽藍の様式、法具・法服・読経・法要の諸式などが日本の臨済宗と異なっていたので、江戸時代には臨済宗黄檗派または禅宗黄檗派、略して黄檗派と言われ、時には黄檗宗とも称されていた。明治七年（一八七四）教部省の命令で臨済宗に合併されたが、同九年独立して黄檗宗と公称し、今日に至っている（『国史大辞典』参考）。

（2）増永霊鳳稿「支那禅宗史に於ける五家の地位とその性格」（『念佛と禪　浄土学特輯』所収）参照。
五家七宗の語源として『圜悟佛果禪師語録』巻第十六には「達磨迢迢自西竺遊梁歴魏。冷坐少林。深雪之中有箇斷臂老子。解覷破不免漏泄分付伊。謂之單傳密記。子細究之。一場敗闕。自此便喧傳西來旨意。世間隨流將錯就錯。滿地流行分五家七宗。遮立門戸提唱」（『大正蔵』第四十七巻、七八六頁）と『佛果圜悟真覺禪師心要』巻上には「達磨迢迢自西竺游梁歴魏。冷坐少林深雪之中。有箇斷臂老子解覷破。不免漏泄分付伊。謂之單傳密記。子細推之一場敗闕。自此便喧傳西來旨意。世間隨流將錯就錯滿地流行。分五家七宗。遮立門戸提唱」（『卍続蔵』第六十九巻、四五七頁）とあり、いずれも達磨がインドより禅を伝来して中国で五家七宗に分かれたことを述べている。しかし五家七宗の内容は明かしていない。

（3）日本の曹洞宗の血脈は洞山—雲居道膺（九〇二没）—天童如浄（一一六三〜一二二八）の系譜に連なる。

（4）日本禅宗二十四流。鎌倉時代以来、日本に伝来した禅には四十六伝（あるいは五十九伝）あったが、このうち嗣法の弟子ができ、法孫を輩出して流派をなしたものが二十四流あったとされる。今日禅門の常識となった二十四流の名称は、江戸初期の釈半人子撰『二十四流宗源圖記』参照。

（5）この書物については第二章の第二節を参照。

（6）釈迦文佛↓迦葉↓阿難↓商那和修↓優波毱多↓提多迦↓彌遮迦↓婆須密↓佛陀難提↓伏駄密多↓脇↓富那夜奢↓馬鳴↓迦毘摩羅↓龍樹↓迦那提婆↓羅睺羅多↓僧迦難提↓伽耶舎多↓鳩摩羅多↓闍耶多↓婆修盤頭↓摩拏羅↓鶴勒那↓師子↓婆舎斯多↓不如密多↓般若多羅↓菩提達磨↓慧可↓僧燦↓道信↓弘忍慧能。

（7）『獨湛禪師梧山舊稿』巻第一、一八右（京都萬福寺所蔵）〈『獨湛全集』第三巻、四五頁〉

（8）『増補妙心寺史』四五六頁。

（9）川上孤山著・荻須純道補述『増補　妙心寺史』四五八頁。

（10）浄土宗では初めて木魚を使用したのは京都鳥羽の法伝寺の不退円説（一六九六～一七五九）と伝わっている。円説と黄檗僧の関係について、天台宗の学僧、僧敏（一七七六～一八五一）集録の『散心称名念佛往生編』（十丁右、称名庵文庫所蔵）に円説と萬福寺第五世高泉の門下仁峯（一六五二～一七二五）（『遂懐往生傳』巻之下）の関係について次のように述べている。「黄檗山任（仁）峯禪師。不退圓説和尚のもとに来りて曰。驀直に生死を出離する事。我禪門にしくはなし。さるを乱心口稱の念佛にて淨土に往生する事。その理信じ難しと申されければ。師これが爲に大悲本願の深意諸宗不共の妙旨を説事三日の間なり。禪師日々聽聞信受して。初て心を西方に歸し。日課念佛三萬遍を誓約し。みづから歎じて曰。我幸に報命を持ち。今日此師に逢て易行の法を聞得て。順次往生の巨益を得る事。豈に曠劫の大慶ならずやとて専修念佛の行者となり給ひしとぞ。（近世往生傳二編に出づ。仁峯禪師の傳は遂懐往生傳に出て臨終奇瑞を感じて往生し給うよしをのす）」と、仁峯の浄土信仰について『近世往生傳』二編四、十七丁左（佛教大学所蔵）に記述がある。

（11）隠元と渡来した弟子の中で獨應という者は見当たらないので、獨言の誤りであろう。獨言性明（一五八六～一六五五）は渡来して長崎の興福寺に住し、維那の職に就いて、後に西堂職にあがった。

(12)　孤峰智璨『禅宗史』七九〇頁。

第二節　隠元

前節で述べたように隠元隆琦は臨済宗の僧であり、開祖臨済義玄から数えると第三十二世となる。(1) 獨湛は『初山獨湛禪師語録』に「曹溪源流頌」を著し、その中で曹溪流祖師をあげて頌を添えている。その血脈譜を要約すると次のようになる。

[一]南嶽（懐）譲→[二]馬祖（道）一→[三]百丈（懐）海→[四]黄檗（希）運→[五]臨済（義）玄→[六]興化（存）奨→〈宝応〉[七]南院（慧）顒→[八]風穴（延）沼→[九]首山省念→[十]汾陽（善）昭→[十一]石霧（楚）圓→[十二]楊岐（方）會→[十三]白雲（守）端→[十四]五祖（法）演→[十五]圓悟（克）勤→[十六]虎丘（紹）隆→[十七]應菴（曇）華→[十八]密菴（咸）傑→〈破庵〉[十九]臥龍（祖）先→[二十]無準（師）範→[二十一]雪巌（祖）欽→[二十二]高峰（原）妙→[二十三]中峰（明）本→[二十四]千巌（元）長→[二十五]萬峰（時）蔚→[二十六]寶藏（普）持→[二十七]東明（慧）昰→[二十八]海舟（普）慈→[二十九]寶峰（明）瑄→[三十]天奇（本）瑞→〈無聞〉[三十一]絶學（正）聰→〈月心〉[三十二]笑巌（徳）寶→[三十三]幻有（正）傳→[三十四]密雲（圓）悟→[三十五]費隠（通）容→

〈本師〉[三十六]隠元隆琦(2)

この血脈から見れば、隠元は南嶽懐譲（六七七～七四四）から数えて第三十六祖に当たり、臨済義玄から数えると臨済宗の第三十二世に当たる。また獨湛は、隠元が南嶽流であることを強調している。

『隠元禪師年譜』(3)によって隠元の伝記をまとめると次のようになる。

年号	西暦	年齢	記事
（明）万暦二〇	一五九二		隠元隆琦は十一月四日、福建省福州府福清県東林で、林徳龍の子として生まれる。
万暦二六～万暦三〇	一五九八～一六〇二	七歳～一一歳	父親が湖北省方面へ赴いたまま帰って来なかったため、家庭の事情で九歳の時に学問を始める。十歳でやめて耕樵の仕事に就く。
万暦三六	一〇六八	一七	空を見上げ、天河の運転、星月の流輝を見て不思議に思い、この真理は仏でなければ明らかにすることは難しいだろうと考え、仏教に興味を懐く。
万暦三八	一六一〇	一九	径江（福建省福清県）の念仏会に参加する。
万暦四〇	一六一二	二一	母と兄が結婚を勧めるが、これを断って父を捜す旅に出て各地を歴訪する。
万暦四三	一六一五	二四	南海の普陀山を訪れ、その雰囲気に触れて出家を志す。普陀山は中国四大霊山（峨眉山は普賢菩薩、五台山は文殊菩薩、九華山は地蔵菩薩、普陀山は観音菩薩の霊山）の一つで舟山列島中の一孤島にある観音霊場である。その中の潮音洞に入った隠元は茶頭を勤める。わずかに一年であったが、これが出家の契機となる。その後帰郷。当初出家に反対していた母を説得して出家の許しを得て再び普陀山に向う。しかし途中路銀を掠められたのでやむなく故郷に戻る。

万暦四八	一六二〇	二九	母が亡くなり、決意して黄檗山萬福寺の鑑源について、二月十九日に出家する。
天啓四	一六二四	三三	金粟山広慧寺の密雲円悟（一五六六～一六四二）に出会う。
崇禎二	一六二九	三八	念仏放生会を修し、浄土の詩を著す。
崇禎三	一六三〇	三九	春、密雲が黄檗山に晋住し、隠元は随侍する。その秋、密雲は黄檗山を退いたが、費隠がその跡を継ぎ、翌年に隠元は西堂となる。
崇禎六	一六三三	四二	嗣法して、獅子巌に退く。
崇禎一〇	一六三七	四六	費隠は黄檗山を退山。隠元は跡を承けて黄檗山に晋山する。以後五十三歳まで在住し、一度黄檗山を退いて福厳寺に転住するも、再び黄檗山に戻り順治十一年に日本に来るまで住する。
			日本への渡来は、長崎興福寺の住持であった逸然の招請によるものであるが、逸然は承応元年（一六五二）四月に第一回の招請状を送り、八月に第二回、翌年三月に第三回、十一月に第四回と、四回にわたって招請状を出したので、隠元はその熱意を感じてついに応請を決意して、その旨の返書を出す。それを知った僧俗は日本への渡航の中止を願ったが、隠元は約束を違えることもできず、また僧俗の願いを無碍に却けることもできないので、三年後に帰国すると約束して出発する。
（日本）承応三年	一六五四	六三	六月二十一日厦門を出帆して、七月五日に長崎に着き、翌日興福寺に入る。[4] そ

			の一行は弟子の獨言、獨知（のち慧林と改めた）、大眉、惟一、獨吼、獨湛、良衍（のちに南源と改めた）、雪機、古石、揚津、良哉らと諸種の職人をも含めた三十名だった。隠元は初め長崎に三年留錫して帰国するつもりでいたが、彼を妙心寺に迎えようとする動きが起こる。その首唱者は龍渓（一六〇二～一六七〇）であったが、事は成就しなかった。
明暦元	一六五五	六四～六八	隠元は妙心寺派龍安寺の末寺である摂津の普門寺の龍渓に迎え入れられる。中国の黄檗山萬福寺との約束や師匠の費隠や同僚、後輩からの要請により、隠元は三年後に本国に帰るつもりであったが、龍渓らの必死の引き止めや、江戸における明暦の大火（一六五七）のため、六十八歳の時、最終的に日本滞留を決心した。実はそれまでに本国から帰還を強く要請する手紙が来ていたのを長崎奉行が隠しており、一時的な帰国の取りやめを聞いてから、それを隠元に見せたということもあった。
万治元	一六五八	六七	将軍家綱に謁見を許される。
万治二	一六五九	六八	京都近郊に一寺を建てるよう幕府の意向が伝えられ、現在の宇治市に土地[5]を賜って新寺を建立することになる。隠元はこの寺を本国と同じ黄檗山萬福寺と号した。これは本国を決して忘れることがないようにとの思いからである。
寛文元	一六六一	七〇	新黄檗山に晋山し、翌年には法堂が建てられ、その翌年には禅堂と、次々に建物が建てられていった。『雲棲蓮池大師戒殺放生文』の刊行に跋文を寄せている。[6]
寛文三	一六六三	七二	正月には新命住持が着任して最初の演法である祝国開堂を行い、同じく十二月

寛文四	一六六四	七三	には日本で最初の授戒会を萬福寺で行う[7]。 黄檗山の建物はまだ全部出来あがっていなかったが、住持の席を弟子の木菴に譲り、山内の松隠堂に退隠する。退隠後もその活動は変わるところなく、一般人に対する接化や、弟子に対する付法を行っている。また退隠[8]後に四回ほど各地に出かけている。訪れた先を挙げると京都の広隆寺、直指庵、大阪（現在の池田市）の仏日寺、奈良の東大寺、興福寺、春日大社、二月堂、眉間寺、西大寺、唐招提寺、薬師寺、京都の泉涌寺等である。因みに黄檗山に住持している間には、清水寺、石山寺、琵琶湖等を訪れている。また普門寺に晋住した翌年には、京都の仙寿院、龍華院、妙心寺、南禅寺、大仏寺、東福寺等を歴訪している。
寛文一一	一六七一	八〇	将来に備えて『老人預嘱語』と『開山塔院規約』を著す。
寛文一二	一六七二	八一	大晦日には辞年の偈を作る。
寛文一三	一六七三	八二	諸方に謝偈を贈り、四月一日には将軍家綱にも呈する。二日には後水尾上皇から「大光普照国師」の徽号を賜った。四月三日に遺偈を書いて松隠堂で示寂。渡来してから十九年九カ月余のことであった。
寂後			嗣法の徒は二十三人。そのうち日本僧は三人、その他の二十人は中国僧であり、そのうち七人が帰国している。 隠元の示寂後、黄檗山においては、五十年ごとに大遠諱を厳修し、そのつど諡号を賜わることが例となっている。享保七年三月十三日に霊元上皇より仏慈広鑑国師、明和九年三月十三日に後桃園天皇より径山首出国師、文政五年三月十

三日に光格上皇より覚性円明国師号を賜り、大正六年三月七日に大正天皇より真空大師号を、昭和四十七年三月二十七日には華光大師号を加諡された。

隠元が詩偈に長じていたことは数多くの語録類によってよくうかがえるが、温か味のある気品高い書は、木菴・即非とともに黄檗の三筆と称されている。

註

（1）隠元が臨済宗三十二世であることは『黄檗宗鑑録』による。この『黄檗宗鑑録』をもとに『黄檗宗系譜』が作成された。これは黄檗宗務本院法務部長・黄檗宗報主筆宮川黙雄によって昭和五年十二月に制作されたものである。『黄檗宗鑑録』二巻は高泉性潡編（元禄五年〈一六九二〉序）。これは黄檗宗僧侶の法脈相伝の次第と年月日を記録したもので、過去七仏・西天二十八祖に始まり、中国・日本へ伝わった嗣法の相承を収録する。本山萬福寺では、高泉以後、年々相伝の僧名をここに付録している。

（2）『初山獨湛禪師語録』（浜松市立中央図書館所蔵）二十右～二十五右〈『獨湛全集』第一巻、四六五頁～四七五頁〉。獨湛は『初山獨湛禪師語録』では祖師方を三文字の略称で表記している。ここでは（　）で略された文字を補った。〈　〉は獨湛の表記とは違う名で知られる場合を表している。

（3）木村得玄著『隠元禅師年譜（現代語訳）』、能仁晃道編著『隠元禪師年譜』、木村得玄著『初期黄檗派の僧たち』参照。この両著の底本は獨耀性日（生没不詳）編『黄檗隱元師年譜』一巻と南源性派（一六三一～一六九二）『黄檗開山普照國師年譜』二巻二編である。

（4）隠元が日本に来た当時は徳川幕府がキリスト教に対する禁教令と鎖国令を出している。しかし長崎では中国商人の出入りは頻繁であった。その中国出身者が興福寺、福済寺、崇福寺と三福寺を長崎に建立している。これにより隠元の存在を知った臨済の僧たちが日本に招こうとした（竹貫元勝著『日本禅宗史』）。

（5）伊丹郷町の支配者近衛家は近世の伊丹郷町に最も関係の深い領主である。元和三年（一六一七）九月七日徳川幕府から受けた朱印状では、近衛家は山城国宇治郡五箇庄村・寺戸村（一部）浄土寺村において一七九七石を与えられていた。しかしその後寛永十九年（一六四二）寺戸村・浄土寺村は公収され、それに替えて山城国久世郡榑概麟村（一部）が与えられたので、近衛家は以後五箇庄村と枇杷庄村をもつことになる。

ところが、明より渡来した隠元禅師が万治二年（一六五九）黄檗山萬福寺を創立したのに伴い、五箇庄村の地をその寺地とするために、幕府は寛文元年（一六六一）近衛家領五箇庄村を公収した。そしてその替え地として伊丹が与えられている。ここに寛文元年近衛家の所領は山城国枇杷庄村のうちにおいて三九四石八斗余と伊丹郷町のうちにおいて一四〇二石三斗、合わせて一七九七石余となって、伊丹との関係が初めて生じたのであった（伊丹市史編纂専門委員会編『伊丹市史』二巻、五〇頁）。

（6）高雄義堅稿「明代に大成されたる功過思想」（『龍谷大学論叢』第二四四号所収）。その跋文は次のようである（『新纂校訂　隠元全集』第五巻、二五八八頁〜二五九一頁）。

跋雲棲大師放生文後

戒殺放生一文并註解一冊萬餘言係古杭雲棲老人所着其文簡 其理備其事實 其行廣其德大 其功深其因果報應
歷然 有據 以壽於天下國家萬世者不淺 矣余自甲午秋應扶桑歷盡滄波之險亦思全生之功莫大焉故
以孜孜 放生爲懷年來所收鬮施以贖命爲急務偶閱是文不勝慶快徹見老人一片慈心畢露 能使慘
毒饕餮 無不回心向化矣然則國無殺生則善人多善多 則惡少惡少則刑息所謂一刑息於家萬刑息於
國以至人主坐 致太平者此 也蓋上天亦有好生之德而下民豈無惻隱之心蠢蠢 含生唯知怕 死堂堂 黎
庶莫不戀生殺之捫心最慘放去其樂何如氣質形體雖然有異喜怒哀樂之心無一 矣吾願 仁人君子懷上天
之德體無二之心以壽 含靈則物我倶享即此東方便成 極樂世界則不孤雲棲老人一片拔苦慈悲之弘
願也

（『戒殺放生文』所収跋　末尾に寛文元年歳辛丑中秋日　黄檗隠元琦謹跋）

跋雲棲大師放生文後

戒殺放生文幷註乃古杭雲棲老人所著其文簡其理備其事實其行廣其化溥其功深其因果報應歴然有據以壽於天下國家者德不淺矣余自東渡之後思全生之功莫大故孜孜以放生爲懷年來所収嚫施多贖生命偶閲是文不勝慶快徹見老人一片慈心能使慘毒饕餮者無不回心向化然則國無殺生則善人多善多則惡少惡少則刑息所謂一刑息於家萬刑息於國能使人主坐致太平者此也蓋上天亦有好生之德而下民豈無惻隱之心蠢蠢含生唯知怕死堂堂黎庶莫不戀生殺之捫心最慘放去其樂何如形體雖然有異哀樂心本無二吾願仁人君子懷上天之德體無二之心以壽含靈即此東方便成極樂世界則不孤老人一片拔苦慈悲之弘願也

（『普照国師廣録』所収）

（7）『本山歴代戒壇執事記』（京都萬福寺所蔵）。駒澤大学曹洞宗教化研究所著『共同研究　授戒会の歩みと伝道』（一九七四年出版）によると、授戒に関して曹洞宗に刺激を与えたのは中国黄檗宗の道者超元（一六〇二～一六六二）、隠元の法弟亘信の弟子、隠元より五年前に来日、長崎崇福寺の住持）と隠元の来朝である。隠元が萬福寺で開いた授戒会に多くの曹洞宗侶が参詣受戒するため会下に参じた。第一会と第二会の授戒の受者は五〇〇人、第三会の授戒の受者は一〇〇〇人であったと『弘戒法儀』に記されている。

（8）直指庵は、竹貫元勝編著『近世黄檗宗末寺帳集成』によると開山は獨照（一六一七～一六九四）萬福寺の末寺、天保元年無住寺院となる。

第三節　黄檗の宗風

臨済正宗の僧である隠元の思想と実践は基本的にはその宗風に順ずるものであるといえる。ここでは『黄檗清規』と『禪林課誦』から黄檗の特色を見てみることとする。

『黄檗清規』巻一は萬福寺第二代木菴性瑫（一六一一～一六八四）校閲、第五代高泉性潡（一六三三～一六九五）編である。高泉の『佛國開山大圓廣慧國師紀年錄』によると延宝元年（一六七三）に編纂されたことになっている。編首には寛文十二年（一六七二）の隠元の序を載せ、本文は祝釐章第一、報本章第二、尊祖章第三、住持章第四、梵行章第五、諷誦章第六、節序章第七、禮法章第八、普請章第九、遷化章第十からなり、附録として佛事梵唄讃、開山預囑語、塔院規約、古徳語輯要、法具圖という構成になっている。本文の各章の序はすべて高泉が書き、編首にある隠元の序も隠元の意を受けて高泉が代作したものである。しかし本文の骨子、清規そのものは隠元の定めたもので、その制定に当たって前代の諸清規を折衷し、繁簡その宜しきを得ようとしたことは、隠元の跋によって明らかである。[1]

『禪林課誦』[2]は黄檗山に常用される書であり、[3]隠元の宗風、つまり黄檗禅の特色が見られる。構成として朝課と暮課に分けられる。即ち朝と夕方の勤めに用いられる経文、陀羅尼や偈文が収蔵されている。さらにさまざまな儀式に使われる讃とその次第も記されている。特徴としては、浄土教系の経呪が載せられていることと、多くの密教系の陀羅尼、呪や真言が載せられていることがあげられる。陀羅尼、呪、真言は大般若会、施餓鬼の仏事の際に導師が印を結んで唱えるものであり、浄土系の経呪とは「往生浄土神呪」であって、『阿彌陀經』や「念仏縁起」や「西方讃」などが読誦される。

隠元は寛文十一年（一六七一）に八十歳を迎え、余命の少ないことを感じ、黄檗山の将来を想い、十二月八日の仏成道の日に『老人預嘱語』(4)と『開山塔院規約』(5)を著しているが、『老人預嘱語』の初めには次のように記されている。

老僧自二甲午秋應レ請東渡一。三主二法席一。新開二黄檗一。迄レ今十八星霜。禪林規制。頗成二大觀一。天下雲衲。咸所二共知一。靜而思レ之。雖下則于二此土一宿有中法縁上。亦乃十方護法宰官居士。及在會耆徳現前衆等毘贊之力。老僧毎揣道徳荒疎。際二斯法會一。莫レ不レ感二念至意一焉。茲餘喘已登二八旬一。猶如二本末殘陽一。恐在世無レ多。但一伏開山典儀。猶闕二千古法系一。故不レ得レ不三預立二規訓一以曉將來一。汝等遵而行レ之。則爲二肖子順孫一。使二宗燈炳耀法脈長流一。與二此山一同二其悠久一。永爲二祝國福民之場一也。不則非二吾眷屬一。勿下入二此門一以混中清衆上。爰立二規約數條一。永爲二本山龜鑑一。衆宜二知悉一(6)

つまり隠元は承応三年（一六五四）の秋に招請に応じて日本に渡来し、三カ寺の道場の指導者となっていたが、(7)新しく黄檗山を開いてから今日まで十八年が過ぎた。禅林としての規範も整い実質ともにすっかり大成した。全国の禅僧等にも知られるようになった。このことについて静かに考えてみると、日本に来ることができたのは昔の法縁によるものであり、各方面の護法者や役所の人々や居士、高徳や同行の知識等の助力のおかげであった。隠元はいつもその法縁が疎かにならないように推しはかり、法会に際してはその人々の志に感謝せざることはなかった。また「私はすでに八十歳となり、枝先の枯葉や夕日のようにもはや永くは生きられないと思うが、ただひたすら、開山の法儀に沿って、伝統の法系につらなるために、あらかじめ禅林の規律を定めることにした。それをもって将来の人々にも知らしめることにする。あなたたちは清規を遵り、それを実践しなさい。そうすれば清規を引き継ぐ者となって、宗灯を光り耀かせ、法脈を存続させれば、日本の黄檗山も（中国と）同じく悠久のものとなり、永く国は豊かに富み、人々には安穏に暮らす場所となるであろう。そうしなければ我が眷属とはいえない。この規律を守れない者は、私の同行とは認められず、この禅林に来て修行僧と関わってはいけない。ここに規約数条を制定しておくので、永く本山の規範として、大衆は心得ておくように」と、いくつかの規約を制定したりしている。[8]

ところで清規とは唐の百丈懐海（七四九～八一四）が大小乗の戒律を参照して禅門独自の規則を制定したことから始まったものであり、隠元も黄檗教団の存続を望み清規を著したのである。その構成は先に見たように全十章である。その中の第五章で修行と修行者の在り方について次のように述べている。

梵行章第五

梵行者。沙門釋子所當行之本行也。梵者淨也。爲僧不レ行二淨行一。以至醉濃飽鮮靡レ所レ不レ作。則是禿居士袈裟賊非レ所二以爲一僧矣。似二此之徒一。生遭二王法一死墮二泥犁一。可レ悲可レ痛可レ羞可レ恥。好心出家者。既預（チカッテ）二叢林賢聖之會一。當レ生二難遭想一。洗レ心向上矢レ志進修。就使道眼未レ明。亦成二一淨行高德之僧一。爲二人師範一爲二世福田一。不レ至三虛su二信施一。若不レ爾者。非二吾眷屬一。勿レ入二吾門一可也

學道人先須三堅持二禁戒一。如二沙彌十戒。比丘二百五十戒。菩薩十重四十八輕戒一。識レ相堅持。毋レ得二違犯一。設有二違犯一。卽當生二大慚愧一。痛自責レ心發露懺悔。次行二種種利益之事一。以助二戒德一。大抵諸惡莫作衆善奉行。則梵行二字。已包括無遺矣

若不レ持レ戒無レ由得定。若不レ得レ定無レ由レ發レ慧。戒定慧不レ具。則貪嗔癡日長。貪嗔癡日長。則梵行全虧。梵行既虧。縱有二妙解一誦二得三藏玄言一。讀二得四庫文章一。臘月三十夜到來半字也用不著。當此之時噬臍無及矣

凡是黃檗兒孫。須下依二黃檗規約一持戒禮誦增激中參禪。禪暇不レ妨。博覽二藏典尊宿語錄一。智力有レ餘者。博及二群書一。庶幾可矣。常見二少年僧衆一。不レ明二罪福一不レ識二輕重一。佛祖經敎置レ之不聞。競從二俗士一習レ書。狎近二惡友一流浪忘レ返。以至敗レ名喪レ德者。皆由レ習レ書始也(9)

つまりその内容は次のようなものである。「梵行すなわち清浄行は僧たる者の行である。梵行をしない僧、酒に酔い飽食する僧は、姿は僧に見えても真の僧ではない。この世に生まれ梵行を行ずることができるのに、あえてしない者は地獄におちるであろう。それは悲しいことであり、恥ずかしいことでもある。出家を志し叢林で賢聖な師に出会い、ともに修行し洗心して向上のために修行に励むこと、いまだ悟らなくとも梵行の高僧であり人の師範となること、それらは世の福のためになり、信施を損なわないことである。梵行を修さない者は隠元の弟子とはいえない、黄檗の門に入ることも禁じる。

仏道を学ぶ者はまず戒律を堅く持ち、もし違犯することあれば、慚愧して、自ら発露懺悔すること。次に種々の利益のあることを行じて、徳を積み、戒を持つことによって「諸悪莫作衆善奉行」を行じること。

もし戒を持つことができないなら、定を得ることもできず、智慧も発すこともできない。戒定慧が備わらなければ

報本章第二	正法念經
	華嚴偈
	楞嚴呪
	大鑑清規
	臂喩經
	遺教經
	普門品
尊祖章第三	大悲呪
	楞嚴呪
	心經
住持章第四	禪林寶訓
梵行章第五	梵網經
諷誦章第六	楞嚴呪
	心經
	念怡山願文
	華嚴願文
	彌陀經
	蒙山施食文
	心經
	往生呪
	普回向眞言
	八十八佛懺悔文
	大悲呪
	三十五佛施食文
	十六觀門
	變食眞言
	盂蘭盆經
遷化章第十	楞嚴呪
	心經
	念佛縁起
	彌陀經
	往生呪
	大悲呪
	心經

表1

ば貪瞋癡は日々募り、梵行は欠けることになる。梵行が欠ければ、経論や四庫文章を読誦していても臨終の際には何も役に立たない。黄檗派の僧であれば、黄檗規約によって持戒、礼誦を行じ、参禅を怠ってはならない。坐禅の合間には経典や先師の語録を読み、智力のある者だけに、他の書物を読むことを認める。なぜなら初心の少年僧は善悪の区別がつかず、さらにその軽重もわからないからである。学習する時、他の書物に影響されないために仏教以外書物を見てはならない」。

この『黄檗清規』には黄檗派に定められた儀式とその内容が記されているが、儀式で唱えられる経文や偈文をまとめると表1のようになる。

この表を見れば、浄土教の経典などを唱えることは他の禅宗の清規には見られないが、諷誦と遷化の章に『阿彌陀經』、「往生呪」[10]、「十六観門」[11]、「念佛縁起」等の浄土教系のものが唱えられている。[12]先に述べたように『禪林課誦』[13]にも、浄土教系の経文や偈文や讃文が見られる。それは『阿彌陀經』、「往生浄土神呪」、「念佛縁起」、「礼仏発願文」、「西方讃」、「西方願文」、「浄土文(14)」、「小浄土文(15)」である。

そのうち「念佛縁起」は王日休撰『龍舒増廣淨土文』巻第十二に「讃佛偈」という題で出て、念仏を称えることを勧めている。その「念佛縁起」と「讃佛偈」を対照すると次のようになる。

（『龍舒増廣淨土文』）

阿彌陀佛眞金色　相好端嚴無等倫
白毫寂轉五須彌　紺目澄清四大海
光中化佛無數億　化菩薩衆亦無邊
四十八願度衆生　九品咸令登彼岸(16)

念佛縁起（『禪林課誦』）

阿弥陀佛真金色　相好光明無等倫
白毫宛轉五須弥　紺目澄清四大海
光中化佛無數億　化菩薩衆亦無邊
四十八願度衆生　九品咸令登彼岸
南無西方極樂世界大慈大悲阿弥陀佛
南無阿弥陀佛　或百声千声畢称
南無觀世音菩薩　三声
南無大勢至菩薩　三声
南無清浄大海衆菩薩　三声(17)

この対照から『禪林課誦』では「端嚴」を「光明」と入れ替えていることがわかる。そして「念佛縁起」の前半は善導の『往生禮讃』の「日中礼讃」に部分的に類似しており、阿弥陀仏の真身の徳と阿弥陀仏の四十八願による衆生済度の徳が讃嘆されている。また続いて仏名号つまり「南無阿弥陀佛」を一〇〇あるいは一〇〇〇回称え、次に「南無観世音菩薩」、「南無大勢至菩薩」をそれぞれ三回称えるように指示されている。

黄檗禅の渡来以前、日本の禅は臨済と曹洞であった。当時その両宗には浄土教が見られないが、黄檗禅には浄土教も含まれ、禅浄双修となっていることが大きな特色である。

註

（1）『黄檗清規』（『大正蔵』第八十二巻、七六六頁a～七八六頁c所収）。平久保章著『隠元』参照。

（2）『禪林課誦』は長州萩の塩田八郎兵衛の捐資によって版行された「塩田版」が最も古いが、開版の年次は明らかではない。京都二条通鶴屋町田原仁右衛門が版行した「田原版」は、寛文二年（一六六二）のもので隠元が黄檗山に住していた時期に当たる（平久保章著『隠元』参照）。

（3）『禪林課誦』について『黄檗清規』の「諷誦章第六」には「上供諷誦　聞二鼓聲一具二威儀一登レ殿。維那擧二香讃一。齋主行香事。具二禪林課誦本一不レ録」（『大正蔵』第八十二巻、七七二頁c）と『禪林課誦』本を具すようにとある。「黄檗宗萬福寺などで行われている儀礼のやり方の基本は『黄檗清規』と『禪林課誦』によって規定されている。」（鎌田茂雄著『中国の仏教儀礼』二七七頁。黄檗宗で用いられる経本『禪林課誦』は袾宏の『諸経日誦』が母体となっているが、『諸経日誦』よりも讃の種類が増加している（岩田郁子稿「禅林課誦と中国課経本」『黄檗文華』一一八号所収参照）。

（4）『黄檗清規』の目次には「開山預囑語」とある。

（5）『老人預囑語』と『開山塔院規約』は『黄檗清規』の附録として収められている。

（6）『黄檗清規』『老人預囑語』（『大正蔵』第八十二巻、七八〇頁c）。

能仁晃道編著『隠元禪師年譜』六九頁には、原漢文が次のように書き下されている。「老僧・甲午の秋、請に応じて東に渡ってより、三たび法席を主どり、新たに黄檗を開く。今に迄んで十八星霜禅林の規則、頗る大観を成す。天下の雲衲、咸な共に知る所なり。静かにして之れを思うに、此の土に宿に法縁有りと雖則も、亦た乃ち十方の護法・宰官・居士、及び在会の耆徳、現前の衆等、毘賛の前の力なり。老僧毎に揣るに、道徳荒疎にして、斯の法会に際うに、至意を感念せざること莫し。茲に余喘已に八旬に登り、猶お木末の残陽の如し。恐らくは在世多きこと無けん。但だ一代開山の典儀、猶お千古の法系に関る。故に予め規訓を立てて、以て将来に暁さざるを得ず。汝等遵って之れを行なわば、則ち肖子順孫為らん。宗灯炳耀、法脈長流ならしめて、此の山と其の悠久を同じうせば、永く祝国福民の場と為らん。不則んば吾が眷属に非ず。此の門に入って、以て清衆に混わること勿かれ。爰に規約数条を立てて、永く本山の亀鑑と為す。衆、宜しく知悉すべし」。

（7）興福寺（長崎）、崇福寺（長崎）、普門寺（大阪）。

（8）『隠元黄檗清規』（『大正蔵』第八十二巻、七八〇頁c～七八一頁a）の原漢文が能仁晃道編著『隠元禪師年譜』七〇頁に次のように書き下されている。

一、冬夏の二期、内外の衆等、倶に聖制に遵って禁足安禅、昼三夜三（一日中）、己躬下の事を究明するを務と為よ。擅に出入して、仏の教誡に違うこと勿かれ。

一、衆等専ら好心学道の為にせば、当に慈忍を以て本と為べし。戒根浄潔、因果分明、十方の信施を受けて、須らく慚を知り愧を識ることを要すべし。飽食遊談、恣に人我を逞しうして、禅林を攪乱し、諸もろの魔業を作すことを得ること勿かれ。

一、朝暮の二時、念誦各おの宜しく威儀を厳整にして衆に随うべし。偸嬾ることを得ざれ。老病の者を除いて論ぜず。

一、本山及び諸山、凡そ黄檗の法属と称する者は、概ね葷酒を山門に入れて仏の重戒を破ることを許さず。

一、本山第三代の住持、乃ち吾が法嗣の中に依って、位次を照らして輪流推補の後に法孫に及ぼすべし。亦た須らく徳望有る者、方に輿情（大衆の心）に合って克く道風を振るうべし。此の事、衆等の平心公挙するに在り。権勢を恃んで互いに偏私有ることを得ること勿かれ。

一、古来東渡の諸祖嗣法の者を歴観するに、三、四代の後、即便ち断絶し、遂に祖席をして寥寥たらしむ。前に酒井空印老居士（忠勝）が護法の念を承る。嘗に言う、「本山他日、主法（住持）苟し其の人無くんば、当に唐山に去って請補し、法脈縄縄として断えざらしむべし」と。此の議、甚だ当たれり。惟だ後代の賢子孫、挙して之れを行なうに在り。則ち是れ法門重光の象なり。

一、本山常住の斎糧、合に十方の大衆、禅林を守護して、国を祝し民に福いする永遠香灯の需に供すべし。各庵院、概ね私に分かつことを許さず。

一、常住及び松堂（松隠堂）に留鎮する法具什物等、当に別に一簿を記して、以て逓代住持の交伝に便りすべし。失脱を致すこと勿かれ。

一、本山の住持と各院の静主と、既に宗派を同じうす。当に以て力を協せ心を一にして、法を尊び道を重んじ、祖庭を賛翼して、逓代化風墜ちざらしむべし。諸山の法属の山に入るに至っても、亦た当に礼を以て相待し、儀を失することを得ること勿かるべし。

一、松堂は老僧が寿塔此に在り。即ち開山塔院為り。後、当に本山各庵院の乎孫、輪流看守すべし。

(9)『黄檗清規』（『大正蔵』第八十二巻、七六九頁a）。

(10)「往生浄土神呪」とも言う。それは劉宋天竺三藏求那跋陀羅奉詔重譯「抜一切業障根本得生淨土呪」のことで、「南無（曩謨『禪林課誦』）阿彌多婆夜哆他伽哆夜哆地夜他阿彌利都婆毘阿彌利哆悉眈婆毘阿彌利哆毘迦蘭諦阿彌利哆毘迦蘭哆伽彌膩伽伽那枳多迦隷莎婆訶」である。その意味は「若有善男子善女人。能誦此呪者。常住其頂日夜擁護。無令怨家而得其便。現世常得安隱。臨命終時任運往生」である（『大正蔵』第十二巻三五一頁c）。

(11)『觀無量壽經』の十六観のことである。

(12)大石守雄稿「黄檗清規の研究」（『禅学研究』第四十九号）参照。

(13)『禪林課誦』塩田版・田原版（佛教大学図書館所蔵）参照。

(14)この「浄土文」は塩田版にしか記されていない。

(15)この「小浄土文」は慈雲懺主撰であり、塩田版にしか記されていない。

(16)『龍舒增廣淨土文』（『大正蔵』第四十七巻、一二八八頁a）。

(17)『禪林課誦』田原版三十六丁左

第四節　獨湛の諸伝記

獨湛の伝記は漢文体別伝のものとして『初山獨湛禪師行由』、『黄檗第四代獨湛和尚行略』、また漢文体総伝中のものとして、『檗宗譜略』巻中の「初山寶林寺獨湛瑩禪師傳」、『續日本高僧傳』巻第五の「遠州初山寶林寺沙門性瑩傳」と『高僧傳』巻二の「初山宝林寺開山獨湛性瑩禪師由縁」の五種があり、和文体のものとしては関通の『随聞往生記』に「獨湛禪師」がある。次にこの六種について成立年代順に概観しておくことにする。

①　『初山獨湛禪師行由』(1)

『初山獨湛禪師行由』（以下『行由』）の冒頭には、「丙辰年本山檀那同二兩序執事一請レ師說レ行由　自二寛文己酉一至レ此四請」とあり、獨湛の侍者であった無住道立（一六四四～一六九九）と獨湛の副寺(2)であった石窓道鏗（一六三八～一七〇四）二人が伝える師の記録である。この伝記は獨湛の誕生から寛文九年（一六六九）まで、つまり獨湛四十二歳までの半生が記録されている。

この伝記では最初に獨湛の先祖のこと、両親のこと、獨湛の誕生のこと、さらには獨湛が日本に渡来する以前の親の死、出家、隠元との出会いが詳しく記載されている。来日してからの出来事としては萬福寺開山隠元の西堂となったこと、浜松に出向き宝林寺を建立したことなどが簡略に記されている。

この『行由』は、獨湛がまだ生存中につくられた伝記であり、獨湛の侍者を務めていた道立と道鏗によるものであることから、獨湛も目を通したと推測でき、その記述は確かなものだと考えられる。

②『檗宗譜略』巻中の「初山寶林寺獨湛瑩禪師傳」(3)

「初山寶林寺獨湛瑩禪師傳」（以下『師傳』）は『檗宗譜略』巻中に収められている。仙門浄寿編になる『檗宗譜略』全三巻は黄檗開祖普照国師隠元の法嗣二十三人の列伝であり、元禄十二年（一六九九）獨湛の序がある。「初山寶林寺獨湛瑩禪師傳」の末文には次のように記されている。

是秋師七十歳諸師咸爲レ師壽龍興法姪撰二壽文一叙二十事最勝一就レ中所謂道德名位爲二第一一者蓋國師眞子二十三位皆已入滅惟師獨存若二魯靈光一(4)

これは獨湛七十歳の時に書かれた伝記であって、獨湛の高徳と名位を讃える寿文を受け、隠元と共に来日した二十三人の諸師がもうすでに寂していることを述べている。また獨湛に関しては七十歳までの事跡がまとめられ、獨湛の法弟子円通成、悦峰章等が師の語録三十巻を編纂したことを伝えている。

③『黄檗第四代獨湛和尚行略』(5)

『黄檗第四代獨湛和尚行略』（以下『行略』）は獨湛の弟子円通道成（一六四三〜一七二六）によって編纂されたも

のである。『行略』の後記には「寶永三年丙戌春三月二十戌寅日　不肖子寶壽道成圓通泣血稽顙拜述」とある。獨湛は宝永三年（一七〇六）正月二十六日に寂しているので、この伝記は円通が師の示寂の二カ月後、悲泣の中で編纂したものである。

この『行略』は獨湛の伝記の中で最も長いものである。先祖のことから始まり、獨湛の生涯を綴り、晩年の出来事は年月日を示して詳しく記している。①『行由』と比較するならば、『行由』は中国でのことを詳しく伝えており、この『行略』は日本でのこと、特に獅子林に退隠した後のことを詳しく述べている。また獨湛が萬福寺を退き遠州にいた頃のことを簡略に伝え、晩年における日本浄土教との関わり、なかでも當麻曼陀羅、念仏図説について記述し、浄土教の諸師、特に忍澂（一六四五～一七一一）との交流についても伝えている。

④『續日本高僧傳』[6]巻弟五の「遠州初山寶林寺沙門性瑩傳」

「遠州初山寶林寺沙門性瑩傳」（以下『性瑩傳』）は『師傳』と同じように簡略な伝記であるが、歳日付を詳しく記載し、獨湛の生涯の主要な出来事を記し、最後に賛を付している。

⑤『高僧傳』巻二の「初山宝（ママ）林寺開山獨湛性瑩禪師由縁」[7]

『高僧傳』全八巻は山本悦心（一八七五～一九五八）が明治三十六年（一九〇三）から昭和二十五年（一九五〇）に編集したもので、写本である。この伝記は『性瑩傳』と比較すると短いものである。後記に「右の文神竜禅師の蔵書より得たり誰の手になりしやしらす其儘うつしぬ　明治三十六年十二月　悦心識」とある。またこの伝記では獨湛が「勧念仏」と念仏を教化していたことを伝えている。

⑥『隨聞往生記』内「獨湛禪師」

この伝記は往生伝として伝わるもので、関通（一六九六～一七七〇）編の『隨聞往生記』巻中に収められ、前出の諸伝記と違って仮名で記されている。関通は浄土宗捨世派の徳僧であり、この往生記も浄土教を中心に述べられている。ここには忍澂との関わりも記され、獨湛の臨終に関する「二十六日辰の刻定印を結び西に向て默然たり、其時侍者頻に和尚と喚ぶ、則聲に應じて南無阿彌陀佛と唱えて座化せられける。[8]」という記述がある。

右の六種の伝記のうち、『行由』と『師傳』は獨湛の生前に編纂したものであり、『行略』は寂後間もなく編纂されたものである。生前に二種の伝記が編纂されていることは獨湛への敬慕の念の厚深さを示すものである。また関通の伝記のように、獨湛が往生伝の中に取り上げられているのは、その後半生の行実を知る上で貴重である。

註

（1）『初山獨湛禪師行由』（駒澤大学所蔵、刊本）。〈『獨湛全集』第四巻、四九九頁〉。
（2）禅院で住持を補佐する六知事（都寺（つうす）、監寺（かんす）、副寺（ふうす）、維那（いの）、典座（てんぞ）、直歳（しっすい））の一人。
（3）『檗宗譜略』巻中（駒澤大学所蔵、刊本）。〈『獨湛全集』第四巻、五二三頁〉。
（4）『檗宗譜略』巻中、三十四丁〈『獨湛全集』第四巻、五二九頁〉。
（5）『黄檗第四代獨湛和尚行略』（京都大学所蔵『黄檗開山隱元老和尚末期事實』と合冊、刊本）〈『獨湛全集』第四巻四六二頁〉。
（6）『續日本高僧傳』一〇四、道契（一八一六～一八七六）撰。〈『大日本佛教全書』第六十四巻、三五頁〉。
（7）『高僧傳』（京都萬福寺所蔵）。〈『獨湛全集』第四巻、五三七頁〉。

（8）『隨聞往生記』巻中、一丁（佛教大学図書館所蔵）、笠原一男編『近世往生伝集成』巻二、一三九頁。

第五節　獨湛の生涯

この節では獨湛在世時に編纂された『初山獨湛禪師行由』（以下『行由』）、『檗宗譜略』巻中に収められている「初山寶林寺獨湛瑩禅師傳」（以下『師傳』）、獨湛入寂直後に編纂された『黃檗第四代獨湛和尙行略』（以下『行略』）、そして『隱元禪師年譜』に基づき獨湛の生涯を年表形式で整理し、各事項の末尾にはその出典を付した。

なお獨湛を臨済宗の脈譜上に第三十三世として位置づけるものに次のようなものがある。

一、「臨濟三十三世初山獨湛山僧自題」（多くの『獨湛自画像』）。

二、「臨濟正伝三十三世」（「印」として『師傳』の関、絵画中のものとして『涅槃圖』、『磐陀大士像』、『龍頭觀音像』、『十六羅漢像』、『阿彌陀如來像』、『出山釋迦像』、『觀音圖』、『梅花圖』等。

三、「東渡黃檗傳臨濟正法第三十三世獨湛瑩禪師」（『獨湛禪師全錄』所収の獨湛の塔誌銘）。[1]

また『初山獨湛禪師語錄』の「曹溪源流頌」によれば、獨湛の師である隱元は臨済宗の第三十二世とある。獨湛は隠元に随行して同行二十三人と渡来し萬福寺第四代となったが、数多い弟子の中から獨湛が臨済正法第三十三世とされているのはその高徳によるものであろうと考えられる。

また『行略』によれば、獨湛は日本の浄土教の諸師つまり、知恩院第四十二代白譽秀道（一六三二～一七〇七）、黒谷金戒光明寺第三十六代薫譽寂仙（一六四四～一七〇七）、誓願寺の超然（～一七一七）、眞宗院の慈空（一六四六～一七一九）、鴨水善導寺如實（江戸中期）、華頂の義山（一六四八～一七一七）、蓮華谷梅香寺の寅歳（載）（　～一七二二）、西岸寺の古磵（一六五二～一七一七）などと交流があったことがわかる。(2)

元号	西暦	年齢	記事（　）内は出典
（明）崇禎元	一六二八	誕生	獨湛。諱は性瑩（しょうえい）。宋の大丞相俊郷をはじめとし、代々皇帝に仕える家系である。福建省與化府莆田県で九月二十七日午の時（十二時頃）に誕生。父は陳翊宣、母は黄氏。其昌と命名される。六人兄弟の長男だが、弟妹たちは育たなかった。 其昌は生来の天才で幼い頃母方の祖父である若水公に養育され勉強に励む。本を読むとすぐ誦する。親族は琴棋書画をよくし、其昌もそれを喜ぶ。粘土や木で神仙仏像を造って祀ったりする。ある時、目犍連の芝居(3)を見て閻魔が善悪によって人を裁くことを知ると、それを怖れ、何をすればその審判から逃れることができるかと昼夜思惟する。（『行由』一丁～二丁右、『師傳』三十一丁） ある時官吏の試験を受けるため城に入り、そこである女家族のところで『般若心経』が書かれた扇を見ると、獨湛はそれを覚え、毎日誦し、坐禅念仏して終日を静かに過ごす。女性の服装を見ることを嫌がり避け、獨湛は周りの人から「和尚子」と呼ばれる。周囲の人々が亡くなっていくことを知ると、無常、生死、果報、酬償等の言葉を気にし、不安を感じるようになる。他の子供とも遊ぶが、同時に世間の事象の意味を尋ね、時々寺に参り仏を礼して慈心を発しては貧困あるいは病気の人々に会えば介助する。母が重い病を患うと、肉や韮や葱などを食することを控える。（『行由』一丁～二丁右）

崇禎十六	一六四三	一六	母が亡くなると報恩のため出家することが一番良いと考え、梧山積雲寺の衣珠のもとで出家する。出家した日に疏を血書して、仏前で「一大事因縁を洞明せんことを要す」と大誓願をたてる。円通大士殿（観音菩薩堂）を一カ月足らずで建立したことにより、諸隣の僧たちに感歎される。『法華經』、『大佛頂首楞嚴經』、『高峰語録』と雲棲袾宏の諸典を読んで、坐禅の要を悟る。それからは日夜坐禅し、「万法帰一」[4]の公案を参究する。ある日の夜、仏灯のそばで坐禅中、四更（午前二時頃）に「万法帰一」を会得したが、満足せず行を続ける。やがて親族や知人などの来客が多くなり自行の妨げになるため寺を抜け出す。山に入り行を一年続けるが、開悟が難しいと覚る。（『師傳』三十一丁、『行由』三丁左）
順治六	一六四九	二二	冬、法兄である東曦は獨湛の偈頌を見て感歎し、隠元の法弟である亘信[5]（一六〇三～一六五九）のところへ行くことを勧める。獨湛は東曦とともに泉州の承天寺を訪ね、亘信に師事する。獨湛は自分の疑問に答えを見い出せずにいたが、翌年の正月に坐禅して堂の外に出ると、風が木の枝をゆらすのを見て「天地の間皆語句なり」と覚る。その当時の首座は芙蓉弘遠で、東曦は書記を務めていた。それから二年ほど東曦とともに修行に励む。（『師傳』三十二丁、『行由』四丁左）。 ある日杭州の禅僧の自達から、金粟山で多くの人が通容費隠（一五九三～一六六一）の説法を聞くため集まっていると聞く。その教えを仰ぐため亘信のもとを辞して、いったん故郷である莆田に帰り、その間、諸和尚を訪ねる。達空老師を訪ねた時、達空は獨湛に博山の信地説[6]を授ける。この時期は戦乱で遊行することが難しかったが、獨湛はかまわず各地を回り、莆田では母方の祖父若水公や親族に会って幼い頃のことを懐かしむ。（『行由』五丁右）

順治八	一六五一	二四	夏、黄檗山に行き隠元に謁する。この時隠元が獨湛に「ここに到って戒を求めるや」と尋ねると、獨湛は「ただ法を求めるのみ」と答えた。茶を飲んで退席したが、寺を去る気になれない。父母の棺をまだ埋葬していないので、掛錫することを願うと、隠元は「片心も退かずんば、まさに自ら受用することを得べし」と言って、獨湛はこれに謝礼する。当時、広超弘宣（一六〇四〜一六七九）が維那で、即非如一（一六一六〜一六七二）が西堂であった。（『師傳』三十二丁右、『行由』五丁左） 獨湛は隠元と出会うと、三日後にそこから一度離れ、各地を巡り、三カ月後に鼓山に登って永覚[7]（一五七八〜一六五七）に謁する。隠元の六十歳の誕生日が近づくと、黄檗山の隠元のもとに帰る。（『行由』六丁右、『行略』三丁左） 黄檗山に四年間住す。ある日『中峰廣錄』[8]を読んでいると、心中に感じるところがあり、涙が流れ止まらなくなり、その後、先仏の法言や古徳の遺行を見聞しては涙を流す。（『行由』六丁左）
順治十	一六五三	二六[8]	五月、両親の棺を埋葬するため隠元から休暇を貰う。八月に隠元が病気になったと聞き急いで黄檗山に帰る。冬に円頓戒を受ける。 ある日、坐禅し、夜に経行し、たまたま『五燈錄』[9]を読んで「城東の老母、佛と同生にして仏を見ることを欲せず。東西に逃避してあるいは手を以て面を掩い、十指尖頭において皆是れ佛」という公案を見て忽然として自らの疑が解ける。大光明を放ち無窮の宝蔵が時に応じて現れ無上の喜びで、思わず「同生にして見ず擧卽ち是れ手、逃藏せんと計較す。まさに思えり別に有り」と頌を説き、これを隠元に呈上すると認められる。冬に黄檗山に盗賊が入り、黄檗山は困窮する事態となる。（『行由』六丁左、『行略』三丁左、四丁右）

順治十一	一六五四	二七	隠元は日本に行くことを決意し、獨湛に同行を命じた。獨湛は父母をすでに埋葬していたので断る理由もなく、六月二十一日に隠元に随行して厦門から出航する。隠元は当時六十三歳。（『隠元禪師年譜』）
（日本）			
承応三	一六五四	二七	七月五日夕方、長崎に到着する。隠元は逸然（一六〇一～一六六八）に迎えられて興福寺[10]に入る。獨湛は隠元に随従する（『隠元禪師年譜』〈六十三歳〉、『行由』）
明暦元	一六五五	二八	隠元（六十四歳）に随従して普門寺[11]（大阪高槻）に移る。（『隠元禪師年譜』）
寛文元	一六六一	三四	八月、隠元が黄檗山萬福寺に晋住した時にも随従する。この時隠元は七十歳（『隠元禪師年譜』）。
寛文三	一六六三	三六	冬、獨湛は西堂に任命され、分座説法秉払となり、十二月一日の第一会黄檗三壇戒会では尊証阿闍梨を務める。[12]（『行由』八丁右、『本山歴代戒壇執事記』[13]）
寛文四	一六六四	三七	遠州（浜松）の近藤登之助貞用（語石居士）（一六〇六～一六九六）に招請され、龍渓（一六〇二～一六七〇）の薦めにより浜松に行くことにする。その時隠元は払子と偈を獨湛に授けて付法した。六月六日、寺地を初山に選び、冬には仏殿（宝林寺）の建立を始めた。（『行由』八丁右）
寛文五	一六六五	三八	十一月四日、隠元の誕生日に初山宝林寺の開山を隠元とし、獨湛自らは第一代となる。（『行由』八丁左）
寛文九	一六六九	四二	十一月『初山勵賢録』[14]に序を寄せる。
寛文十	一六七〇	四三	萬福寺で第三会黄檗三壇戒会を開く。獨湛は教授阿闍梨を務める。（『行略』四丁左、『本

			山歴代戒壇執事記』）
延宝元	一六七三	四六	上州（群馬県）に鳳陽山国瑞寺を開く。[15]（『行略』四丁左、『獨湛禪師全録』巻三・一右）、十二月『扶桑寄歸往生傳』に序を寄せる。
延宝五	一六七七	五〇	道立・道鏗録『獨湛禪師行由』刊行。八月四日『永思祖徳録』に序を寄せる。
延宝八	一六八〇	五三	『授手堂淨土詩』に序を寄せる。
天和元	一六八一	五四	十一月、慧林性機（一六〇九～一六八一）の推薦により、将軍綱吉の令旨を受けて黄檗山第四代住持となる。（『開堂法語』）
天和二	一六八二	五五	一月十四日　黄檗山萬福寺に晋山する。江戸に行き、将軍に継席を告げ謝恩する。（『獨湛禪師全録』巻四・一右[16]）九月四日『皇明百孝傳』に序を寄せる。
貞享二	一六八五	五八	萬福寺で第六会黄檗三壇戒会を開く。獨湛は授戒和尚を務める。（『本山歴代戒壇執事記』）
元禄三	一六九〇	六三	萬福寺で第七会黄檗三壇戒会を開く。獨湛は授戒和尚を務める。（『本山歴代戒壇執事記』）
元禄四	一六九一	六四	退隠を希望する。高泉性潡（一六三三～一六九五）が萬福寺第五代住持に選ばれる。（『直指獨照和尚行實』[17]）
元禄五	一六九二	六五	一月十五日、健勝にもかかわらず塔頭の獅子林院に退隠する。退隠は高泉の晦翁代付事件[18]の影響もあったといわれている。獨湛が退隠後、近藤語石により数回にわたって初山に戻るよう要請を受けたため、初山に行き永思塔に寓する。（『行略』五右、『師傳』三十三丁左）

元禄十	一六九七	七〇	初山において授戒会を開く。一万人以上が参加したがその多くの人が悩みから平復した。授戒会が終わると獨湛は獅子林に帰る。この時中国から来た隠元の弟子はすでにみな寂していた。（『師傳』三十三丁左）[19]
元禄十二	一六九九	七二	六月『檗宗譜略』に序を寄せる。
元禄十五	一七〇二	七五	奈良の霊場を巡る。東大寺の毘盧遮那仏を拝み、二月堂、春日大社を参詣して、郡山の西岸寺の古碉[20]（一六五二～一七一七）に歓迎接待される。翌日當麻寺に行き、西方の図（當麻曼陀羅）を見て感激し紫雲の境地に入ると述べた。獨湛は『日本大和州當麻寺化人織造藕絲西方聖境圖説』という縁起文を著す。この曼陀羅を通じて浄土宗の義山や忍澂らと親交をもつようになる。（『行略』五丁左）[21]
元禄十六	一七〇三	七六	獨湛は當麻曼陀羅だけでなく清海曼陀羅にも関心をもち、正月六日、洛東聖光寺にあった清海曼陀羅を無塵居士に命じて臨写させ、自らこれに「青海曼陀羅縁起」[22]を添える。（京都萬福寺所蔵）。
宝永元年	一七〇四	七七	秋、紀州（和歌山）の霊場を巡り、補陀山の寂隠に迎えられる。九月と十一月に『勸修作福念佛圖説』を獅子林において印施。その第三版は二年後、宝永三年二月に法然院の忍澂（一六四五～一七一一）によって版行される。（『行略』五丁左）
宝永二	一七〇五	七八	八月十七日、獨湛は病のため余命がわずかであることを告げると、棺を持って来させ、「安養ノ一檟方壺一真頻開ヒテ二壺口ヲ一説法度人人天度畢シテ宮殿隨フレ身登ニ二蓮品ニ一臺則非ニレ銀」と銘を書き付けて、『阿彌陀經』を諷誦する。（『行略』六丁左）九月二十六日獨湛の誕生日（二十七日）に当たり弟子の道成が紀州より訪問したので、濁湛は大に恭敬の篤きを喜ぶ。また袞山の月潭、長崎の悦峰、粉河の祖堂、興禪の智觀、大井の喝岩、石動の天洲、初山の

宝永三	一七〇六	七九	法源、獅子谷の忍澂、堂頭悦山、自得の了翁などが祝意を述べるため訪問する。忍澂は十二月二十七日にも訪れて念仏図説のことについて話す。十二月十一日に六代将軍徳川家宣（一六六二～一七一二）より紫衣を賜う。（『行略』六丁右～九丁左） 正月九日、法雲寺の慧極道明（一六三二～一七二一）が訪れたが、獨湛に会えず去る。十八日、獨湛は侍者とともに塔に参る。二十一日に獨湛は姪孫の悦岸に「以修行捷徑無踰念佛」と述べる。（『行略』六丁左）侍僧に自分は去ること遠くないこと、楽邦に遊行する夢を見たことを告げる。二十五日、法雲明洞（一六三八～一七〇六）に書を遺す。獨湛は蓮華の宝池中に生じた夢を見て西帰を求めるかと聞かれると、肉身の弥陀が出現し来ると語り、「老眼不能寐其如長夜何我今安養術念念念彌陀」と偈をもって答えた。中夜には襟を正し危座して、筆硯を持って来させて「我有一句別于大衆若問何句不說不說」と辞世の偈を書くと、鞋を取り、また伽黎を掛け、天明に及んで面西静座、定印を結び、念仏一声端然として寂する。七十九歳。（『行略』九丁左～十二）

註

（1）『獨湛禪師全錄』浜松市中央図書館所蔵。〈『獨湛全集』第一巻、一七頁〉。

（2）『行略』十二丁左。〈『獨湛全集』第四巻、四九二頁〉。

（3）仏教は八戒斎中にあるように、本来、歌舞音曲を禁止していたが、大乗仏教の興起とともに、仏教劇も書かれるようになった（辻直四郎『サンスクリット文学史』参照）。中国においても仏典に取材した目連救母などの劇が仏教弘通のために行われるようになった。そうした演劇は宋元の時代からしだいに盛んとなり、明清の時代には全盛期を迎えた。それらの中には廬山の慧遠と永明延寿と雲棲袾宏の三代にわたる伝記を演ずる浄土劇もあった（小川貫弌著『佛教文化史研究』「「浄土」のシナ的受容の問題――浄土教劇、帰元鏡を中心として――」を参照）。獨湛も少年時代、このような仏教劇から影響を受けたのであろう。

（4）「万法帰一」は僧肇の『宝蔵論』に由来する句。差別の万法が平等一味の理体に帰入するということ。

（5）亘信行弥（こうしんぎょうみ）（一六〇三～一六五九）。道号亘信、法諱行弥。俗姓は蔡。福建省同安県の人。万暦三十一年出生。同四十八年出家して、南安、福州、漳浦、恵安、家州などの禅寺に留錫した。崇禎八年冬、費隠に嗣法した。その後、福建省泉州府南安県の羅山棲隠寺、福州府侯官県の芙蓉寺などに住したが、同十七年三月、隠元の跡を襲って黄檗山に晋んだ。順治十六年示寂。雪峯山麓に塔す。隠元渡来に先立ち来舶して、徳望を集めた。道者超元は、亘信の法嗣であった（『黄檗文化人名辞典』）。

（6）博山無異元来（一五七五～一六三〇）。曹洞宗の僧。『永覺元賢禪師廣録』（『卍続蔵』第七十二巻、四九〇頁a）の「博山無異大師鉢塔銘」に「有禪警語。拈古。頌古。浄土詩。宗敎答響。宗敎通説。凡十餘卷。語録則信地説。回源錄。錫類法檀。歸正錄。剩錄。凡二十餘卷」とある。「信地説」は無異大師の語録のことである。

（7）永覚元賢。曹洞宗の僧。法嗣為霖道霈編『永覺和尙廣録』を遺している。

（8）中峰明本（一二六三～一三二三）は臨済宗楊岐派の僧。明本の伝記は『浄土聖賢録』（『卍続蔵』第七十八巻、二五九頁b）に収められている。「禪者浄土之禪。浄土者禪之浄土」は明本の言葉である。寂後順宗が『中峰廣録』を編集している。

（9）達磨禅の伝灯相承と機縁語句を記録した五種の史伝書の総称。即ち『景德傳燈錄』、『天聖廣燈錄』、『建中靖國續燈錄』、『宗門聯燈會要』、『嘉泰普燈錄』。

（10）現住所　長崎県長崎市寺町四―三二。

（11）現住所　大阪府高槻市富田町四―一〇―一〇。

（12）①木村得玄著『初期黄檗派の僧たち』七五頁、②黄檗布教師会編『黄檗のお授戒』、③蘭谷元定（一六五三～一七〇七）著『本山歴代戒壇執事記』（京都萬福寺所蔵）。以下萬福寺に開かれた授戒の典拠は②③の資料による。

(13)『本山歴代戒壇執事記』写本、折本（京都萬福寺所蔵）。
(14)『初山勵賢錄』（駒澤大学図書館所蔵）〈『獨湛全集』第三巻、二三三頁〉。
(15)現住所　群馬県新田郡笠懸町大字阿左美一六一四。
(16)木村得玄前掲書、七五頁。
(17)木村得玄前掲書、七六頁。
(18)晦翁代付事件、貞享二年（一六八五）四月三日に高泉は、延宝八年（一六八〇）に崩御した後水尾法皇に代わって、晦翁（一六三五～一七一二）に法皇から遺嘱されていたとして印可を付与した。晦翁はもともと龍渓（一六〇二～一六七〇）の弟子であったが、龍渓の弟子は後水尾法皇一人だとし、他の僧は嗣法しなかった。この代付に対して本山の役僧等が異議を唱え、事件に発展することとなる。
(19)大賀一郎稿「黄檗四代念仏禅師獨湛和尚について」（『念佛と禪』浄土学特輯、法藏館）。
(20)古磵。浄土宗江戸時代の僧、画家。法号は明誉虚舟。増上寺に遊学し、のち郡山西岸寺に住す。宝永二年（一七〇五）京都報恩寺に移り、晩年、洛外西岩倉に閑居した。画を狩野永納に学んだ後、雪舟の画法を慕い、人物山水を画き、特に大黒の像を描いた。遺作と伝えられる有名なものに「薬師寺縁起」、「植槻縁起」、「法隆寺涅槃図」などがある。また刊本された画集に『勅修圓光大師御傳記』全四十八巻がある。著作としては『當麻曼陀羅提要』二巻等がある。享保二年五月二十三日寂。
(21)大賀註（19）前掲書、四七頁。
(22)獨湛が付した縁起は次のようである。

青海曼陀羅縁起

青海上人家世武略一日感悟出家居興福寺々有鬪戰衆皆披甲載兜海亦然忽自念我從前著此棄而出家今復再著非其志也遂投于地入超勝寺精修淨土香煙中結一彌陀像高六寸非木非石至今現在一日求人織絹欲圖西方境自思南都畫工不如上京遂賫（齎）絹至洛陽行至木幡遇一女人問曰師欲何往手中所持何物海答曰此絹欲圖西方境耳女曰我乃習畫爲師寫西方境何如海喜喏女曰明日清晨師可至此處領圖海遂坐樹下念佛至天明女人果賫（齎）圖至海遂掛樹枝上微妙奇異非世工之所能也海

將欲奉謝女曰何用謝海問貴往生何處時々相訪可也女曰近淸水寺是吾住處後人感悟了知眞是觀音垂手世上凡人安能作此希有神筆也諸菩薩神相超放鮮脱無碍其足不循々于執持不拘々于通袖非大悲示人何人敢作是放肆之形能赤膊露脚偃蹇倚靠超然物外或有慈柔澄坐執持器物或歡喜勇猛現精進之相揔（総）不外慈悲之心爲衆生作則也此圖元本是金泥所畫流傳今在洛陽之聖光寺余命無塵居士臨倣思金泥易落不得久留不若墨意居士以紫雲庵五彩之泥淡彩使人樂玩也

元祿癸未正月初六

黄檗四代性瑩獨湛拜述

第二章　獨湛の著作類

第一節　伝記類

獨湛の著作は伝記類と語録類に大別することができる。そのうち往生伝としては『扶桑寄歸往生傳』二巻、『近代諸上善人詠』一巻があり、伝記類としては『永思祖德錄』二巻、『皇明百孝傳』一巻がある。

①『扶桑寄歸往生傳』(1)　初山性瑩獨湛輯

佛教大学図書館所蔵。本書は獨湛が先行する往生伝を参考にして編纂したものである。獨湛が渡来後に知見した往生人一九四人の略伝が収録されている。各伝には賛が付されている。

『扶桑寄歸往生傳』の序文には次のように記されている。

寄歸傳者寄此以歸于震旦也震旦舊有往生傳所載但中華之人未及于徼外也迨雲棲大師所輯竟得烏萇國王之一耳海東諸書未經慈眼以故日本諸往生者皆闕採焉余來扶桑已經二十餘年禪餘略展和書見其所載四輩往生者甚夥乃隨筆記錄幷近日見聞之瑞共得二百餘人間有要義揭之以贊始自推古終于寬文但其間往生人必多不及備採姑存萬分之一耳名曰寄歸傳豈但補支那傳記之闕有以見

西方金蓮國土卽在㆓滄海之東㆒使㆘人知㆑所㆓感懷㆒而發㆗起來朝之願㆖者矣

皆

龍飛歳次㆓癸丑㆒臘月除夕

支那嗣祖沙門性瑩獨湛題㆓遠州初山方丈㆒(2)

即ち、書名の「寄帰伝」とは、日本から中国にこの往生伝を送り届けるということである。それは中国で編纂された往生伝が中国人のみを載せていて、他国の人の往生伝がないからである。しかし例外的に雲棲袾宏（一五三五～一六一五）の『往生集』(3)巻之二にはただ一人、中国人でない人物「烏萇國王」(4)が収載されている。『海東高僧傳』(5)なども新羅の人のみの伝記であるため、日本の往生人の記述は見当たらない。私（獨湛）は日本へ来て二十余年が経った。その間和の書を読んだが、そこに載っている四輩の往生の記述は夥しい数である。それらを記録して、さらに近年に見聞した者もあげると二百余人を集めた往生伝になった。時々、要義があればそれをあげるために賛を付した。この往生伝には推古天皇(6)から始まり寛文の時期までの往生人を紹介した。この間の往生人は多いが、ここに採録した者はその万分の一にすぎない。この往生伝を中国に送り届けて、中国の往生伝の欠を補うのみでなく、西方金蓮国土（の信仰）が滄海の東（日本）にもあることを見て、人々に私が心に懐いているところを知ってもらい来朝の願いを起こさしめんとしたものである。この序は獨湛が一六七三年に初山宝林寺（静岡県浜松市）で記したものである。

『扶桑寄歸往生傳』の構成は上下二巻からなり、上巻には沙門往生類九十人の伝記が収載され、そのうち中国人一名が含まれている。下巻には皇帝往生類に五人、皇后往生類に二人、皇子往生類に三人、臣僚往生類に二十六人、尼僧往生類十五人、士庶往生類二十九人（うち中国人一名）、婦女往生類二十六人（うち中国人四名）をあげて、上下巻で八類に分けて一九六人の往生人が収載されている。収載した往生人の数は他の往生伝に比して多いが、紀年を欠く者も多く、個々の伝記も簡略である。史料としては不備といえる。江戸時代の年号が記されている往生人は十八人で、全体の一割弱にすぎないが、その往生地は獨湛の行動範囲ともいうべき、近畿・東海地方に集中している。このなかでは獨湛の来朝後（順治十一年〈一六五四〉）に没した往生者が十六人で大部分を占め、なかでも寛文年中の往生人が十四人と多く、獨湛が黄檗山に入山した隠元（寛文四年）のもとから離れて浜松の宝林寺に晋山してからの者は十人に及ぶ(7)。

『扶桑寄歸往生傳』の形式は「序」に触れられている袾宏の『往生集』と覺訓（生没年不詳）の『海東高僧傳』に準じている。つまり往生者の分類はほぼそれらを踏襲しており、各々伝記末尾には同じく「賛」を付している。賛を付す形式は『元亨釋書』にも見られる(8)。しかし『往生集』や『海東高僧傳』、『元亨釋書』のように全ての人物に賛を付しているわけではない。『扶桑寄歸往生傳』と『往生集』の構成を対照してみると次のようになる。

『扶桑寄歸往生傳』
「沙門往生類」、「皇帝往生類」、「皇后往生類」、「皇子往生類」、「臣僚往生類」、「尼僧往生類」、「士庶往生類」、「婦女往生類」

『往生集』
「沙門往生類」、「王臣往生類」、「處士往生類」、「尼僧往生類」、「婦女往生類」、「惡人往生類」、「畜生往生類」、「諸聖同歸類」、「生存感應類」

『往生集』の最後の二つは往生伝ではない。このように構成上から見ると『扶桑寄歸往生傳』が『往生集』を踏まえたものと見てよい。しかし往生伝に「寄帰伝」という呼称を与え、日本に仏教が伝来して以来の日本人往生者を中国に紹介しようとの意図は獨湛以前には見られない。この「寄帰伝」という呼称で最も著名なのは、唐の義浄（六三五～七一三）が南海の仏教国（室利仏逝国）から、インドの仏教僧伽の生活様式の実態を中国に伝えようとした『南海寄歸內法傳』であるが、獨湛にもそうした思いがあったのであろう。

「序」にあるようにこの往生伝には、推古天皇（五九二～六二八在位）から始まり、寛文時代までの往生者の伝記が収載されている。ところで「皇帝往生類」には十六代[9]応神天皇（二七〇～三一〇在位）の記述がある。

この伝記は前半が『元亨釋書』巻二十「欽明天皇」にある応神天皇の記事により、後半が『元亨釋書』の行教伝によって構成されている。次にそれを対照してみることにする。

應神皇帝生ルル時天降ス二八幡ノヲ一在位四十五年崩後因立テツ二廟號ヲ一日託語ソ云レハ我名自在王菩薩無量劫來託シ二生ニ三有一化二度ストヲ有情ヲ一

僧行教請フレ見ンコトヲ二眞身ヲ一現ス二阿彌陀佛觀音勢至ノヲ像ヲ一世方ニ知ル三

欽明天王（中略）三十一年。三月。蘇公薨。書官貴也。是歳。豊前州宇佐郡廐峯菱潟池畔民家兒。甫三歳。託曰。我是弟十六圭譽田天皇廣幡八幡也。我名護國靈驗威身神大自在王菩薩諸州諸所。垂跡於碑明今顯坐此地耳。因之敕建祠。

【元亨釋書　巻第二十】

釋行教。武内大臣之裔也。居大安寺。貞觀元年。詣豐

帝係二彌陀化身一以二主挾一レ件故殿内仍安二三像一壽一百一十一。(10)

之宇佐八幡神祠。一夏九旬。晝讀諸大乘經。夜誦密咒。法歳已滿。王城側當護皇祚耳。教漸著山崎。其夜又夢。大神曰。師見我所居俄覺。便起見東南。男山鴿峰上現大光。凌晨至光處。實靈區也。教便錄二事表奏。帝詔橘工部。准宇佐祠規建新宮。世言。教所見大神本身。於是彌陀。觀音。勢至三像。現袈裟上。因是殿内安三像。

【元亨釋書　巻第十】

両伝記によって補いながら読むならば次のようになる。

応神天皇が生まれた時に天から八つの幡が降った。天皇の在位は四十五年間。その崩御後、〔欽明天皇の在位中、豊前国（大分県）宇佐郡の厩峰の麓の菱潟池のほとりに一人の容貌奇異な鍛冶の翁が住んでいた。この土地の神主で大神比義という者が翁に仕えること三年。ある日、比義が「もし神ならば私の前に姿を現してください」と祈ると、翁は三歳の童子に姿を変えて〕(11)「我（第十六代応神天皇）が名は自在王菩薩なり、無量劫の間に三有に生を託され衆生を教化する」と告げたことから最初の廟が建立された。〔貞観元年（八五九）行教(12)は宇佐八幡に詣で、昼は読誦大乗諸経、夜は誦密咒を行じていると夢に応神が現れて「我は王城のそばに行き天皇を護る」と告げた。そして行教が京都の山崎に行くと、また応神が現れ男山を指した。行教がそのことを帝に報告したので、男山に新宮が建てられた〕。言い伝えによると、行教が大神〔真身〕を見ることを願うと阿弥陀仏観音勢至の三尊が〔袈裟の上に）現れ、（応神天皇が）弥陀の化身であることを世に知らせた。それによって阿弥陀仏を本尊とする三尊を（男山八幡宮殿に）安置した[13]。

義山は『圓光大師行狀畫圖翼贊』巻一で、法然の誕生の時に幡が二つ降ってきたという奇瑞に対する註として、この応神の伝説を記している。

ところで仏教が日本に伝来したのは欽明天皇（五三九～五七一）の在位中であるといわれている。応神と欽明との間には三〇〇年ほどの隔たりがあるが、獨湛は応神に対する賛に「欽明已‐然佛法未ㇾ至安有二往生一耶蓋八幡天降之時佛法來之兆也[14]」と記している。すなわち欽明天皇以前には仏教がまだ日本に伝わっていないから、どうして往生した者などいたであろうかと問い、おそらく八幡が天から降りたことが仏教伝来の兆しであったのだと述べている。

阿弥陀仏と応神天皇の係わりは欽明天皇の時に応神の神格が出現して八幡神として祀られるようになったことに由来する。平安時代初頭にその八幡神と仏教との習合が深まり、八幡神が大自在王菩薩、護国霊験威力神通大菩薩、護国霊験威力神通大自在王菩薩、八幡大菩薩などと呼ばれるようになった。さらに平安時代中期以後の本地垂迹説の発展に伴い、八幡大神は阿弥陀仏を本地仏として、大帯命・比売神は観音・勢至などを本地とするに至るのである[15]。したがって、獨湛のこの往生伝では浄土教が欽明天皇以前に日本に伝わっていることになっているが、それは神仏習合、本地垂迹説の影響で応神天皇を阿弥陀仏の応現としたからであると思われる。

『扶桑寄歸往生傳』の記述内容を表に整理して巻末に置く。（附章・表①）

獨湛は『扶桑寄歸往生傳』巻上で九十人の沙門の伝記をあげている。その中の大半は平安時代の僧であり、そのうち半数は天台宗の僧である。そして浄土宗の源空法然や融通念仏宗の良忍のような開祖の伝記もあげている。

獨湛が『扶桑寄歸往生傳』に中国人を六人〈巻上〉大海、〈巻下〉陳昇真、張氏、文氏、董少双、貞女周敬）載収したことの理由は不明である。来朝して日本で往生したことを示そうとしたとも考えられるが、没地が記されていないため特定はできない。また沙門類に中国僧の「大海」を挙げている。大海の記事は袾宏の『山房雜錄』の「香光室奉安弥陀聖像記」[16]に記されているが、獨湛在世当時まで「大海」[17]の伝記が見当たらないため、補おうとしたとも考えられる。

表で見ると、沙門類、皇帝類、皇后類、皇子類、臣僚類、尼僧類の各々の列挙順についていえば、前半は『元亨釋書』[18]を典拠として、後半は『日本往生極樂記』[19]、『續本朝往生傳』[20]、『撰集抄』[21]を典拠としている。序文によれば、本書は延宝元年（一六七三）十二月、初山宝林寺において完成をみた。先学の指摘にあるようにこの時期までに開版されていた往生伝といえば、『日本往生極樂記』一巻（寛文九年、延宝二年）、『續本朝往生傳』一巻（万治二年・延宝二年）などの古代往生伝のみであったから、本書は、近世に新たに編纂された往生伝の先駆的な位置を占めているといえる。ただし本書の版行は獨湛没後まもなくの宝永三、四年であり、世に出る順番としては元禄二年（一六八九）に『念死念佛集』の著者、知空唯称の弟子の壬生安養庵了智によって上梓された『緇白往生傳』三巻に次ぐこととなった。[22]

②『近代諸上善人詠』[23]　道晶　道仁編　一巻（刊本）

東北大学付属図書館所蔵。『近代諸上善人詠』は獨湛が収集した初山宝林寺周辺の往生人に関する記事を獨湛没後に弟子の天麟道仁と紫玉道晶が編集したものである。したがって他の往生伝には見られない往生人ばかりである。冒無塵居士の跋によると宝永三年（一七〇六）に無塵居士自身が刊行を志し、獨湛寂後に刊行されたものである。

頭に獨湛の法姪（木菴の弟子、萬福寺第七世）である道宗悦山（一六二九～一七〇九）が次のような序を記している。

題二獅子林湛大和尚諸上善人咏一

和尚自參學以來。禪淨双修度二人無數一。及年既邁。不レ退二初心一。聞レ有下修二淨土一者。生二淨土一者上。倶喜而不寐。可レ知二和尚一。是古之永明。今之雲栖也。其日本近代諸上善人咏。若干人。幷附捨命易者。若干人。人人各咏。厥功偉矣。茲有二施主一。題二梓行世一。索二予欲得一。故二不揣才拙一。以應二其命一。

黄檗法姪道宗悦山敬書(24)

つまり、本書の表題を『獅子林湛大和尚諸上善人咏』とする。獨湛は参学を始めて以来、禅浄双修で多くの人々を済度した。年を追っても初心が退転することなく、浄土の行を修する者、浄土に往生する者があることを聞いてはともに喜び臥して休むことがなかった。禅浄双修は古くは永明延壽(25)（九〇四～九七五）、昨今では雲棲袾宏（一五三五～一六一五）が行じているが、ここでは日本近代における諸の上善人の詠を若干名、そして捨命易者を若干名、各々にその偉功を詠おうとした。この書物に表題を付し施主の尽力によって上梓するに当たり、私に序を求められた。それに応えうる才の者ではないけれども命に応じたのである、と述べている。

諸上善人の部には日本人六十七人の往生伝が収載され、各末尾に二十八文字の詠が付され、六十七人の伝記の後には「捨命易者」として三十一人が付されている。

ところで臨済宗楊岐派の道衍（一三三五～一四一八）は、インド人と中国人合わせて一二二人の往生者の略伝と、各略伝の冒頭に七言四句の賛を付した『諸上善人詠』を著している。獨湛の『近代諸上善人詠』では記述形式からすれば逆に往生人の略伝の後に二十八文字の賛を付している。獨湛はこの伝記を著す際に道衍の『諸上善人詠』の形式を参考にしたと考えられる。

③『永思祖德錄』[26] 雲孫沙門性瑩獨湛輯　二巻（刊本）

駒澤大学図書館所蔵。延宝五年（一六七七）に獨湛が寄せた序がある。

本書は陳族つまり獨湛祖先の家系をまとめたもので、各人の略歴を記し、次にその人徳に対しての賛を付すという構成になっている。大丞相陳俊卿をはじめ、陳族の六十四人の略伝をあげている。獨湛はこの陳族の子孫に当たる。

獨湛の両親に関して次のように記述されている。

陳衮明　希振公[27]之子附妣黄氏係金沙兄弟進士東山公曾女孫也

祖諱衮明。字翊宣。博學善書。安レ貧不レ仕。純静無爲。平懐接物。不驕不諂。至信至誠。有二君子德一。有二古人風一。事レ親至レ孝。調二養藥石一。扶二掖追隨一。從二游負篋一。皆不レ辭二勞倦一。年愈久慕レ深。妣黄氏亦孝敬承順。遇三親病二甚危一。醫治不レ效。乃禱レ天請レ代。復割股肉煮レ糜以進。病乃愈。隱レ德密行。人無レ知者[28]。

即ち、父翊宣は博学で、書に巧みであり、貧に安んじ、誰に仕えることもなかった。もの静かで人為にとらわれることなく、穏やかな気持ちで人に接していた。奢らず、諂うことなく、誠実で君子の徳があり、昔の賢人の風貌があった。親に仕えては孝を尽くした。薬を整え、親の後を追っては助け、荷物を背負っては付きそうようにし、その労を厭わなかった。そのように親に尽くすことは年とともにさらに深まった。一方、母黄氏もまた親孝行の人で、親をよく敬い従っていた。いつしか親が重い病を患い、医師の手では助からない状態となった時、天に祈って、身代わりとなることを請い、自分の割股[29]の肉で粥をつくり親に食べさせたところ、親の病は治った。その徳を隠した密かな行いを人々は知らない。この伝記から、獨湛の両親は儒道の徳目を備え、欲に長けることなく、孝を尽くし、名誉に拘ることもなく、質実な暮らしぶりをしていたことがわかる。

この『永思祖德錄』は獨湛の祖先六十四人を紹介した後に、墓や寺等を紹介し、それらを讃える二十八字の偈を添えている。即ち「祖蹟八咏」や、獨湛が祖先の堂や碑を建立するに当たってつくった「慕巖襍偈」、および「報恩堂安座上堂附」がそれである。その中「報恩堂安座上堂附」は次のようなものである。

祖丞相公封二魏國公一謚正獻暨二狀元公御史公一貢元公翊宣公神像木主入二祠廟一上堂。

乃云歷代先公本大儒。有レ孫入レ釋事二浮屠一。還源報本情未レ盡。忍二看林間一返二哺烏一。祇樹園中崇祠宇。四時芹藻獻二神圖一。如レ枉二中堂一頻二陟降一。豈還二袍笏一更二朝趨一。不二孝其昌一幼時將二出家一。族中叔父等。咸以レ背二祖亡宗一責。是時不レ能レ釋以レ至レ理。竟爾逸去。方外三十餘年。每懷レ像虞レ主。隨二禪室之思一焉。甲辰入二初山一。始建二大雄寶殿一。次建二報恩祠堂一。奉二先公諸像一。以レ表二絶學一。不レ棄二明倫一也。蘋蘩奉獻。無間歲時。現二前龍象衆等一。當觀此雖瑩先人祖父。實忠孝廉節名臣。行業詳載二干諸史一。庶幾欽風慕レ德。易地取裁。朝入二梵王宮闕一。高標及二第心空一。是名二通方禪流一。得二乎設レ像寓意之旨也。下座[30]

これは獨湛が家系の始祖に当たるところの狀元公や、御史公という官職、さらには丞相という最上位の官職まで務めた俊卿正獻公、そして祖父の貢元希振公および父の翊宣公の像と位牌を祠廟の殿堂に祀った時の説法である。即ち、歴代の先祖は皆もともとすぐれた儒学者であったが、その孫に当たる獨湛は寺に入って仏に仕えた。しかし出自への報恩はいまだ不十分であった。林の中でじっと息をひそめていると、小鳥でも成長すれば、養ってもらった親鳥に育ててくれた恩を返しているではないか。(31) そこで祇樹園の中にある祠宇（やしろ）を崇め、四時に祖先にお供えを献上した。政治を行う中枢部が乱れてしまった場合は、出退が頻繁になるが、袍（上着）と笏を還してしまえばどうして朝から奔走する必要があろうか。獨湛は、孝を積み重ねることなく幼い時に出家しようとしたが、陳族方の叔父たちは、みんな獨湛が祖先の心に背くと責めた。獨湛はその時、出家の道理を釈明することができず、ただ故郷を去っただけであった。すでに出家してから三十余年、いつも祖先の像に思いを託して祀りながらも、仏道場への思いに随順していた。甲辰（一六六四年）に初山（浜松宝林寺）に入り、まず大雄宝殿を建立し、次に報恩祠堂を建立して先祖の像を奉り、仏道を成就したが、人倫の道を棄てなかった。粗末ながら供え物の奉献は年中絶やすことはない。そこには高徳の人たちが現前する。私はきっと先人や祖父を観るにちがいない。彼らは実に忠孝、廉節（節操）な名臣であった。その行業は諸史の中に詳細に記載されている。請い願うことは、そのつつしみ深い徳風を敬い慕うことである。私は立場を替えて仏教者として判断する。いったん梵王宮に入れば、その高き目標は果てしなく広がっていくそれを「通方禅流」（禅流を十方に通達する）と名づけた。諸像を設けたことは、以上のような思いがあってのことである。

この『永思祖徳録』が、各先祖の略伝だけでなく、それに「賛」を付していることは、たとえば袾宏の『往生集』などを範としているのであろう。

獨湛の宝林寺内報恩祠堂建立趣意書には、出家者といえども孝を軽視するものではないという中国仏教者の心根

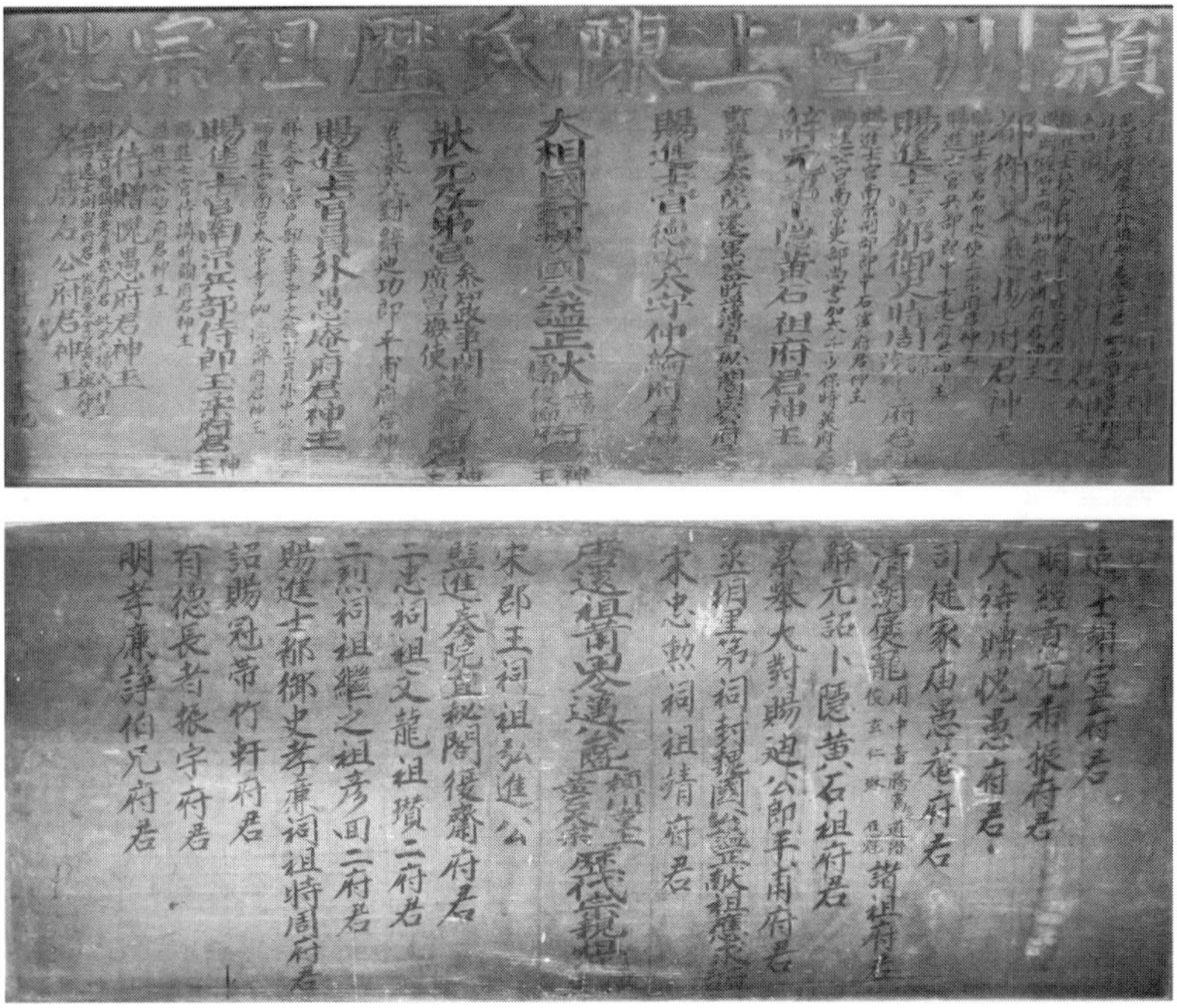

図１　獨湛先祖の位牌（上は表面、下は裏面）

が、仏教東伝のために遠く故国を離れているがために一層深く表明されている。

　獨湛は報恩堂を建立して祖先である陳家の位牌[32]（図１）を安置した。獨湛は宝林寺の開山を隠元としているが、現在、報恩堂には中央に隠元の像が祀られ、向かって左側に宝林寺を開基した近藤登之助貞用家の位牌が祀られ、右側に陳家の位牌が祀られている。

　中国仏教における出家者の孝の問題についてはすでに先学の論攷がある。禅と浄土念仏を修した智覚禅師延寿（九〇四～九七五）は『萬善同帰集』巻四において『賢愚經』を引用し、「出家在家は慈心をもって孝順せよ。父母を供養するはその功徳を計るに殊勝にして量り難し。その故は過去世における孝養の功徳は、この世にあって上は天帝となり、下は聖王となり、成仏に至る。これみなこの孝養の福田によるのである。[33]」と述べている。宋丞相無盡居士張商英述（一〇四三～一一一二）の『護法論』には「古語有云。一子出家九族生天哉[34]」とある。つまり一子が出家すれば九族が天に生まるといわれていたのである。雲棲袾宏も『竹窓三筆』に「出家利益[35]」に「俗に恒に言うことあり、曰く一子が出家すれば九族が天に生まると。これ皆出家を賛歎するなり。しかしいまだ明らかに出家が何故に利益があるのか、その理由を知らない」と述べている。同じ語句は同じ著作の「出世間大孝」にも引用され、僧となった者は宜しく父母に孝をなすべしと述べている。また『緇門崇行録[36]』の第四章では「孝親之行」という一章を設け、沙門となっても親に孝を尽くした十二人の孝僧の伝をあげている。真福寺に所蔵されている『往生浄土傳[37]』巻中の尼道香伝には「一子が出家すれば七世の父母は皆悉く苦を脱す」とある。普度（　～一三三〇）の『蓮宗寶鑑』巻一には「念佛は諸法のようであり、孝養は百行の先となす。孝心はすなわちこれ佛心であり、孝行は佛行でないものはない。得道して諸佛と同じになろうとすれば、まず二親に孝養しなければならない。故に賾禅師はいう、孝の一字派衆妙の門なりと。佛語は孝を以て宗となし、佛教は孝をもって戒となす」と述べ蓮華勝会という念仏結社を創設した宋代雲門系浄土念仏者宗賾[38]（一二〇六年頃寂）の「孝養父母」の一節を引用している[39]。

獨湛は一幅の軸に両親の絵を描き、次のような偈を添えている。

負米圖

捧レ檄無レ歡　負レ米竊歡　不レ待二吾親一　將二何酬報一

百巻墨經　怡レ親至寶　寫二出哀情一　音容如レ在[40]

つまり、（親の）手紙を胸の前でうやうやしく捧げ持っても喜びはない。親孝行をしようと思っても、わが親はすでに亡くなっていて待ってはいないことをひっそりと嘆く。一体何をもって報恩とするのか。墨書した経典は親をよろこばす最高の宝である。哀切をこめて写経すると、まるで（親の）声と姿がそこにあるようであると述べている。

つまり獨湛は出家したがために親孝行していないことを悔い、亡くなった両親の報恩のために写経した。なぜならば、それが親の心を穏かになごませ、よろこばすことのできる宝であるからだというのである。標題の「負米」とは孔門十哲の一人である子路が親のために米を百里も背負ったという故事に由来する。獨湛は出家前に叔父たちから、出家は先祖に背くことであると言われていたので、出家後も報恩の問題の解決が胸中に留まり続けていたのであろう[41]。

④『皇明百孝傳』[42]　黄檗性瑩集一巻（刊本）

京都大学附属図書館所蔵。『皇明百孝傳』は獨湛が編集したものである。序には「壬戌九月四日莆田古鰲峰沙門黄檗獨湛敘」とあるから一六八二年にまとめられたものである。序の冒頭には次のようにある。

天ノ之賦㆓斯‐民㆒也本ト有㆓孝順ノ之道㆒根㆓於心㆒故孩提ノ之童無シ㆑不㆑知㆑愛㆓其親㆒佛ノ之説㆓諸經㆒也[43]。

つまり、天が人民に与えたのが孝順の道である。その孝順の道は人々の心に根ざしているものであるから幼児でも親を愛することを知らないはずはなく、仏もそれを諸経の中で説いているとし、この伝記の意図を述べている。

『皇明百孝傳』の構成はまず、獨湛の序があり、そして一四一人の伝記を記し、末尾に獨湛の法嗣である悦峰

（一六五五～一七三四）の跋がある。この伝記には中国明時代の中国人一三八人の略伝を集載している。そして附として一人清時代の伝記が収められている。ところで雲棲袾宏が明代の名僧の行実および語録を略抄して輯録したものに『皇明名僧輯略』[44]がある。袾宏が『皇明名僧輯略』に出家者の伝記を集めているので、獨湛はそれを範として『皇明百孝傳』に孝を尽くした在家者の伝記を集めたと考えられる。

註

（1）『扶桑寄歸往生傳』（佛教大学図書館所蔵〈西谷寺文庫〉）宝永丁亥（四）歳孟夏月、文富堂田宗移繍梓。『続浄土宗全書』十七巻、『大日本大蔵経』所収。

（2）『扶桑寄歸往生傳』巻上、一丁右～二丁右〈『獨湛全集』第四巻、五頁～七頁〉。

（3）『往生集』全三巻。東晋から明までの往生者の伝記を集めたもの（『大正蔵』第五十一巻、一二六頁b～一五三頁a）。

（4）烏萇國王については袾宏『往生集』巻之二の「王臣往生類」中にある（『大正蔵』第五十一巻、一三八頁）。赤沼智善編『印度佛教固有名詞辞典』七〇〇頁には、出典として『法顕伝』、『大唐西域記』三があげられている。諸橋轍次著『大漢和辞典』には「印度の国の名。Udyāna の音訳。印度カシミールの西北」とある。

（5）『海東高僧傳』に「京北五冠山靈通寺住持教學賜紫沙門（臣）覺訓奉宣撰」とあり、現在二巻のみ現存。韓国最古の僧伝であり、仏教を朝鮮半島に伝えた高僧の伝記が載せられ、流通一之一と一之二のみが現存している（『大蔵経全解説大辞典』参照）。『大正蔵』第五十巻、一〇一五頁a～一〇二三頁a。

（6）『扶桑寄歸往生傳』の序には、飛鳥時代の推古天皇（在位五九二～六二八）から始まり、江戸時代の寛文年間（一六六一～一六七三）に至る往生人を収載したとある。しかし推古天皇の伝記は見当たらない。聖徳太子の伝記をあげていることから推古とは人物ではなくその時代を表したと考えられる。

(7)　長谷川匡俊著『近世浄土宗の信仰と教化』三八〇頁～三八二頁。伊藤唯真稿「往生伝と浄土伝燈の史論　解説」(『扶桑寄歸往生伝』二巻、『続浄土宗全書』第十七巻所収)を参照。

(8)　長谷川註(7)前掲書、三八〇頁～三八二頁。伊藤註(7)前掲稿参照。

(9)　『日本書紀』と『古事記』には十五代天皇と伝えられている(『国史大辞典』第二巻、四五八頁)。『元亨釋書』第二十巻(欽明天皇の項目)と『扶桑略記』第三巻には十六代とある。それは、応神天皇の父である仲哀天皇が崩御後に応神天皇が生まれ、その間母である神功皇后が執政したので、『扶桑略記』では神功皇后を十五代天皇としているため、応神天皇は十六代となるからである)。

(10)　『扶桑寄歸往生傳』巻下、一丁右(佛教大学図書館所蔵〈西谷寺文庫〉〈『獨湛全集』第四巻、九一頁〉。

(11)　『扶桑略記』第二巻(『新訂増補　国史大系』十二巻、三十一頁)、『元亨釋書』第二十巻(『国訳一切経』和漢撰述八十八　史伝部、三二六頁)で補う。

(12)　行教は平安前期の三論宗の僧、生没年不詳。大安寺に住して三論、密教を学び、八五九年清和天皇のために宇佐八幡宮に赴き、九十日間の参戸籠の結願日に託宣を受ける。その後山城八幡男山に宇佐の八幡大菩薩を勧請し、平安京鎮護の基を開いた。護国寺を神宮寺と改めた。

(13)　『元亨釋書』第十、行教。諦忍は『大光普照集』「武家は念佛するによろし」(『続浄』十五巻、二二五頁)で、八幡について「八幡菩薩は是の神なり八幡の本地は則ち弥陀如来なり」とある。

(14)　『扶桑寄歸往生傳』巻下、一丁左(佛教大学図書館所蔵)〈『獨湛全集』第四巻、九十二頁〉。

(15)　今堀太逸著『本地垂迹信仰と念仏　日本庶民仏教史の研究』「中世石清水八幡宮における浄土信仰――本地阿弥陀仏説を中心に――」(『日本宗教史研究年報』二頁、一九七九年)参照。

(16)　『蓮池大師全集』巻四(和裕出版社〈台湾〉)、四二七五頁、『雲棲浄土彙語』(『卍続蔵経』第六十二巻所収)。

(17)　大海について、『佛祖歴代通載』巻十九の末尾に「宣徳五年歳在庚戌六月下澣永寧住山釋大海書」とあるが、大海の伝記は存在しない。

(18)　『元亨釋書』三十巻(虎関師錬著〈一二七八～一三四六〉)(『新訂増補　国史大系』第三十一巻)。

(19)『日本往生極樂記』一巻（慶滋保胤著〈　～九九七〉）（『続浄』第十七巻、一頁～十六頁）。

(20)『続本朝往生傳』一巻（大江匡房著〈一〇四一～一一一一〉）（『続浄』第十七巻、十七頁～三十二頁）。

(21)『撰集抄』作者不詳西行（一一一八～一一九〇）に仮託された説話集。九巻からなり神仏の霊験、寺院の縁起、高僧、往生、発心遁世等の一二一を載せる。

(22)長谷川註（7）前掲書参照。

(23)『近代諸上善人詠』一巻（東北大学附属図書館所蔵）〈『獨湛全集』第四巻、一九三頁〉。

(24)『近代諸上善人詠』の序文（原文返り点なし）〈『獨湛全集』第四巻、二〇一頁～二〇二頁〉。

(25)永明延壽、法眼宗。臨安府（浙遠江省）餘杭の人。二十八歳で雪峰の法嗣翠巌令参について得度。その後天台徳韶の法を嗣いで法眼宗三祖となる。広順二年（九五二）雪竇山資聖寺に入り、のちに呉越の忠懿王の特請で霊隠寺に住し、また永明寺（後に浄慈寺）に移った。禅と念仏を兼修し、夜に別峰で行道念仏するのを常とした。

(26)『永思祖德錄』、黄檗文華殿所蔵。刊記には「黄檗版其他諸経印刷発売元　京都市上京区水屋町通二条下ル　一切経　印房武兵衛」と記されている〈『獨湛全集』第四巻、二六一頁〉。

(27)希振（陳昇）の伝記には「丞相應求公（陳俊卿）之後」と記述がある。

(28)『永思祖德錄』下巻、二十一丁～二十二丁（黄檗文華殿所蔵）〈『獨湛全集』第四巻、三六四頁～三六五頁〉。

(29)『二十四孝』に「割股療親」の記述があり、自分の股の肉を割いて病の親に捧げることは親孝行であると述べている。人間の肉が薬であることは中国明時代の『本草綱目』という医学の書物にも出る。

(30)『永思祖德錄』下巻、二十八丁（黄檗文華殿所蔵）〈『獨湛全集』第四巻三七七頁～三七八頁〉。原文は返り点なし。

(31)返哺は、小鳥が幼時養われた報恩に食を親鳥に与えること。古来より烏が返哺の孝ありという。『十六國春秋』「烏有二返哺之義一必有二遠人感一レ惠而來者一」。『梁武帝　孝思賦』「靈蛇銜レ珠以酬レ德慈烏返哺以報レ親」（諸橋轍次『大漢和辞典』第七巻、三九六頁）。

(32)獨湛祖先の位牌には次のように記されている。

（表）

〔上段横書〕潁川堂上陳氏歷祖宗妣

有德長者振宇府君神主

　邑庠增廣生外祖考若水府君妣西漳曾氏神主

詔賜冠帶竹軒府君神主

　賜進士授戶科給事中繼之府君神主

　舉明經陞徵川知府士淵府君神主

都御史遠揚府君神主

　賜進士官右布政使士渠府君神主

　賜進士官兵部郎中士遠府君神主

賜進士官都御史時周（諱茂烈）府君神主

　賜進士官南京刑部朗千石溪府君神主

　賜進士官南京史部尙書加太子少保時英府君神主

辭元詔卜隱黃石祖府君神主

　監進奏院遷軍器監簿直祕閣宓公府君神主

賜進士官德安太守仲論府君神主

大相封魏國公謚正獻（諱俊卿）府君神主

狀元及第官（叅知政事問廣宣撫使）諱文龍府君神主

賜進士官員外愚庵府君神主

　累舉大對辭迪功郎平甫府君神主

　解元會元官戶部主事掌史舘附一員外中公府君神主

　賜進士官南京太常寺少卿愧齋府君神主

賜進士官南京兵部侍郎玉柔府君神主

賜進士官侍講時顕府君神主
賜進士公望府君神主
大待贈愧府君神主
明經貢魁顯祖考希振府君妣洪氏楊氏神主
顯孝逸土翊宣府君妣慈惠金沙黄氏孺人神主
孝廉石公社君神主
郁奇
雲孫其昌瑩奉祀

（裏）

逸士翊宣府君
明經貢元希振府君
大待贈愧愚府君
司徒家庙愚伊菴府君
清朝褒寵用中音騰鸞道潜俊玄仁琳應魁諸祖府君
辭朝詔卜隠黄石祖府君
累擧大對賜廸公卽平甫府君
丞相里第祠封魏國公謚正献祖應求府君
宋忠薫祠祖靖府君
唐遠祖莆田令邁公曁顯川堂上黄石大宗歴代宗親祖此神主
宋郡王祠祖公進公
監進奏院直祕閣復齋府君

二忠祠祖文文龍祖瓚二府君
二烈祠祖繼之祖彦回二府君
賜進士都御史孝廣祠祖時周府君
詔賜冠帶竹軒府君
有德長者振宇府君
明孝廣諍伯兄府君

(33)『萬善同歸集』巻四（『大正蔵』第四十八巻、九八二頁c、『浄全』六巻、八〇七頁下）。

(34)『護法論』宋丞相無盡居士張商英述（『大正蔵』第五十二巻、六三九頁a）。

(35)『蓮池大師全集』巻四（和裕出版社〈台湾〉）四〇一七頁。

(36)『蓮池大師全集』巻二（和裕出版社〈台湾〉）二一六五頁。

(37)『往生浄土傳』建長六年乗忍書写奥書、（三冊、真福寺文庫〈大須文庫〉所蔵）。戒珠（九八五〜一〇七七）集と伝わる。塚本善隆著『日中仏教交渉史研究』第六巻「附録第一　真福寺蔵　戒珠集往生浄土傳三巻」二八三頁を参照。

(38)藤堂俊英稿「宋・日の蓮華勝会」（香川孝雄博士古稀記念論集『佛教学浄土学研究』所収）。

(39)道端良秀著『中国仏教史全集』第九巻「第十一章　出家は大孝である」を参照。

(40)『負米圖』初山宝林寺所蔵。

(41)藤原正纂訳『孔子全集』（岩波書店）の「孔子家語巻第二」の二〇八四「致思第八」を参照。

(42)『皇明百孝傳』（京都大学附属図書館所蔵）〈『獨湛全集』第四巻、三八一頁〉。内表紙に「元禄十五壬午歳菊月吉辰　松葉軒利房刊行」（一七〇二年九月）、奥刊記に「元禄十五壬午素秋穀日　皇邑　書肆　今井重右衛門贈版」とある。

(43)『皇明百孝傳』一丁右〈『獨湛全集』第四巻、三八五頁〉「孩提ノ之童無シレ不レ知レ愛二其親」は『孟子』「盡心章句上」十五を引用している。

(44)『皇明名僧輯略』一巻。『卍続蔵』第八十四巻、三五八頁b～三七五頁c。

第二節　語録類

獨湛の語録として現存しているのは、『初山獨湛禪師語錄』一巻、『初山勵賢錄』一巻、『開堂法語』一巻、『施食要決』一巻、『當麻曼陀丸塔寶引』一巻、『當麻寺化佛織造藕絲西方聖境圖說』一巻、『授手堂淨土詩』一巻、『梧山舊稿』四巻、『獨湛和尚全錄』三十巻、『獨湛禪師語錄』九巻、である。

それらの著作を概略紹介すると次のようになる。

①『初山獨湛禪師語錄』一巻（刊本）

浜松市立中央図書館所蔵。外題は『獨湛錄』であるが、内題は『初山獨湛禪師語錄』。寛文七年（一六六七）刊で、七十四丁の書籍である。駒澤大学図書館にも『初山　獨湛禪師語錄』を外題として所蔵されている。また同じ内容で刊行年も同じものが長崎歴史博物館に所蔵されていて、外題は『獨湛禪師語錄』となっており、一巻を四巻に分割したものである。[1] 待者の道超の記録によるものであり、両本の刊記は同じもので次のようである。

護法弟子近藤登之助法名性訥捐資敬刻

初山和尚語錄壹卷伏願見者聞者菩提心而不退般若智以現前者
寛文七年丁未年仲春穀旦識

この刊記によるとこの書籍の題名は『初山和尚語錄』で一巻本、近藤登之助（貞用、語石居士〈一六〇六～一六〇九六〉）によって刊行されたものである。この語録の内容は獨湛が初山宝林寺での法話を侍者天岩道超（一六六六～一七二七）が記録したものであって、上堂、小参、曹溪玄流頌、法語、小佛事、讃、書問、銘、詩偈という構成になっている。

②『初山勵賢錄』一巻（刊本）(2)　獨湛編集

駒澤大学所蔵。獨湛編集。刊記がないため刊行年は不詳であるが、冒頭に獨湛の序が置かれ、その叙の末に「旹龍飛已酉歳十一月冬至日　初山沙門獨湛瑩識」とあるので一六六九年に序を書いたことがわかる。それは次のようなものである、

禪餘閲近代雑書幷護法錄塔銘傳記無論緇素男女但取其入道辛勤之行堅勇發悟之由若語句機緣始終事跡皆略焉錄既成篇置於座右一回過目激發心神感慕思齊　則怠頑之習不遣而去矣因名曰勵賢錄與禪關策進相爲表裏但彼所載皆唐宋古德此則近代時人當知古今人未嘗不同特患無志耳是余自勵勵人之素懷也

つまり、参禅の寸暇に近代の書籍、法語、塔銘、伝記などに目を通して、僧俗、男女を問わず、ただ仏道修行に精進する姿の堅固さ勇猛さ、仏法体解の由来などの記述を取り出した。語句をめぐる因縁のようなところ、事跡の始終は全て略し、編集して刊行した。座右において一通り目を通して心を奮い立たせ、仏道修行に感慕して、斉しからんと思うときには、懈怠の習慣を排除していくことができる。だからその主旨に基づいて『初山勵賢録』という。『禪關策進』と表裏一体となるものである。だが『禪關策進』は唐と宋の古徳の教えを集めたものである。近代の人はそうした古徳の教えを知るべきである。それというのも古今の人の心は同じとはいえず、なかでも道心がない点をただ心配するからである。これによって私も自分を励まし、また人を励まそうと心底より願うからである。

③『開堂法語』一巻（刊本[3]）

萬福寺所蔵。内題は『黄檗第四代獨湛和尚開堂法語』で、獨湛の弟子龍門道懐が記録したものである。黄檗文華殿所蔵本には刊記がなく、発行年代は不詳。この書の冒頭には次のようにある。

天和辛酉元年仲冬朔旦。師在遠州指初山寶林禪寺。受本山黄檗萬福禪寺請。於二年壬戌正月十四日入院至

つまり、浜松の初山宝林寺にいた獨湛が天和元年（一六八一）十一月一日に本山萬福寺の住持に推戴され、その翌年の正月十四日に晋山した時の法語を記載したものである。

④『施食要訣』一巻[4]　初山獨湛揖（刊本）

駒澤大学図書館本は天和三年（一六八三）の刊行である。構成はまず獨湛の序、本文、最後に天和二年（一六八二）の石麟道新の跋がある。本文の内容は、「鄭所南施食心法」、「背盟惡報記　雲棲大師撰」、「竹窓施食師」(5)、「平心薦亡　出竹窓集」(6)、「唐皎然畫傳　略出」、「夷堅志　宋翰林洪邁著」、「遵式施食法」、「鄭所南施食心法」、「鶏鳴寺施食臺紀　明釋道果撰」と「水陸施食忌男女混亂褻賣聖賢衝突鬼神説　雲棲大師集　出竹窓集」(7)となっている。

⑤『當麻曼陀丸塔寶引』一巻

愛知県岡崎市清凉寺所蔵。巻物。寸法は長三〇九センチ、幅三一センチ。元禄十一年（一六九八）六月十四日、獨湛筆。當麻曼陀羅から散った糸くずなどを集めて丸の形にして宝塔に収めた経緯を六〇〇字で著したもの。

⑥『當麻寺化佛織造藕絲西方聖境圖說』一巻（刊本）(8)

京都法然院所蔵。元禄十四年版。内題には「日本大和州當麻寺化人織造藕絲西方境緣起說」とあり、刊記には「元祿十四歳次辛巳十二月十四日　洛東華頂沙門義山募緣」とある。(9)図版六葉入りで、最初に中国杭州の慈雲続法（一六四一～一七二八）の引文を記載して六枚の絵を載せ、その後に記が二通、共に獨湛述で悦峯（一六五五～一七三四）が記録したものである。この記述は獨湛と悦峯との合作であるといえる。悦峰は獨湛の法弟で、長崎興福寺の中興三代住持、黄檗山萬福寺第八世である。「緣起說」には中将法如の藕絲織伝説を主とし、後年の鶴山の哀話も取り入れている。

⑦『授手堂淨土詩』一巻（刊本）(10)

法然院所蔵。内題が『初山獨湛和尚授手堂淨土詩』となっている。弟子の天麟道仁（元禄八年〈一六九五〉九月九日嗣法）と紫玉道晶（元禄七年〈一六九四〉九月九日嗣法）が編集したもので、刊記によると元禄十六年（一七〇三）に無塵居士が刊行した書籍である（獨湛七十六歳）。冒頭に獨湛が延宝八年（一六八〇）に序を寄せている。浄土教関係の詩七十首を収めている。『授手堂淨土詩』の後に『安養櫝詩』が附され一冊となっている。『安養櫝詩』も浄土教に関連する二十五首の詩を収めている。また末尾には「発願文」と「十六観讃」が附されている。

⑧『梧山舊稿』四巻（刊本）[11]

駒澤大学図書館所蔵。内題は『獨湛禪師梧山舊稿』。刊記がないため刊行年は不詳。獨湛が梧山積雲禅寺にいた時の語録であり、自序に述べているように獨湛が十六、七歳の時に出家してから、隠元に出会うまで、つまり二十四歳までの期間の語録である。この語録の巻第一は侍者の道懐が記録し巻第二、第三、第四はいずれも、侍者の道徹、道深、道行による記録である。構成は巻一にまず自序があり、記、正宗頌、五宗賛、巻二に拈古、頌古三十二相頌、題賛。巻三に詩偈、巻四に詩偈という構成になっている。また道懐は延宝九年（一六八一）一月二十三日に獨湛に嗣法したが、獨湛は一六五四年に来日しているので『梧山舊稿』は日本で記録されて刊行したものである。

⑨『獨湛和尚全錄』三十巻[12]

萬福寺所蔵（以下『三十巻全録』）。現在写本のみの存在が確認できている。

『檗宗譜略』巻中の「初山寶林寺獨湛瑩禪師傳」には「悦峯章一人成章等編ソ二師ノ語錄ヲ一計ルニ三十巻法孫博雷音參訂焉」[13]とあるところから、悦峰が獨湛の語録三十巻を編纂したことがわかる。『檗宗譜略』は獨湛七十歳の時に編纂されたものであるため、三十巻の全録は獨湛の生前に編纂されたものと確認できる。全録の三十巻のうち十四巻から二十一巻と二十八巻が欠本であり、『三十巻全録』が刊本として上梓されたかは不明であって、伝記にあげられている『三十巻全録』は写本のことであろうと思われる。

内題について、巻一、二、三、四、八は『獨湛禪師全錄』、巻五、六、七、九は『黄檗獨湛禪師全錄』、十巻から三十巻までは『獨湛和尚全錄』となっている。

第三十巻の最後には、

圓通成、香山圓、石麟新、丹崕昶、平石樹、無住立、石牕鏗、天瑞恩、龍門懐、化霖龍、大梁犍、古鏡明、智觀照、霄外丹、百非覺、喝岩震、梅關香、天洲充、泰洲香、石芳瑞、如幻超、海岸崇、天岩超、朗山耀、廓堂達、巨道開、法源印、悦峰章、雲岳高、桂堂昌、慧雪智、紫玉晶、天麟仁、大方廣、温然玉、蓮洲清、成山起、太玄通、巨海光、天章奎、雲庭安、默外說、黄玉温

と編纂に関わった四十三人の名前をあげているが、この四十三人の中の三十九人は獨湛の直弟子であるが、四人（梅関、慧雪、巨道、如幻）は不明である。

『三十巻全録』の第一冊には目次が記載されているが、この目次に基づくならば、『梧山舊稿』と『初山獨湛禪師語錄』によって『三十巻全録』では欠本となっている部分の一部を補うことができる。また全録であるので獨湛著作の全てを収集しているはずだが、現存する『三十巻全録』に見当たらない記述が他の語録に多くあるので、それらの記述は『三十巻全録』の欠本となっている本に記載されていたと推定できる。

『三十巻全録』の内容、『梧山舊稿』と『初山獨湛禪師語録』を対照した表（附録・表2）、そして『三十巻全録』に見当たらない法語を一覧表（附録・表3）として巻末に置く。

⑩『獨湛禪師語録』九巻二冊刊本

浜松市立中央図書館所蔵。以下『九巻全録』。内題は巻一、二、三、四、七が『獨湛禪師全録』、巻五、六、八、九が『黄檗獨湛禪師全録』となっている。一巻から四巻までを一冊とし、五巻から九巻までを一冊とする体裁になっている。また各巻の題の後に「住東明山興福禪寺嗣法門人道章編」とあることから悦峰道章が編集したものである。黄檗堂文庫には『黄檗獨湛禪師語録』巻四（刊本）から巻七（一冊）が所蔵されている。内容は『九巻全録』の四巻から七巻までと同じものである。形式は異なっているが、各巻の題の後に「侍者道懐録」とあり、龍門道懐が獨湛の説法を記録したものだとわかる。第五巻末尾には「侍者道懐龍門拜書并助刻」とあるので、『黄檗獨湛禪師語録』は『九巻全録』の底本となったと考えられる。そして『初山獨湛禪師語録』の「上堂」の部分はこの『九巻全録』第一巻の内容と形態が全く同じであるが、『初山獨湛禪師語録』は「侍者道越記録」とあり、（「道越」は「道超」の誤りであろう）天岩道超の記録であることがわかるため、『九巻全録』の第一巻の底本は『初山獨湛禪師語録』「上堂」の部分であると考えられる。

この他、獨湛は自らの著作以外に序や跋を寄せている。その中に中国の明代に袁了凡（生歿不詳）の著作で、日本においても江戸時代に広く流布した『陰隲録』[14]がある。忍澂は元禄十四年（一七〇一）に『陰隲録』と袾宏（一五三五〜一六一五）の『自知録』を合冊して刊行している。獨湛はそれに序を寄せ、跋は忍澂が書いている。これについては第四章で取り上げることにする。[15]

次に獨湛の著作として伝わる和文体の『在家安心法語』一巻（四十五丁）がある。大賀一郎氏によれば、原本を初山宝林寺の蔵書で発見。漢文体で難読であるため黄檗山萬福寺第三十八世が俗語（和漢文）に改め、明治十三（一八八〇）年に出版したという。(16) しかし黄檗文華殿所蔵萬福寺文書（明治期）である『不用書』（表題の右側に「后日参考ノ爲メ」、左側に「殘シ置」とある）には本書について次のように記している。

出版御届

一　安心法語　　　　壹冊中

明治十三年六月中出版　但し無販賣

右者私著述一宗之法義ヲ片假名交リニ開述仕候

書ニテ一切條例ニ相背候儀無之候間今度出版致

シ一派ノ道俗無料ニテ附與仕度此段御届申上候也

　山城國宇治郡五ケ庄村九百三拾一番地所

　黄檗宗天聖院前住職

明治十三年六月十九日　著述兼出版人　大講義林道永

この出版届によると『在家安心法語』は刊記にもあるように道永通昌（一八三六～一九一一）(17) の著述であると記されている。したがって『在家安心法語』は獨湛の著作ではなく浄土真宗の寺院に生まれ、明治十四年、四十五歳で黄檗山萬福寺第三十八代の住持となった道永の著作である。刊行年月日は道永が萬福寺の住持となる一週間前の日付となっている[18]。

また獨湛関連の著述として次のものがある。

・『獨湛和尚念佛會文[19]』法然院所蔵。

『獨湛念佛會[20]』は、『松橋正嫡保延記』、『相頓義』、『觀念法門証略注』、『五經大全周易首巻河圖洛書秘華』、『建仁寺布薩式』とが合冊になった写本である。表紙には中央に『獨湛和尚念佛會文』と書かれ、その左部に他の著作の題名が記されている。著者は不明、多少の虫食いがあるため全文は読めない。『念佛會』は七頁にわたって本文が記され、要所には割注を付し、朱色の返り点が施されている。

・『輓偈稱讃淨土詠[21]』一巻（刊本）。大正大学附属図書館所蔵。

獨湛が寂した際に諸僧がその死を悼み輓偈を賦した。『輓偈稱讃淨土詠』の構成は、宝永三年（一七〇六）の井上玄桐の序、三十三人（僧三十二人と無塵居士）の輓偈と黄檗山萬福寺第七代悦山の四仏事法語つまり鎖龕、掛眞、起龕と進塔の法語となっている。

註

（1）一巻は一丁から十五丁まで、二巻は十六丁から三十八丁まで、三巻は三十九丁から六十丁まで、四巻は六十一丁から七十二丁までという組み立てになっている。

（2）『初山勵賢錄』（駒澤大学図書館所蔵）。また浜松市立中央図書館所蔵もある〈『獨湛全集』第三巻、二二九頁〉。

（3）『開堂法語』（京都萬福寺所蔵）〈『獨湛全集』第三巻、三九一頁〉。
（4）『施食要訣』一巻（駒澤大学所蔵）〈『獨湛全集』第三巻、四一一頁〉。
（5）『竹窓三筆』（『蓮池大師全集』第四集「施食法」、三九八三頁）。
（6）『竹窓随筆』（『蓮池大師全集』第三集、三六六〇頁）。
（7）『竹窓三筆』（『蓮池大師全集』第四集、四〇〇〇頁）、『竹窓三筆』（『蓮池大師全集』第三集、三七四七頁）。
（8）『當麻寺化佛織造藕絲西方聖境圖說』京都法然院所蔵。京都萬福寺、大谷大学と佛教大学に文化六年刊行本が所蔵されていて、外題は『翻刻當麻圖記』となっている〈『獨湛全集』第三巻、三〇三頁〉。
（9）『當麻寺化佛織造藕絲西方聖境圖說』は、初刊は元禄十四年（義山本）、そして元禄十五年（支那本）、寛政十一年（寛政本）、文化六年（文化本）と明治十九年（明治本）の全五回刊行されている。大賀一郎稿「黄檗四代念佛禪師獨湛について」（『浄土学』十八・十九号）参照。
（10）『授手堂淨土詩』（京都法然院所蔵）〈『獨湛全集』第三巻、三四五頁〉。
（11）『梧山舊稿』（駒澤大学図書館所蔵）〈『獨湛全集』第三巻、一頁〉。
（12）『獨湛和尚全録』三十巻（京都萬福寺所蔵）〈『獨湛全集』第二巻〉。
（13）『檗宗譜略』巻中三十四右（駒澤大学所蔵）〈『獨湛全集』第四巻、五二九頁〉。
（14）西田耕三著『近世の僧と文学――妙は唯その人に存す――』参照。『陰隲録』は儒仏道の三教合一の思想を説く道徳の書物である。陰隲とは天が冥々のうちにあって人民を安定させるということである。石川梅次郎著『陰隲録』（中国古典新書、明徳出版社）、西澤嘉朗著『陰隲録の研究』（八雲書店）参照。
日本で『陰隲録』は広く流布し、『和語陰隲録大意』まで刊行された。これには明治十九年十一月、清浄華院第六十四世安誉貫務の序があり、本書末尾には明治十九年十二月、洛陽五条坂喜雲寺第二十一世崇地隆雲の跋があり、一〇〇〇部施与のために刷られたことが記されている。なお、本文の末尾には「洛東西光律寺蔵版」と原本の所在が示されている。この『和語陰隲録大意』は諦忍の『卒塔婆用意鈔』と合冊になっている（佛教大学図書館所蔵）。
（15）『自知録』は万暦三十二年（一六〇四）の序によれば『陰隲録』を粉本としているとある。したがって両本が同内容のものであるため合冊として忍澂が刊行したと考えられる（酒井忠夫稿「袾宏の自知録について」〈『福井博士頌寿記念　東洋文化論集』所収〉）。

(16) 長谷川氏は、その漢文体の原本が現在まで不明のため、獨湛の著作であるとは断定できないと指摘している（長谷川匡俊著『近世浄土宗の信仰と教化』「黄檗宗の念佛独湛」）。

(17) 道永通昌は浄土真宗証円寺梵朝の三男として生まれ六歳で慈眼山天聖院に投じて出家、十九歳で登檗して第三十三代如隆に参じた。明治十三年に天聖院で『黄檗在家安心法語』一巻を著した。明治十四年、四十五歳で黄檗山萬福寺第三十八代の住持となった。翌年に黄檗第三十一次戒会を行った（『黄檗文化人名辞典』）。

(18) 住谷瓜頂稿「「黄檗在家安心法語」の意義」（『黄檗文華』七十三号）参照。住谷氏は『在家安心法語』は、初版から七十年後に木村宣豊により再販されたと記している。

(19) 『獨湛和尚念佛會文』（京都法然院所蔵）〈『獨湛全集』第三巻、四七五頁〉。

(20) 『獨湛念佛會』法然院の「理函」に所蔵されている〈『獨湛全集』第三巻、四七五頁〉。

(21) 『輓偈稱讃淨土詠』（大正大学附属図書館所蔵）〈『獨湛全集』第三巻、四四一頁〉。

第三節　書画類

隠元と共に渡来した黄檗僧は書や絵画を数多く残しているが、獨湛も例外ではない。『初山獨湛禪師行由』には「族人素(ヨリ)善(ス)二琴棋書畫(ヲ)一」[1]と記されており、獨湛は幼い頃から書や絵画をよくする環境の中で優れた才能を備えていたと伝えられている。獨湛が絵画として残しているのは、仏教関係として『涅槃圖』、『盧舎那佛像』『地蔵菩薩像』、『彌勒菩薩像』、『地獄變相圖』、『目蓮尊者』、『維摩居士像』、『中峰明本像』等があり、肖像画として『隠元像』、『列祖圖』、『自畫像』等があり、中国文化関係のものとして『孔子像』、『林兆恩像』等があり、日本文化関係のものとして『天神圖』、またさまざまな風景を描いている。幅広い分野の絵画の中から浄土教に関連する作品を年代順に挙げると以下のようである（所蔵者中、山内獅子林院とあるのは、黄檗山内獅子林院蔵であることを示す）。

二十九歳　善光寺阿弥陀三尊　獨湛賛　（京都　萬福寺蔵）（図1）
四十二歳　阿弥陀仏　獨湛賛　（白河　斎藤貞一郎氏蔵）（図2）[2]
五十五歳　阿弥陀仏像　獨湛賛　（長崎　興福寺蔵）（図3）
観音図　獨湛賛　（愛知　大乗寺蔵）（図4）[3]

阿弥陀如来像　獨湛賛（山内　獅子林院蔵）（図5）
六十二歳　阿弥陀如来像　獨湛賛（愛知　妙厳寺蔵）
六十三歳　無量寿如来像　獨湛賛（京都　萬福寺蔵）（図6）[4]
六十九歳　善導大師画像　獨湛賛（京都　華開院蔵）義山に送った善導大師像
七十三歳頃　善導大師画像　獨湛賛（白河　斎藤貞一郎氏蔵）（図7）[5]
〃（京都　深草真宗院蔵）（図8）
七十四歳　廬山十八高賢図　獨湛賛（京都　獅子林院蔵）（図9）[6]
七十五歳　無量寿如来像　獨湛賛（静岡　浜松市立中央図書館蔵）（図10）
七十七歳　勧修作福念佛図説（山内　獅子林院蔵）（図11）
（不明）二祖対面　獨湛賛（京都　法然院蔵）（図12）
（不明）法然上人像　獨湛賛（京都　黒谷金戒光明寺蔵）（図13）[7]
（不明）當麻曼陀羅　獨湛賛（三重　観音寺蔵）（図14）[8]

図１　善光寺阿弥陀三尊（京都・萬福寺蔵）

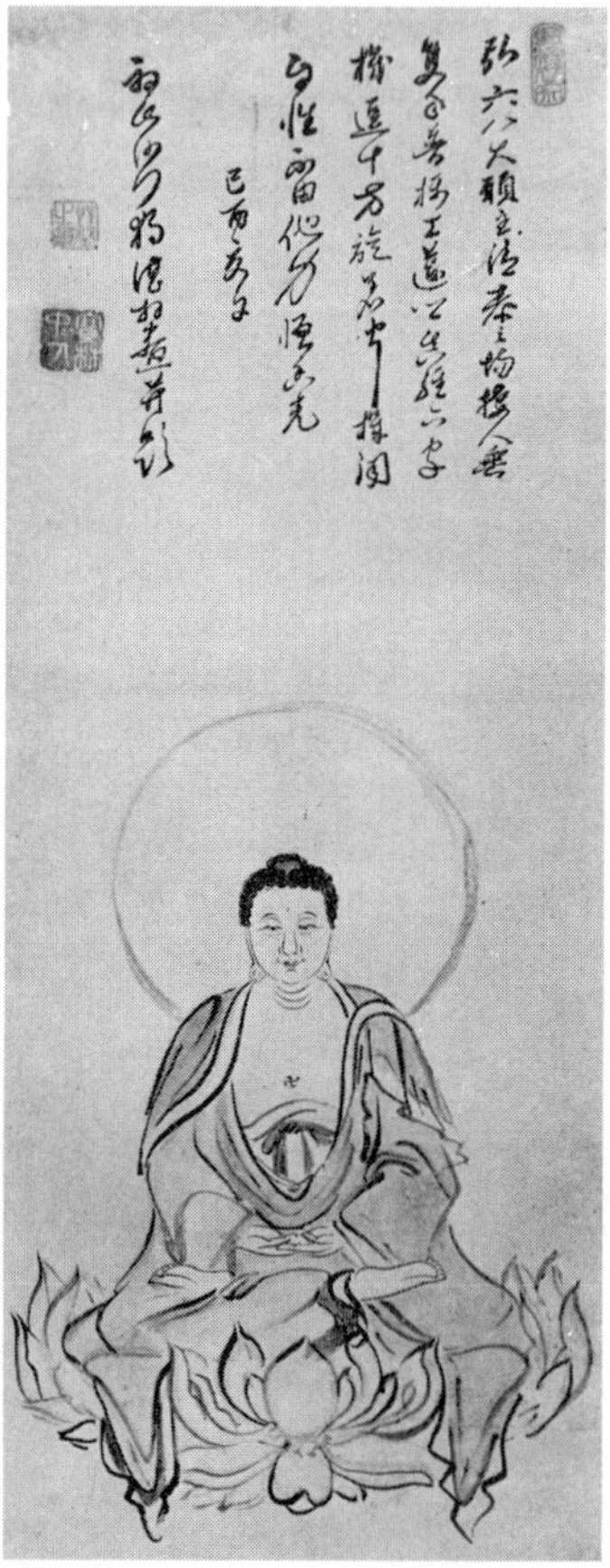

図２　阿弥陀仏
（白河・斎藤貞一郎氏蔵）

図３　阿弥陀仏像
（長崎・興福寺蔵）

図５　阿弥陀如来像
（山内・獅子林院蔵）

図４　観音図
（愛知・大乗寺蔵）

図６　無量寿如来像
（京都・萬福寺蔵）

図７　善導大師画像
（白河・斎藤貞一郎氏蔵）

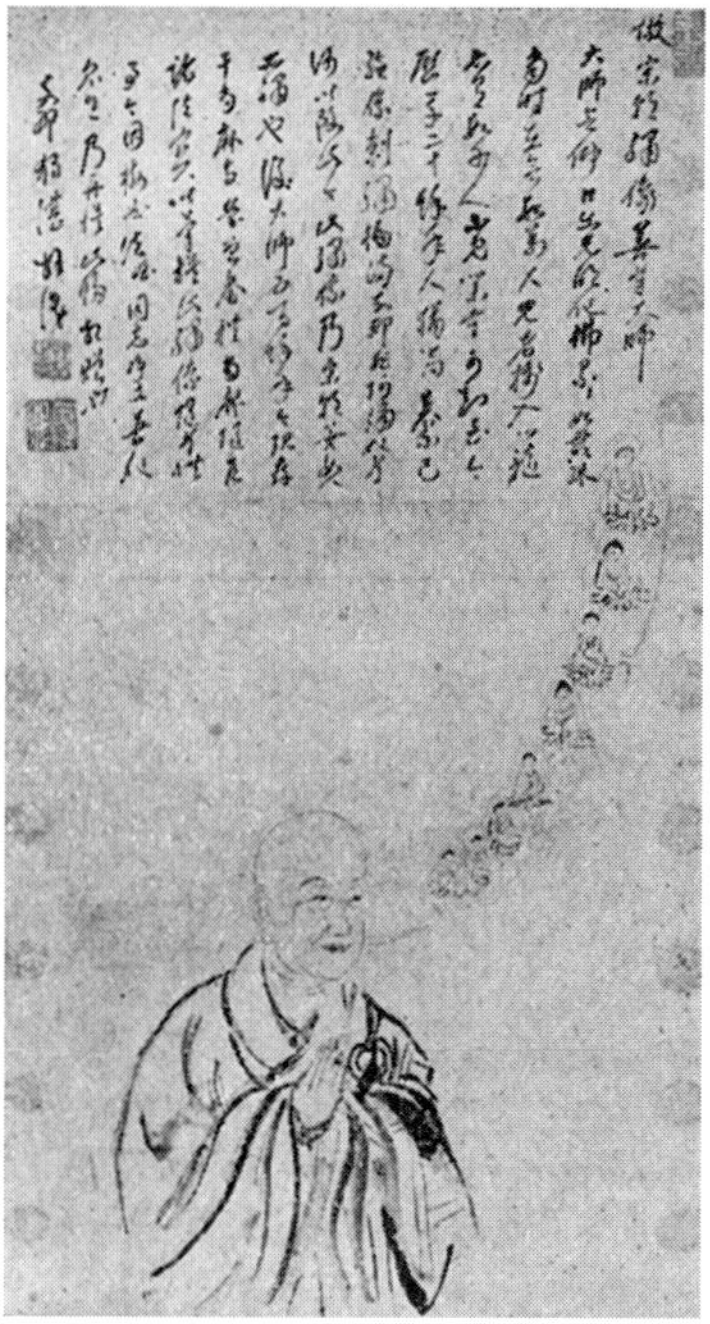

図８　善導大師画像
（京都・深草真宗院蔵）

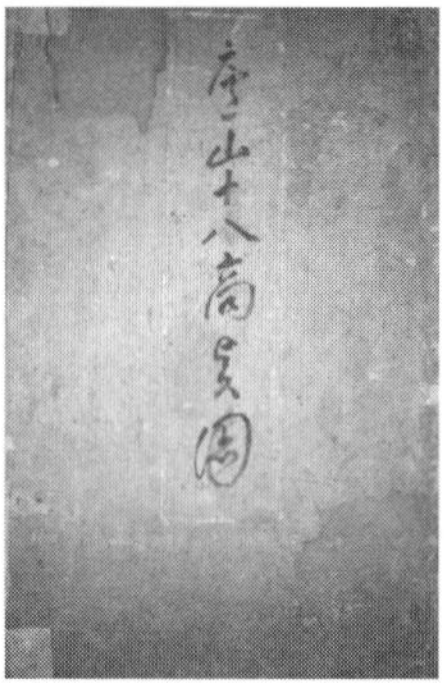

図９　廬山十八高賢図
（山内・獅子林院蔵）

図10　無量寿如来像
（静岡・浜松市立中央図書館蔵）

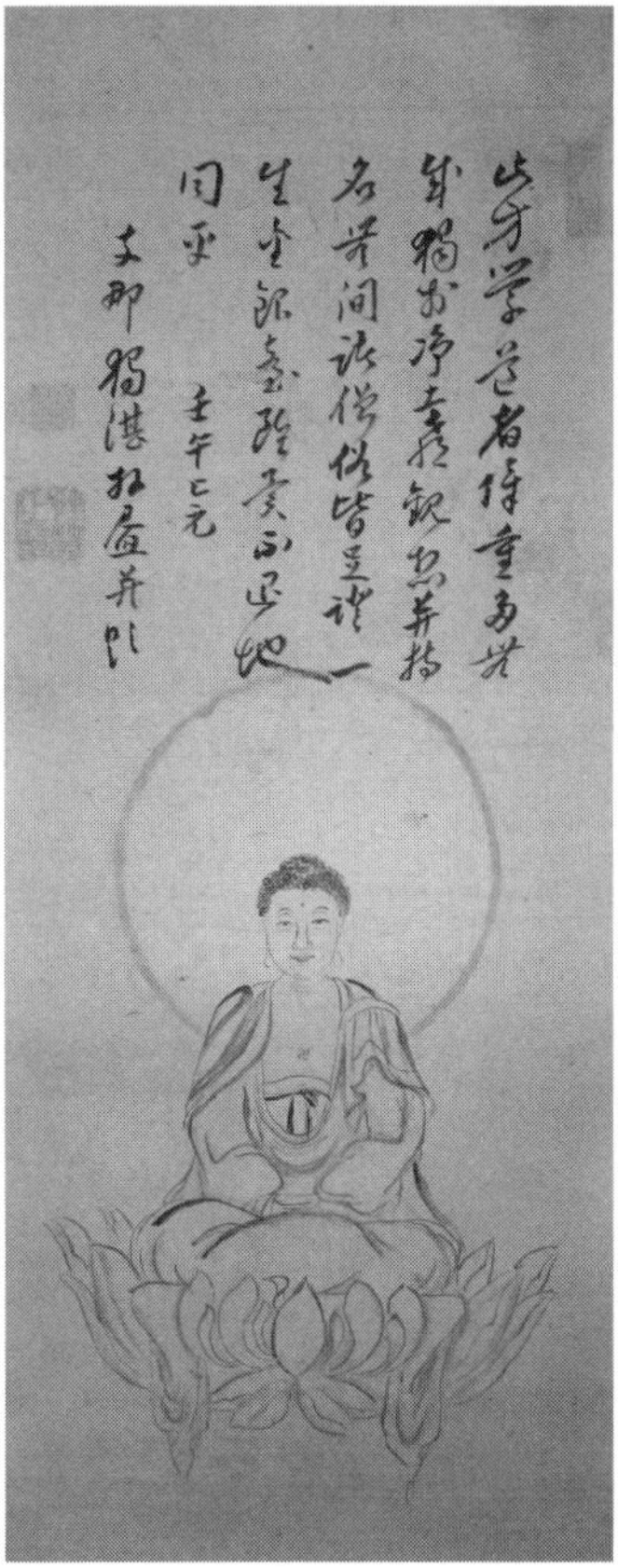

図11　勧修作福念佛図説
（山内・獅子林院蔵）

図12　二祖対面
（京都・法然院蔵）

図13　法然上人像
（京都・金戒光明寺蔵）

図14　當麻曼陀羅
（三重・観音寺蔵）

この他にもまだ知られていない獨湛作の絵画が存在する可能性はある。[9] ここにあげた獨湛の画風についての美術的方面からの評価については、すでに先学の先行研究がある。[10]

獨湛は来日してから二年経たないうちに善光寺の阿弥陀三尊を模写し、賛を付して善光寺の三尊を讃えている。獨湛は渡来してから多くの作品を残しているが、年代順に追って見ると晩年には浄土教関係の作品が多いことがわかる。

註

（1）『初山獨湛禪師行由』二丁右〈『獨湛全集』第四巻、五〇三頁〉。
（2）『墨美』一一三号、一九六一年十二月「黄檗墨蹟（中）」二十三頁。
（3）『東海黄檗遺墨帖』（一九七一年十一月、三十一頁）。
（4）『幽玄斎選仏教絵画』（二〇〇六年、私家版）。幽玄斉蔵に同じ絵がある。しかし賛には多少の異同がある。
（5）大賀一郎稿「黄檗四代念仏禅師獨湛和尚について」（『念佛と禅』法藏館、六十三頁）。
（6）『廬山十八高賢圖』には最初に阿弥陀仏、観音、勢至両菩薩が描かれ、次の頁に宗伯学士の文書を序としてある。これは獨湛の代筆であると思われる（宗伯学士については『憨山老人夢遊集』巻第二十四「瓊州金粟泉記」〈『卍続蔵』巻七十三、六三二頁c〉に見られる）。その後獨湛は「廬山十八高賢図讃」を記している。その内容は李沖元撰『蓮社十八賢圖記』（『卍続蔵経』第一三五巻）の引用である。後に十三枚の絵が描かれ、最後に「劉程之蓮社発願文」（『梁高僧伝』巻六「慧遠伝」、『大正蔵』第五十巻、三五八頁c～三五九頁a）が付されている。
（7）竹内尚次稿「浄土教肖像画小稿――法然上人御影を中心として――」（『MUSEUN』二七七号）。『大本山くろ谷金戒光明寺　宝物総覧』一〇一頁。
（8）箱には表に「當麻曼陀羅摹寫的之圖　観音禅寺什物」、裏には「初山獨湛老和尚真筆　慈普應誌焉」とある。

（9）大賀註（5）前掲論文。松永註（5）前掲論文、松永知海「『勧修作福念佛図説』の印施と影響――獅谷忍澂を中心として――」（『佛教大学大学院研究紀要』第十五号）。

（10）獨湛の墨蹟について他の黄檗諸師と比較すると、念仏禅を唱導したためであろうか、その書風は迫力に乏しく、鋭鋒を欠くが、極めて温雅な書体である（淡川康一稿「黄檗の書について」〈『墨美』一一三号、一九六一年十二月所収〉）。

獨湛の仏画は持戒者の念仏禅の結晶であり、獨湛の生涯は念仏禅の当体でもあって、念仏禅を礼拝仏として描いたのが獨湛の仏画であった。檗門東渡の諸禅師は、いずれも文質彬々として、各々墨戯をよくした。宗祖隠元を除く、木菴、即非、高泉、悦山、独立、独吼、大鵬等は、いずれも観音、達磨、羅漢、四君子などを多く描き、それらは禅余の風懐を寄せた墨戯というべきものであった。しかし獨湛だけは別個の新天地の画境を開くのであるが、それが念仏禅を画境とした仏画である。これは墨戯ではなく、無論専門画的な作品でもない、獨湛の念仏禅が結成した礼拝仏である。したがってその題材は阿弥陀仏、観音大士、地蔵菩薩、目蓮尊者、弥勒仏、善導大師、維摩居士、達磨大士、関羽帝、天神等という礼拝の対象となるもので、その絵画は獨湛自身の法身の常在を描出しているのである。絵画の形式を借りて仏心を表現するものである。つまりそれらは永劫の慈相、久遠の仏心を表示した礼拝仏であった。しかもそれが獨湛の天衣無縫とでもいうべき天賦の妙技をもって濶達自在に描かれており、その広さと、深さにおいて、黄檗高僧の誰もが遥かに及ばないものであった。獨湛によって黄檗の禅風即念仏禅が実行され、その念仏禅が仏画化されたのである（西村南岳稿「黄檗高僧の絵画について」『墨美』一一三号、一九六一年十二月）。

第三章　獨湛の浄土教

第一節　禅浄双修について
――隠元の流れを中心に――

中国における禅宗は菩提達磨（五二〇年西来）を初祖としている。しかし禅は達磨以前に中国に伝わっていた。『開元釋教錄』巻第一[1]によると支婁迦讖（二世紀頃）には『禪經』二巻、『禪法經』一巻、『開元釋教錄』巻第二[2]によると支謙（二世紀頃）には『坐禪經』一巻、『古今譯經圖紀』巻第一[3]によると康僧會（～二八〇）には『坐禪經』二巻、竺法護には『修行道地經』、仏駄跋陀羅（三五九～四二九）には『達摩多羅禪經』、曇摩蜜多には『五門禪經用法』等の訳出禅経典がある。[4]『出三藏記集』第六所載の、安世高訳『安般守意經』一巻に対する道安（三一四～三八五）の序「安般注序第三」には、「昔漢氏之末。有安世高者。博聞稽古。特專阿毘曇。學其所出經。禪數最悉。[5]」とある。つまり後漢の安世高（二世紀頃）は特に小乗阿毘曇の学を専らにして、その伝持するところは禅と阿毘曇であったという。同じく安世高訳『陰持入經』一巻に対する道安の序「陰持入經序第五」には、「出自安息。字世高（略）其所敷宣專務禪觀。[6]」とある。つまり安息国の出身である安世高は専ら禅観の宣揚に務めたという。[7]この他、安世高によって『禪行法想經』一巻、[8]『禪行三十七品經』一巻、[9]『禪法經』[10]一巻等のような禅経典が訳出されている。一方、禅に関する大乗経典としては、鳩摩羅什（三四四～四一三）訳の『禪祕要法經』三巻、『坐禪三昧經』二巻、『菩薩訶色欲法經』一巻、『禪法要解』二巻、『思惟略要法』[11]一巻等が伝わっている。その中の『坐禪三昧經』、『思惟略要法』と『禪祕要法經』は念仏観に関する経典である。[12] この他に、先にも触れた仏駄跋陀羅訳『達摩多羅禪經』二巻もこの部類に入る。

したがって、東晋時代においては道安による禅法の宣揚、また鳩摩羅什の訳出等によって禅業が盛んになり、大乗禅も発揮されるようになった。その時代、廬山の慧遠（三三四〜四一六）は支婁迦讖が訳出した『般舟三昧經』[13]に基づく念仏三昧を実践し、浄土往生の法をひらいた。即ち東晋安帝元興元年（四〇二）に慧遠は東林寺の般若台精舎阿弥陀仏像の前で一二三人とともに西方往生の誓いを立てた。そこで修した念仏は般舟三昧であった。つまり観想の念仏で、十方現在仏悉在前立三昧による見仏三昧であった。[14] このように廬山では禅法と浄土教の双修の発揮が見られるようになるのである。[15]

次にこのような中国仏教における禅浄双修の実践形態を、黄檗隠元の流れを中心に見ておきたい。獨湛の伝記には「『法華經』、『楞嚴經』、『高峰語録』[16]と雲棲袾宏の諸書を読んだ」[17]とある。雲棲袾宏[18]（一五三五〜一六一五）は明末時代に念仏結社をつくり、厳格な戒律と念仏三昧の生涯を送り、禅と念仏の一致をめざした教えを立て、後に蓮宗第八祖と仰がれるようになった。『阿彌陀經疏鈔』、『禪關策進』、『竹窓隨筆』など数多くの著作を残している。次に袾宏の著作から禅浄双修に関する箇所をいくつか取り上げてみることにする。

まず『禪關策進』の「空谷禅師示宗」には次のように念仏のことが語られている。

優曇和尙、令提念佛的是誰。汝今不必用此等法。但平等念去。但念不忘、忽然觸境遇緣、打著轉身一句、始知寂光淨土不離此処、阿彌陀佛不越自心。[19]

つまり、優曇和尚（『蓮宗寶鑑』十巻を編集した元の普度）は、「念仏しているのは誰か」[20]という問題を提示したうえで、「しかし汝らはこのような法を必用とはしない。ただ平等に仏を念じて行け。ただ一途に仏を念じて忘れなかったならば、忽然として浄境に触れ浄縁に遇って、悟りを得た自在のしるしの一句を打ち出し得る。そして始めて知ることになる。寂光浄土はこの現実世界を離れておらず、阿弥陀仏は自分の心を越えて在るものではないことを」と述べている。[21]ここには禅浄ともに同じ境涯に入ることができることが語られている。

また『阿彌陀經疏鈔』巻一の「三総結」には同様のことが次のように語られている。

自性彌陀。唯心淨土。意蓋如是。是則禪宗淨土。殊途同歸。以不離自心。卽是佛故。卽是禪故。彼執禪而謗淨土。是謗自本心也。是謗佛也。是自謗其禪也。[22]

つまり、自性の阿弥陀仏、唯心の浄土というのは、その意は、思うに次のようなことである。即ち禅宗と浄土の途は異なっているといっても帰するところは同じである。自心を離れないことが仏教であり、また禅である。禅に執して浄土を謗るものは、自らの本心を謗ることになり、仏も謗ることになり、自らその禅を謗ることであると述べている。

袾宏はまた禅浄に関する見解を述べる際に中峰明本[23]（一二六三～一三二三）の次のような言葉を引用している。「禪者。淨土之禪。淨土者。禪之淨土也」。この言葉は袾宏の『淨土疑辨』[24]、『佛説阿彌陀經疏鈔』巻第三[25]などにも引用され、袾宏が禅浄双修を語る際の常套句のように使用されている。

また『禪關策進』の「師子天如則禅師普説」には次のようにある。

又有自疑念佛與參禪不同。不知參禪只圖識心見性、念佛者悟自性彌陀、唯心淨土、豈有二理。經云、憶佛念佛、現前當來、必定見佛。既日現前見佛、則與參禪悟道有何異哉。○答或問云、但將阿彌陀佛四字、做箇話頭、二六時中、直下提撕、至於一念不生、不渉階梯、徑超佛地。[26]

これは中峰明本に師事した天如惟則（一二八六～一三五四）の言葉である。つまり、念仏と参禅とは同じではないと疑っている者がいる。参禅は人心を識り仏性を見ることを目的とするのであり、念仏は自性の弥陀、唯心の浄土を悟ることが目的である。そこに道理の違いがあるわけではない。『大佛頂如來密因修證了義諸菩薩萬行首楞嚴經』巻第五には、「仏を憶い仏を念ずれば、現前にも当来にも、必ず仏を見るであろう」と説かれている。「現前に仏を見る」と言うからには、参禅悟道と何の違いがあろうか。『淨土或問』には、「ただ阿弥陀仏の四字名号を提撕し、二六時中、いつも親しく四字名号と取り組み工夫し、有念無念を超えた境地に至るならば、修道の階梯を経ないで、一足とびに仏の境地に達するであろう」と述べている。[27] 禅の立場は直指人心、見性成仏と表現されたりするが、ここでは阿弥陀仏の四字の名号を専心工夫することによって、念仏も禅と同じ境涯に到りうることを述べている。

雲棲袾宏の浄土教に関する著作を収録した『雲棲淨土彙語』所収の「與蘇州劉羅陽居士」には次のようにある。

縱令不悟。乘此念力。往生極樂。且横截生死。不受輪迴。終當大悟耳。[28]

つまり、たとえ禅で悟れなくても、この念仏の力に乗じて、極楽に往生して、速やかに生死を絶ちきり、輪廻を受けることなくついには大悟するのみであると述べている。

また獨湛の師の隠元も禅浄双修を踏まえていた。隠元の禅はもとより臨済禅の正統であるが、これに異質的な西方浄土の信仰を加えている。その浄土教はいわゆる善導流のそれではない。即ち禅浄双修を容認する唯心浄土、己心弥陀を説く浄土教である。

隠元は一六五四年（承応三年）五月十日、二十余人の弟子たちとともに長崎に渡来した。長崎に教化して、その禅風を慕った妙心寺の龍溪（一六〇二〜一六七〇）の請いにより京都に入った。後水尾上皇の帰依と、徳川四代将軍家綱の加護を受け、近衛家の領地であった宇治市に伽藍を建築し、故国の住寺の名をそのまま採って、黄檗山萬福寺と号した。

伝記によれば念仏会にも参加していたという隠元は浄土教をどのように捉えていたのであろうか。それについて『隠元禪師語録』巻第十一の「示陳道人」に次のように述べている。

念不レ淨不レ往二極樂一心不レ染不レ來二娑婆一娑婆極樂只在二當人心念淨染之間一（中略）以レ此爲二般若之種智一念念圓明以レ此證二菩提之妙果一時時現前法王大寶不レ期自至極樂一會當念儼然所レ求皆遂無二願不一レ從豈[29]

つまり、心念が浄でなければ極楽に往くことはできない。心念が迷いに染まっていなければ娑婆に来ることもない。娑婆を居とするか極楽を居とするかはただその人の心念が浄であるか染であるかによる。（中略）行によって得られた、一切の物事を個別に知る般若の一切種智で見るならば、時々刻々全てが円満と映る。その菩薩の妙なる成果を体得すれば常に目の前に極楽の相を見ることができる。仏法が不求自得であるように極楽も自然に現れ、極楽を遠く彼方に望まなくてもたちどころに顕れる。所求はなし遂げられ、所願はかなえられると述べている。禅浄双修を説く多くの著作では『維摩經』「佛国品」に出るいわゆる「隨其心淨則佛土淨[30]」説が踏まえられるが、隠元の言葉にもそうした方面を見ることができる。

次に、『隠元禪師語録』巻第九の「四十八歳の誕生日迎えられ時の小參」には次のように述べている。

小參僧問如何ナルカ是ノ禪宗正脈師云壁立萬仭進云如何ナルカ是淨土彌陀師拖泥帶水[31]

つまり、ある禅僧が隠元に「禅宗の正統な教えはどのようなものでしょうか」と問うと、禅師は「目の前には立ちはだかる、非常に高い山を乗り越え進むようなものである」と答えた。さらに禅僧が、浄土の阿弥陀のことを問うと、隠元は「浄土の師は煩悩の泥水を引きずっておられる」と答えた。これを自性弥陀己心浄土という立場から見れば、自性弥陀といってもそこが煩悩泥にまみれているという現実態がある。自性の弥陀を隠覆態から顕現態へと持ち来たらすには高山のような壁があるということになる。

また萬福寺第二世木菴（一六一一～一六八四）は『木菴禪師語録』巻第十一によれば阿弥陀仏について次のように述べている。

彌陀　寶珠在レ握照レ群一迷垂レ手接レ人出レ徑一蹊若悟二彌陀皆自性一全身寶沼坐二蓮花一[32]

つまり、阿弥陀仏は宝珠を掌中におさめている。その宝珠の光は迷妄の人々を照らす。阿弥陀仏はその手を人人に差し伸べて、迷妄の道から解脱させる。皆が阿弥陀仏を自性としていることを悟れば全てのものが宝池の蓮花に坐ることがわかると述べている。また『木菴禪師東來語錄』第四巻の「示念佛善人」には次のようにある。

參禪念佛不レ離レ心忽悟レ自‐心休二外‐尋一刹刹塵塵元淨土花‐開鳥語盡ク觀音念佛之人心要レ切心心念念無レ休‐歇忽然念到二念‐忘時一迸二出蓮花一香滿レ舌(33)

つまり参禅念仏は心を離れてなく、にわかに自心を悟ることである。外なる対境に心を赴かせることを休止すれば、どのような処も元は浄土であり、浄土の花が開き説法の鳥の声で尽くされる。観音菩薩は念仏の人の心を切に求めている。一念一念、念仏を休止することがなければ忽然として、念ずるものも念ぜられるものも倶忘の極みに到る。その時は蓮花からほとばしり出る香りで舌が満たされる、と述べている。木菴の禅浄双修の立場からすれば、念仏の念は、たとえば『十牛圖』の第八図「人牛倶忘」のような境涯つまり、「念極而忘念至レ忘與二無念一清湛一惟有二一眞心而已一是名下以二念佛心一入中無生忍上也」(34)といわれるような境涯をめざすところにあることを述べているのである。

また中国の黄檗山で隠元から具足戒を受け、隠元が渡来した翌年に日本に来た即非（一六〇六～一六七一）は『即非禪師全錄』巻之十八の「示二念佛緇素一」で念仏について次のように述べている。

有‐念鑄二無念一無念卽淨‐念念‐念念不生彌陀全‐體現自‐心卽淨‐土佛不レ離二自性一看二破念佛誰是一眞爲二究竟一(35)

つまり、有念とは無念を鋳る、つまりつくりあげる。無念とは浄念であり、念念に何ものも生じない境地になれば阿弥陀仏はその全てを現ずる。我が心は浄土である。仏は心性を離れるものではない、念仏をするものは一体誰かと看破すればそれこそが真に究竟したといえるのであると語っている。

このように木菴の語録では念仏を通して禅が目指す見性の境涯に到れることが語られている。

以上、禅浄双修の流れを黄檗隠元を中心に見てきた。黄檗の流れでは、永明延壽は「有禅無浄土」であれば、十人のうち九人が蹉跎、つまりつまずく。もし禅定中に陰魔が現前すれば、娑婆に流転することになる。「無禅有浄土」であれば、万人が修すれば万人が浄土に往生できる。「有禅有浄土」であれば、虎が角を戴くように、現世で人師となり、来世で仏祖に成る。「無禅無浄」ならば、永劫に生死に沈淪することになると述べている（『永明料揀』『浄土指歸集』下巻所収[36]）。中峰明本は、「禪の外に曾て淨土を談せず。須く知るべし淨土の外に禪なきことを」[37]（『樂邦文類』巻第五所収「懐浄土詩一百八首」の第十四首）、あるいは天如惟則は、「阿彌陀仏の四字名号」、雲棲袾宏は「自性彌陀。唯心浄土」などと、それぞれの立場から禅浄双修を勧説していたのである。

註

（1）『開元釋教錄』巻第一（『大正蔵』第五十五巻、四七九頁a）。

（2）『開元釋教錄』巻第二（『大正蔵』第五十五巻、四八九頁a）。

（3）『古今譯經圖紀』巻第一（『大正蔵』第五十五巻、三五二頁a、三五三頁b、三五七頁a、三六一頁b）。

（4）水野氏はこれらの経典は全く小乗有部の禅法を説いたものであると言っている（水野弘元稿「禅宗成立以前シナの禅定思想史序説」〈『駒澤大学研究紀要』十五号、一九五七年所収〉）。雲棲袾宏の『往生集』には仏駄跋陀羅を次のように取り上げている。「晉ノ佛駄跋陀羅ハ。此ニハ云二覺賢一ト。迦維衛國ノ人ナリ。甘露飯王之裔也。年十六ニシテ博ク學二群經一ヲ。深ク達ス二

禪律。姚秦沙門智嚴至西域。要師達長安。演法東宮。與羅什法師上下論議。後以懸指海船遭擯。入廬山預遠公蓮社。譯出觀佛三昧諸經。宋元嘉六年。念佛而化。」（『続浄』第十六巻、二一四頁）。

（5）『安般守意經』一巻（『大正蔵』第五十五巻、四三頁c）。

（6）『陰持入經』一巻（『大正蔵』第五十五巻、四四頁c）。

（7）香月乗光稿「東晋代に於ける禅法と浄土教」（『念佛と禅　浄土学特揖』所収）、宇井伯壽著『釋道安研究』参照。

（8）『禪行法想經』一巻（『大正蔵』第十五巻、一八一頁）。

（9）『禪行三十七品經』一巻（『大正蔵』第十五巻、一八〇頁）。

（10）『古今譯經圖紀』巻第一参照（『大正蔵』五十五巻、三四九頁c）。

（11）『禪祕要法經』、『坐禪三昧經』、『菩薩訶色欲法經』、『禪法要解』、『思惟略要法』（『大正蔵』十五巻所収）。

（12）藤堂恭俊稿「鳩摩羅什訳出と言われる禅経典の説示する念佛観」（『福井博士頌寿記念　東洋思想論集』所収）、藤堂恭俊稿「『坐禅三昧経』に説示する念仏観の成立背景」（『印度学佛教学研究』第八巻第二号所収）。

（13）智顗の四修三昧中、常行三昧もこの経典に基づく。

（14）香月註（7）前掲論文。

（15）木村英一編『慧遠研究』、光地英学稿「中国における禅浄関係」（『駒澤大学仏教学部研究紀要』三十）、服部英淳「禅浄融合思想の一考察」（『浄土学』一二）参考。

（16）源妙高峰（一二三八～一二九五）は臨済宗楊岐派破菴派の僧。『高峰語録』二巻、万暦二十七年雲棲袾宏が序を付して再刊した。

（17）『行由』三丁左〈『獨湛全集』第四巻、五〇五頁〉。

（18）望月信亨著『支那浄土教理史』（一九四二年、法藏館）、中村薫著『中国華厳浄土思想の研究』（二〇〇一年、法藏館）参照。

（19）藤吉慈海著『禅の語録19　禅関策進』一三九頁。

（20）隠元の『松隠老人随録』巻第三に「有念佛信士參次師問曰念佛者是誰不念佛者又是誰士無語師示偈曰」とある

（『隠元全集』第十巻、五〇三〇頁）。
(21) 藤吉註（19）前掲書、一四〇頁。
(22) 『阿彌陀經疏鈔』巻一（『卍続蔵経』第二十二巻、六〇六頁b）。
(23) 臨済宗楊岐派破菴派十二世。その伝記は彭際清の『浄土聖賢録』巻四（『浄全』第十八巻、六八四頁）と慧中の『禪祖念佛集』巻上と『続浄』第十五巻、二六一頁所載。
(24) 『淨土疑辨』（『大正蔵』第四十七巻、四二〇頁a）。
(25) 『佛説阿彌陀經疏鈔』巻第三（『卍続蔵経』第二十二巻、六六三頁a）。
(26) 藤吉註（19）前掲書、九九頁。
(27) 藤吉註（19）前掲書、一〇〇頁によれば、この言葉の主旨は『中峰和尚廣錄』巻五に出ると指摘している。
(28) 『雲棲淨土彙語』（『卍続蔵経』六十二巻、六頁c）。
(29) 平久保章編『新纂校訂　隠元全集』第二巻、九五一頁。
(30) 『維摩經』（『大正蔵』第十四巻、五三八頁c）。袾宏は『楞嚴摸象記』の附諸経で「△維摩経」に「随其心淨則佛土淨」について語っている。
(31) 平久保註（29）前掲書、六七〇頁。
(32) 『木菴全集』第二巻、六八八頁。
(33) 『木菴全集』第三巻、一一五二頁。
(34) 懐音纂輯『諸家念仏集』巻四「禅宗念仏」（『浄全』第十五巻、六六二頁）。これは「禅宗念仏」の、摂心念仏、数息念仏、参究念仏に続く「直念念仏」の中で、編者の懐音が解説している文である。ここで言う直念念仏とは「万事を抛擲して直に念仏して去て更に観想参究等に渉らず」ということである。なおこの後には実相念仏、信願念仏が取り上げられている。この念仏の分類は、袾宏校正　莊廣還輯『浄土資糧全集』巻之六には摂心念仏法、数息念仏法、参究念仏法、実相念仏法という分類が見られるが、直念念仏法は見られない（『卍続蔵』第六十一巻、六一〇頁）。

（35）『即非全集』第三巻、九七二頁。

（36）有禪無淨土。十人九蹉路。陰境若現前。瞥爾隨他去。謂單明理性。不願往生。流轉娑婆。則有退墮之患。陰境者。於禪定中。陰魔發現也。如楞嚴所明。於五陰境。起五十種魔事。其人初不覺知魔著。亦言自得無上涅槃。迷惑無知。墮無間獄者。是也。二曰。無禪有淨土。萬修萬人去。但得見彌陀。何愁不開悟。謂未明理性。但願往生。乘佛力故。速登不退。三曰。有禪有淨土。猶如戴角虎。現世為人師。來生作佛祖。既深達佛法。故可為人天師。又發願往生。速登不退。腰纏十萬貫。騎鶴上揚州。四曰。無禪無淨土。鐵床幷銅柱。萬劫與千生。沒個人依怙（『卍続蔵』六十一巻、三七九頁b）。

（37）『樂邦文類』巻第五（『大正蔵』四十七巻、二一九頁b）。

第二節　語録に見る浄土教

『獨湛禪師全錄』巻九には獨湛の念仏との邂逅について、「吾年七歳時無人教導自知念佛茹素斷葷晝夜趺坐[1]」とある。つまり獨湛は七歳の時に誰の教えや導きもなく念仏を知り、素食で五味や肉料理を断ち、昼夜座禅を修したと述べているように、念仏と出会いは七歳の時であった。

次に獨湛の語録から浄土教に言及する箇所を取り上げ、そこから読み取れる獨湛の浄土教思想を管見してみることにする。

まず獨湛は禅と念仏について、『獨湛禪師全錄』には「禪與浄土非異非同[2]」と述べ、禅と浄土念仏は異なるものでもなく、同じものでもないと述べている。

その参禅と念仏について、『初山獨湛禪師語錄』の上堂説法の「開爐結制」には次のようにある。

問古人云參禪由自力念佛由他力自力與他力還有優劣麼師云一踏蓬門兩扇開進云和尚爲某甲仔細指示師云汝出身不得[3]

つまり、ある人が自力の参禅と他力の念佛には優劣があるかと獨湛に問うと、「ひとたび蓬門を一踏すれば兩扇を開く」と答えた。すると問者は獨湛の答えの意味を理解できず、さらに獨湛に詳細な答えを願った。すると「あなたは求める答えを得ることはないであろう」と答えた。

ここで獨湛は参禅―自力、念仏―他力という通仏教的な分別を踏まえながら、いずれによろうとも悟境には相違のないことを、したがって優劣などないことを語っている。それは単に道理の問題としての答えではなく、獨湛の禅浄双修の体験に由来する答えであると考えられる。

次に「示江戸四信士」には次のように述べている。

欲脱六道生死輪廻之苦先須斷肉茹蔬後或參禪念佛各〻從一門而入以了丈夫之事若躭着世味斷慈悲種子欲學佛乘倶成戲論(4)

これは在家に対する法語である。六道から離脱するには、まず肉食を離れ菜食して自らを清浄にし、それから参禅もしくは念仏の一門のどちらか縁のある行から入れば、仏道精進者としての大事を悟ることができると述べている。もし世俗のことに執着するならば慈悲が生まれる種子を断つことになり、仏となる道を学ぼうとしても、空言となると述べている。

ここで獨湛は参禅し得る者には参禅を勧め、念仏によらんとする者には念仏を勧めている。これはそれぞれに有縁の行から入って仏道を成就すればよいという間口を説いた法語であるといえる。

浄土に関する教理的な問題については、近藤用由が父近藤用治（金光院居士）の追薦のために獨湛に要請した上堂説法に次のようにある。

問對靈上堂卽不問如何是唯心ノ浄土。師云池蓮發レ蕚ヲ。(5)

つまり、在家の故人のための上堂説法では問いただささない唯心浄土のことは、どのように受けとめればよいのでしょうかという問いに対して、獨湛は池の蓮の蕚が開くことだと答えている。

ここで獨湛は浄土の問題を言亡慮絶、冷煖自知といったところを踏まえて未開敷の蓮が開けばわかることだと答えている。

また長瀬盛直が元寶信女の追薦のために要請した上堂説法には次のようにある。

教主阿彌。度生本誓。垂手提持。慈航普ク濟フ。四生靡シレ遺コト。自心華發ク。七寶妙池。(6)

つまり、教主阿弥陀仏は衆生済度の本誓をたて、救いの手を差し伸べられる。その慈悲の導きによって生けとし生けるものを残らず救済される。そのとき自心に華が開き、そこは七宝の妙池であると述べている。

ここで使われている「垂手」は禅仏教では師匠が親しく手を下して修行者を教え導くことをいう。『十牛圖』(7)では最終の第十図が「入鄽垂手」、つまり利他の手を差し伸べる仏道の最終段階となっている。その「垂手」がここでは阿弥陀仏の衆生済度に関して使われている。次にあげる授手堂の「授手」とともに、獨湛の教導感化への強い熱意を想起させる法語である。

授手堂落成拈香云娑婆世界中乃一大苦海也衆生於中捨身受身無有休息之地安養導師特授一手極力提拔有縁衆生一隨佛手便登彼岸免永劫沈淪之苦脱六道若趣之輪到不退轉地佛之慈恩慈德何以報也欲報佛恩須念彼名生彼國耳夫佛雖以手授人無縁之人不能自受遂使授手徒勤倚門空望上孤佛化下負已靈可不悲乎遠州是心兄弟其五人乃一樂信士所生子也一樂生平精修淨業臨終預知告別而逝至今人猶道其遺事其子孫家業克紹世德相承甚可嘉瑩與語石竹之助宮松三居士共造此接引三尊又其兄弟作堂餘甚喜之豈非上善會中報佛恩之人乎今日落成設齋慶讃實自慶也授手名堂實自慶自受道交感應阿彌卽我我卽阿彌也極樂卽在娑婆西方不離東土也淨汝意根空汝念慮但恁麼信取(8)

つまり、授手堂の落慶式の拈香文には、この娑婆世界は苦海であり、衆生は生死を繰り返し休息の地にとどまることができていない。極楽世界の導師阿弥陀仏は、まことに一手を授けて有縁の衆生を救う。仏に随えば仏の手に導かれて彼岸に登り、永劫の沈淪の苦から免れ、六道から脱して不退転に到ることができる。その仏の慈恩慈徳に何を以て報いるのか。報いようと思ったならば、ただ何をおいても阿弥陀仏の名を念じ、極楽に往生すべきである。仏は救いの手を授けるが、阿弥陀仏と無縁の人はその救いの手にあずかることができない。手を授け、たわむれに念仏の法門に依って、空しく望みをかけることがあれば、上には仏の教えに背き、下には已霊にも背き悲しむべきことだ。遠州の仏心をその心とする兄弟が五人いたが、それは一樂信士の子息であった。(9)その一樂信士は平生から、浄業を修し精進していた。自らの臨終をあらかじめ知り、別れを告げて逝去した。その遺事が今に至るまで語り伝えられ、その子孫たちが代々その徳を受け継ぎ伝えていることは喜ばしいことである。性瑩は語石と竹之助と宮松の三居士と共に接引阿弥陀三尊像を造った。その兄弟は御堂を建立した。私はそれを大いに喜んだ。三居士と兄弟はまさしく上善会中にいる仏恩を報ずる人ではないか。今日落成式にあたって斎を設けて慶讃し、自ら慶び祝った。御堂を授手と名付け、実に自ら慶びそれを預かり受けた。接引阿弥陀仏との感応道交とは、即ち我は阿弥陀仏であり、極楽は即ち娑婆にあり、西方極楽世界は東土から離れてはいないというものである。意根をきよめ、念慮を空にして、ただこのように信受せよ、と述べている。

ここには授手堂建立の趣意と経緯が語られている。つまり、生死解脱のために手を差し延べる阿弥陀仏への報恩(10)は、ただその名号を念じて安養に往生することに尽きること、それを心として篤信の兄弟が授手堂を建立し、また接引の三尊像を造立した。獨湛はそれを大そう慶んで「授手堂」の名を付け、自ら教化教導の道場として預かり受けたことを述べたあと、感応道交の中で、弥陀即我、極楽即在娑婆が感得されてくると述べている。ここで獨湛が三居士とともに「接引三尊」を造立したと述べていることは、いわゆる「指方立相」の浄土教を窓口としながら、自性弥陀、唯心浄土をその奥行としていたことを物語っている。またこの法語では、「自度」、「自受」、「自慶」、「自受」と、「自」をたびたび持ち出しているところが目につくが、それは「授手堂」の建立と活用に獨湛が懐いていた厚い志を表現したものと考えられる。

近藤縫殿助居士が智空居士のために要請した小参説法では次のように述べている。

孝子近藤縫殿助居士請爲智空居士對靈小參乃云病中珠不離手佛不忘念屛去侍女及諸藥石要僧作伴專志爲西方之歸臨終會其家人云我今往生汝諸人用唐音念佛相助輪珠一百八遍畢即時合掌面佛含咲入滅顔色如生。身業清淨其生死關頭自在了當雖宗門尊宿不過此也噫居士初奉佛之時人皆以爲游戲至是始大嘆服始大敬仰兼之留心民物其去思遺愛令人有甘棠之比馬復説偈曰二十年來道契深如君正信實堪欽身

當ニ要‐路驗二凡聖一志ハ在二禪門一護二寶林一存日自修二書竺典一終時ニ助レ念命ソ二唐音一蓮池ノ華カラス發二金光一育二自性ノ阿彌一不二外尋一(11)

つまり智空居士は病中に数珠を手から離さず、仏を忘れることなく、侍女と薬石を断り、僧を善知識とし、志を西方に帰向した。臨終の時に家族に会って「我は今まさに往生するであろう、あなたたちは唐音で念仏して助念してほしい」と頼み、数珠で一〇八回念仏を称え終わった。その時、居士は仏に向かって合掌して微笑んで往生した。その顔はまだ生きているようであった。身業が清浄である。そうあれば生死の終わりの際には自在に所求を成就できる。宗門の尊者であっても、このような心得をしておくことに越したことはない。智空居士は、初めて仏に帰命した時、人々は居士が仏教を信仰することは戯れであろうと思っていた。智空居士が往生するに至って、人々は初めて居士の信仰に大いに感歎し、大いに敬慕するとともに生前と滅後のことは合わせて人々の心に留め置かれた。居士が亡くなってからその仁愛の徳が思われ、人々をして敬愛せしめた。私（獨湛）は今偈を説く。二十年以来仏道の縁が深きこと、君の正信のごとくであれば、身を構えて精進するに堪えることができる。仏道の要となる教えは凡によっても聖によっても験証されるものだ。居士の志は禅門にあり、宝林寺を護った。存命中に自ら書や経典を修して、臨終の時には助念を受け、念仏は唐音でと命じた。蓮池の華から金光が放たれ、自性の阿弥陀仏を育んだが、それは外にではなく自分の心の中であった、と述べている。

ここには篤信の禅浄双修者の臨終の行儀が語られている。つまり臨終の願生者が百八の念珠をもって、家人の助念を得ながら顔色悦予のうちに往生したとあり、この時代の獨湛の教化を受けた居士の最期の姿を伝えている。

また道和信女に示した法語には次のようにある。

世人迷妄不レ知二常住眞ノ心一聚レ縁レ外搖テ役二溺生死一遠從二曠劫一至二於今生一拾（捨）身受身無レ有二窮已一釋迦如來憫二此等人一道略言レ之當レ思下人身難レ得佛法難レ聞縱得モ二人身一多ク櫻（嬰）中世間種種業累之苦上然業レ累亦未レ爲レ苦唯不レ聞二佛法一乃爲二大苦一也今欲レ聞二佛法一以脱二生死一不レ用三別求二方便一但以二一句阿彌陀佛一不レ忘二于心一切不レ可二半信半受一惡習不斷情念不レ空游游漾漾無二猛利之心一初ハ精進而後退屈總非二正因一今道和女斷レ葷茹レ素具二大信心一今日特求二餘數言一爲二進道之資一余荅云道無レ可レ資惟當二人資自心一而已　捨二自資一欲二他資一資他終ニ非レ得レ力念佛卽是念二自心一念力貞堅現身見佛方ニ知二自資之力大一矣(12)

つまり世間の人々は迷妄で常住の真心の理を知らず、外縁にばかり心を染めて生死に翻弄され、遠劫より今日に至るまで生死に流転して身を受けること窮まりない。釈迦如来はこれらの衆生を哀愍して、生死解脱の法を説いた。人間として生まれることは極めて難しく、仏法は聞き難い。たとい人身を得ても、世間において多く種々の業苦にとりつかれることを思うべきである。しかるに業につき纏われることはまたいまだ苦とはいえず、仏法を聞かないことこそが即ち大苦なのである。いま仏法を聞いて生死を解脱しようとすれば、別に方便を求める必要はない。ただ一句阿弥陀仏の名字をもって忘れなければよい。決して半信半疑であってはならない。悪習を断じることなく、情念を空しくせず歳月を過ごしてしまい、勇猛の心なく、初めは精進しても、後には退屈する。それはすべて解脱の正因ではない。いま、道和女は葷を断ち素食し、大いに信心を具えて、今日、ことに私の説法を求め、仏道増進の資糧としている。私は答える。仏道には元手となるものなどなく、人の元手とはただ自己の心である。その自資を捨てて、他資を求めれば、その人は結局力を得ることはできない。念仏は即ちその自資としての自心を念じることであり、堅固な念力であれば、現身に仏を見ることができ、まさにそれが自資の力の大きいことと知ることだ、と述べている。

この獨湛の法語は釈尊の「自帰依、自燈明」の教説を想起させる。またここでの念仏とは、自資としての自身を念ずることであり、つまるところは自己を究明することになるとして、獨湛の自性弥陀についての見解が語られており、獨湛の念仏観がうかがえる法語であるといえる。

また「淨土曼拏羅」の落成に述べた拈香文には次のようにある。

淨土本唯心非心　豈隨願忻想　欲レ托レ生　從レ此去不レ遠　卽此唯心義　淨土隨念現　譬如營二世事一　非レ念不レ能レ成　今作二西方景一　筆下吐二金英一百　二十天精進力純一片地　歡喜心成二就一舖功德利一　儼然一會古猶今四八願王十六觀依報正報盡渾成(13)

つまり、浄土は本、唯心なのか非心なのか。願に随い欣求の思いで往生を托す。浄土はこの世を去ること遠からずというのが、即ちこの唯心の義であり、浄土は念に随って現れる。たとえば、世事を営むにも念がなければ成就することができない。今、西方浄土の変相が描かれた。歓喜心をもって一舗（幅）の功徳利益を成就することができた。厳かに浄土に集う姿は古のものでありながら、まるで今現に目の当たりにするようである。四十八願王の阿弥陀仏も、『観無量壽經』に説かれる依報正報の荘厳も尽くこの曼陀羅にすべて表されている、とある。

獨湛は『觀無量壽經』の「去此不遠」を唯心浄土と関連させて取り上げている。獨湛が依用することの多い袾宏は『阿彌陀經疏鈔』の中で、この経文を「汝今知否。阿彌陀佛。去此不遠。今謂卽遠卽近者。良以去此不遠。是明過十萬億之極樂。去此不遠也。過十萬億。是明去此不遠之極樂。過十萬億也。心包法界。何近而非遠。法界唯心。

何遠而非近。交互言之。固無礙也。[14]」と説いている。獨湛の経文理解もこれと同類のものである。

次に獨湛が道浄居士の追薦のために述べた上堂説法の中には次のようにある。

> 薦道淨居士上堂（中略）忌日正臨。而顏（玄）門佛事宜作。於此時當洗濯性靈。休隨昏昧。借我拂頭。引入寶林樹下。攝彼靈魂。共預千佛場中。當側聆半偈之時。得返聞自性之妙。念浮生之易逝。則一世之親。非是至親。直以慈悲之父母爲親。思忍界之難居。則五濁之生。未了無生。好向清泰之寶池托生。任意逍遙。隨心自在。覺靈其知乎。卓拄杖下座[15]

つまり、忌日には仏門において仏事をなすこと。その時には心を洗浄して、心を暗く鈍くするものに随順することを休止せよ。我は払子をもって極楽世界に導き入れるであろう。彼（道浄居士）の霊魂は摂取されて、ともに千仏場中に詣るであろう。その傍らで偈頌を聞き入っている間に自性の妙なることを聞き返すことができる。この世での生は尽きやすいことを念えば、俗世での親は究竟の親ではない。直ちに慈悲の父母を親となすべきである。娑婆に住むことの困難さを思うと、それは五濁の世での生であって、衆生はいまだ無生を悟らずにいる。よろこんで清泰、つまり極楽の宝池に至って生を蓮台に托し意のままに逍遥する。心に随って自由自在となった覚醒者は、それらのことを知っていよう、と述べて下座した。

この法語では第一章の獨湛の生涯において見たように、獨湛の双親も獨湛自身も孝を尽くす人であった。しかしここでは肉親の父母を究竟の双親と見るのではなく、仏の慈悲の父母こそが真の双親であると受けとめている。ここには親を仏道に導き入れることが孝であるという中国仏教の伝統的な見解の浄土教的昇華が見られる。

また宗甫善士に示す説法には次のようにある。

學道無他術只要當人生死心眞切若生死不切縱尓萬種施爲千般苦行未免淪于魔外眷屬所以釋迦老子歷代知識說經說論無非爲破衆生生死之張本也夫衆生汨沒于生死海中備經苦趣未由出離皆因迷妄之所致也今日要破除迷妄只此四字名號卽是渡苦海之慈舟出惡趣之大道惟貴力行默置於懷不拘間忙動靜隨念隨參取念佛人是誰若雜念紛飛卽以此話頭抵之須辨一片長遠之心不爲他術移動亦不爲世間虛僞欲樂所纏久久　迷雲散盡　淨境現前方知彌陀無我同躰淸泰不離娑婆如未能此須加功運行二六時中發願求生臨命終時聖衆來迎蓮胎托質必不墮于苦趣矣惟善人其勉諸(16)

つまり、仏道実践には特別な方法などはなく、ただ当人の生死に向き合う心が真剣であるかどうかを要とする。その生死に臨む心が切実でなければ、たとえ多くの布施をし、様々な苦行をしても、いまだ魔や外道たちからは免れえない。だから釈迦や老子や歴代の知識たちが、経や論を説くのは、衆生の生死の根本を破るために他ならない。衆生が生死の海に沈み、苦趣を流転して、いまだ出離していないのは、すべて世間の安逸に貪恋するからである。今こそ迷妄を破り除くようにしなければならない、ただ四字の名号こそが苦海を渡る慈悲の舟であり、悪趣の大道を出る方法なのである。ただそのために行に打ちこむことが重要なのである。静かにそのことを心に留め置いて、暇な時にも忙しい時にも、いかなる立ち居振舞いの時も、念仏に随い、禅に随いながら、念仏する人はこれを誰ぞと照らし合わせるようにしなさい。もし雑念が多く入り乱れる時には、この話頭をもって雑念に対処するように。ひとすじに伸びる、持続する長遠の心をわきまえるべきである。生死を離れるのに他の方法によるのではなく、また世間の虚偽や欲望のためにとらわれてしまってはならない。長い年月の途上迷雲が晴れれば清浄の境界が現れる。弥陀は我を外にして無く、不二同体の極楽は娑婆から離れてはいないことを知るように。いまだそのようにわきまえることができていないならば、必ず勤精進すべきである。二六時中発願して、臨終の時には聖衆の来迎によって、蓮華に化生することを求めなさい。必ず苦趣に堕ちることはない。ただ願わくは、善人は人々にこのことをすすめ励ますように、と述べている。

　ここで獨湛は、学道に不可欠の術は生死に向き合う「心の切実さ」であると述べている。またそれが持続された「長遠之心」であると示しているが、獨湛が『觀無量壽經』に説く三心に言及しているものは見当たらない。ここでも己心の弥陀、唯心の浄土という方面を説いているが、この宗甫善士への法語の最終では来迎往生を願求するように勧めている。それは他の法語には見当たらない。

　次に本多祥岳居士に示す説法の中には次のようにある。

　在家信ノ心男女信有二西方淨土一不レ用三別求二知解一行住坐臥一句彌陀不レ離二于心口之間一又能斷レ愛臨終預知身心無病此ノ男女今時多有レ之古今高僧居士所レ著淨土書文甚多當ニ下看二讀ソ之ヲ一增中長ス道心ヲ上近代所レ著淨土書寶王三昧念佛直指妙叶大師作淨土晨鐘周克復居士作本多祥岳居士當切切ニ先看二此ノ二書後乃看二別本淨土ノ詩文一大抵淨土法門了レ生脫レ死橫超三界乃大福德人大智慧人之所二修習薄福業障三惡道輩自不肯修也(17)

つまり、在家の信心ある男女は西方浄土のことを信じている。（彼等は）別に知解を求めず、行住坐臥に弥陀の一句を心と口の合間から離さず、また愛著を断つ。臨終を前もって知って身心は病むことがない。このような男女は今の時代に多くいる。古今の高僧や居士の著書には浄土に関するものが甚だ多い。これらを看読して道心を増上すべきである。近代に著された、妙叶大師作『寶王三昧念佛直指』（和刻本として延宝八年〈一六八〇〉刊のものが存在する）、周克復居士作の『淨土晨鐘』（和刻本として貞享元年〈一六八四〉刊のものが存在する）があるが、本多祥岳居士は特に心をこめてこの二書を看読し、その後、他の浄土の詩文をも看た。おおよそ浄土の法門は、生を終える時に死苦から脱して三界を横超する教えであるので、即ち大いなる福徳の人や大いなる智恵の人が修習するのである。薄福、業障、三悪道の輩は自ら行ずることを承知しない、と述べている。

ここでは浄土教信仰をもった篤信の男女は知解よりも信解でもって「行住坐臥」（これは善導『観經疏』深心釈の文を想起させる）、心口に称名念仏し、臨終をあらかじめ知って安穏に最期を迎えることが多いと称讃の意をこめて紹介している。そして本多居士については、明の智旭『淨土十要』巻第七所収の四明沙門妙叶集『寶王三昧念佛直指』上下二巻や、清代の居士周克復纂『淨土晨鐘』全十巻などを読み、さらに諸種の浄土詩をも看るなど、信解知解を備えた居士であったことを称讃している。これらからこの時代の篤信の浄土教者の信仰生活や「居士」と称される人の教養をうかがうことができる。それと関連してこの法語の最後では、三界を横超しうるのは福徳智恵の二資糧を備えた者であって、薄福業障三悪道の輩は念仏に取り組もうとしないと、広開浄土門を自ら閉ざす者たちのいることをも指摘している。

『初山獨湛和尚授手堂淨土詩』の「其九」には次のようにある。

十二光洪號偏（スルニ）レ空威法身衆生心想（ノ）内影現（ス）妙天眞佛性我無レ二蓮生花有（ニ）レ人一朝親到（ク）レ此萬劫脫二沈淪一(18)

つまり、阿弥陀仏の十二光の仏号は虚空に遍満している。厳かな法身は衆生の心想の内に影現ずる。妙なる天性としての仏性と我は無二である。浄土の蓮台に人あり。それはある日、ここに到って万劫の沈淪から脱することができた人である、と詠っている。ここでいう「洪號」という表現は、たとえば袾宏が『阿彌陀經疏鈔』などで「萬徳洪名」として宋時代あたりから中国仏教の中で使用されていたものである。[19]「法身衆生心想内影現」は『觀無量壽經』第八像想観の「諸佛如來是法界身。入一切衆生心想中」[20]に基づくものである。この第八観について善導は『観經疏』において、この経文を唯識法身の観や自性清浄仏性の観とみなすのは錯りであると述べている。

獨湛の「衆生心想内影現」は、善導『往生禮讃』の観経による日中二十拝の中の「彌陀身心遍法界　影現衆生心想中」[21]をも踏まえているように思われるが「威法身」と阿弥陀仏をとらえているところに善導教学との相違を見ることができる。

また『初山獨湛和尚授手堂淨土詩』の「二十四」偈には次のようにある。

樓臺五百億。諸寶共ニ合成。待二我登臨ノ日ヲ一。痛思ス火宅ノ情。哀哉三界ノ子。諸苦數難シレ名。急ニ出テ二樊籠外ニ一。西方徑路ニ行ク[22]

つまり、『観無量壽經』第六宝楼観によれば、極楽には五百億の楼閣がある。諸の宝によって荘厳されている。我々がその楼に登る日を待っている。痛ましいのは火宅で苦しむ者たちのことであり、三界火宅の子たちのことを思うと哀れである。ここでの彼らの苦しみは計り知れない。速やかにこの火宅からのがれるために西方への径路につくべきである。

『法華經』譬喩品に出る「三界火宅」は善導も『法事讃』巻下などで用いるし、「急出焚籠外」の「焚籠」に相当する「煩籠」という表現も見られるが、「急出」は法然『選擇集』第十六章の「速欲離生死」の「速」に通ずる所求に関する使い方である。

また戒と念仏の関わりについて、授戒の時に説かれたと考えられるものに次のような法語がある。

今日受戒、戒子一萬餘人、律中戒相不暇談單々只勸勤念佛、憨山大師以念佛代禪期吾今亦以念佛弘戒儀(23)

つまり、今日では受戒の戒子は一万余人もいる。戒律の一々の戒相を説く間はない。ただ念仏に精進することを勧める。楊岐派の禅僧憨山大師徳清（一五四六～一六二三）は禅の代わりに念仏をした。私も今また念仏をもって戒儀を弘めようとしているとある。

日本では天平勝宝六年（七五四）に鑑真（六八八～七六三）が東大寺の大仏殿で在家のために授戒会を開いたのが最初であるといわれている。隠元は寛文三年（一六六三）に萬福寺に戒壇を設けて渡来後初めて三壇戒会を開くと、在家者とともに臨済や曹洞の僧はこぞって萬福寺に参詣して受戒した(24)。その授戒は『弘戒法義』と『黃檗清規』に基づくものである。ここで引用する徳清は『憨山老人夢遊集』巻第十において「以持戒之心念佛(25)」と述べている。獨湛はこれを踏まえて説いたと考えられる。また袾宏は『淨土資糧全集』の「論念仏勝利(26)」において持戒念仏を語っている。

以上のような獨湛の語録から、獨湛浄土教を管見したところを整理すると次のようになる。

・禅であろうと、念仏であろうと、有縁の行に励むことが解脱への間口となる。参禅でも念仏でもまず肉食等をすることなく意根を清浄にすること。

・阿弥陀仏の慈悲は一切衆生への垂手として、四字の名号を苦海を渡る慈舟とされる。それに導かれる時に自心に極楽の妙池の華が開く。

・「指方立相」を窓口としながら「唯心浄土」の奥行へと導く唯心浄土、己心弥陀は雲棲袾宏の流れを汲んでいる。

・『觀無量壽經』の三心に触れているところは見当たらない。心に関しては生死に向き合う「心真切」を要とすること、他資を求めるのではなく、自資としての自心を念ずること、念仏にせよ参禅にせよ、相続する「長遠之心」をわきまえるべきことが説かれ、それらがつまるところ「育自性弥陀」と受けとめられていた。

・双親への孝を重んじながらも、仏の慈悲の父母を究竟の親と受けとめる孝恩観をもっていた。

・速やかに三界火宅を離れる道が西方浄土への径路であることから授戒会においても念仏を勧め、それを通して戒儀を弘めていた。

註

（1）『黄檗獨湛禪師全錄』巻之九、十丁左〈『獨湛全集』第一巻、四〇二頁〉。
（2）『黄檗獨湛禪師全錄』巻之二、十四丁右〈『獨湛全集』第一巻、八三頁〉。
（3）『初山獨湛禪師語錄』五丁左〈『獨湛全集』第一巻、四三六頁〉。
（4）『初山獨湛禪師語錄』三十二丁左〈『獨湛全集』第一巻、四九〇頁〉。
（5）『黄檗獨湛禪師全錄』巻之三、十五丁左〈『獨湛全集』第一巻、一三四頁〉。
（6）『黄檗獨湛禪師全錄』巻之三、二十丁右〈『獨湛全集』第一巻、一四三頁〉。

（7）独湛は「和韻古徳十牛頌」で十牛図について述べている。『獨湛和尚全集』巻第十三、二十九右〈『獨湛全集』第二巻、三二三頁〉。

（8）『黄檗獨湛禪師語録』巻三、二十七右～左〈『獨湛全集』第一巻、一五七頁～一五八頁〉。

（9）一樂信士について、『扶桑寄歸往生傳』には「一樂。遠州人。一生拙朴。但怖生死。初習坐禪。後修念佛三昧。時々夢佛來迎。寛文元年秋。復立四十八日之期。晝夜勇猛念佛。定往生之辰。在十月十五日。於是普告衆人。其友慮其誕　而密止之。後果以是日。剃髪念佛而逝。」（西谷寺文庫蔵巻下、三十二左〈佛教大学図書館所蔵〉）〈『獨湛全集』第四巻、一五二頁〉とある。『近代諸上善人詠』には「一樂　遠江州濱松人擇日化諸處告別　諸處言別身無病初冬十五定西生友人慮誕阻其說果以其日剃沐行」（十五丁右〈狩野文庫所蔵〉）〈『獨湛全集』第四巻、二三一頁〉とある。

（10）「報恩」については善導も随所で語っている。「荷佛慈恩實難報四十八願慇懃喚乘佛願力住西方」（『法事讃』巻下〈『浄全』四巻、二十九頁下〉）、「衆等咸蒙大悲力碎身慚謝報慈恩」（『般舟讃』〈『浄全』四巻、五四一頁下〉）、「自信教人信　難中轉更難　大悲傳普化眞成報佛恩」（『往生礼讃』〈『浄全』四巻、三六二頁下〉）など。

（11）『黄檗獨湛禪師全録』巻之八、五丁右〈『獨湛全集』第一巻、三五七頁～三五八頁〉。

（12）『黄檗和尚全録』巻之十、十九丁左～二十丁右〈『獨湛全集』第二巻、一九四頁～一九五頁〉。

（13）『黄檗獨湛禪師全録』巻之八、五丁左〈『獨湛全集』第一巻、三五八頁〉。

（14）『阿彌陀經疏鈔』巻第二（『卍続蔵』第二十二巻、六三四頁c）。

（15）『黄檗獨湛禪師全録』巻之二、十二丁左～十四丁右〈『獨湛全集』第一巻、八十頁～八十三頁〉。

（16）『黄檗和尚全録』巻之十、十九丁〈『獨湛全集』第二巻、一九三頁～一九四頁〉。

（17）『黄檗和尚全録』巻之十、二十一丁〈『獨湛全集』第二巻、一九七頁～一九八頁〉。

（18）『初山獨湛和尚授手堂淨土詩』四丁右〈『獨湛全集』第三巻、三五五頁〉。

（19）『樂邦文類』巻第三所収「大宋銭唐胡宣義傳」に出る（『大正蔵』第四十七巻、一九六頁b）。

（20）『觀無量壽經』第八、像想観（『浄全』第一巻、四十三頁）。

(21) 『往生禮讃』（『浄全』第四巻、三七二頁a）。
(22) 『初山獨湛和尙授手堂淨土詩』六左〈『獨湛全集』第三巻、三六〇頁〉。
(23) 『黃檗獨湛禪師全錄』巻之九、十丁左〈『獨湛全集』第一巻、四〇二頁〉。
(24) 駒澤大学曹洞宗教化研究所『授戒会の歩みと伝道』参照。
(25) 『憨山老人夢遊集』巻第十（『卍続蔵』第七十三巻、一五六頁b）。
(26) 『淨土資糧全集』（『卍続蔵』第六十一巻、六〇一頁a）。

第三節　絵画の賛に見る浄土教

獨湛は第二章第三節で触れたように数多くの絵画を残し、その大半に讃文を付している。獨湛は絵を描き、その多くに自ら賛を付していることは禅門の伝統である。その賛には獨湛自身の思い、教養を託されているのでその思想を探ることができる。絵画には浄土教関係のものも多く見られる。この節では、浄土教関係の絵画に付されている讃文の内容を見ることにする。

善光寺阿弥陀三尊像(1)

獨湛は善光寺の弥陀三尊の各尊を一幅ずつ描いている。絵をはさんで上段には経文を書写し、下段には各尊への讃文を付している。

まず阿弥陀仏に関する上段の経文の冒頭には、「臨済正伝三十三世」として押印している。その経文は『觀無量壽經』上品上生の「佛告阿難及韋提希上品上生者若有衆生願生彼國者發三種心卽便往生（中略）諸佛徧十方界於諸佛前次第授記還到本國得無量百千陀羅尼門是名上品上生者」(2)である。経文の末尾には「太歳戊寅年九月廿七日薦翊宣居士慈惠嬬人性瑩拜與」とある。即ち獨湛が元禄十一年（一六九八）、七十一歳の時に、両親の翊宣居士と慈恵孀人の供養のために書写したものである。

観音菩薩図の右下には獨湛の父親と思われる像が小さく描かれている。上段には『大佛頂如來密因修證了義諸菩薩萬行首楞嚴經』巻第六の「爾時觀世音菩薩卽從座起頂禮佛足而白佛言世尊憶念我昔無數恒河沙劫於時有佛出現於世名觀世音（中略）若諸菩薩入三摩地進脩無漏勝解現圓我現佛身而爲説法令其解脱」(3)の経文が引用されている。つまり三摩地に入って三十二応国土身を成就し自在に説法して解脱させることを説いている箇所である。この観音図に関して年号は付されていない。

勢至菩薩図の左下には獨湛の母親と思われる像が描かれている。上段には『大佛頂如來密因修證了義諸菩薩萬行首楞嚴經』巻第五の「大勢至法王子與其同倫五十二菩薩卽從座起頂禮佛足而白佛言我憶往昔恒河沙劫有佛出世名無量光十二如來相繼一劫其最後佛名超日月光彼佛教我念佛三昧（中略）今於此界攝念佛人歸於淨土佛問圓通我無選擇都攝六根淨念相繼得三摩地斯爲第一」(4)の経文が引用されている。つまり、超日月光仏が勢至菩薩に念仏三昧の教えを授け、浄念相続によって三摩地の境地を得たことを説いている箇所である。この勢至図にも年号に関するものは付されていない。

また阿弥陀仏図の下段の讃文の末尾には「榜眼丞相正獻公後裔陳袞明題」と、陳俊卿の子孫である陳袞明（獨湛の父）、観音菩薩の讃文の末尾には「狀元丞相忠肅公嗣孫陳袞明拜題」と、陳文龍の後継である陳袞明、勢至菩薩の讃文の末尾には「明史孝廉茂烈公嗣孫陳袞明拜題」と、茂烈の後継者である陳袞明というように、それぞれ獨湛の父の名を記している。つまり獨湛が父の代わりに讃文を代筆し、各讃の末尾に翊宣（獨湛の父陳袞明の字）の印と父母袞明と黄氏の押印がある。

獨湛が代筆した讃文の内容を簡潔に記述すると、まず阿弥陀仏図一幅の讃文は次のように書かれている。

善光如來三尊讃
空性如圓鏡淨穢不留痕念生迷本覺致念眞性渾飄零九有內躁動若狂攘法藏發弘願廣開諸度門竺天始敲鑄百濟達來
源利人機未黠佛圓火乃燔難波潛水応三禮一光存肩托善光力荷負返家圓夫婦信非淺普施後世恩直念日本國極樂同
一原佛法厥初至信濃增信根我願世界衆同見彌陀尊

つまり、空の本性は円鏡の如く、浄と穢の痕跡も無い。衆生の念は迷も本覚をも生む。念は真性をも濁性をも招く。九有に落ちぶれることになれば、落ちつくことなく狂乱することになる。法蔵菩薩は弘き願を発して、広く諸々の済度の門を開いた。インドで鋳造が始まった仏像が百済の人たちによってもたらされたが、それが日本の人を利する機会とまでは到らなかった。仏の円かな姿は火で焼かれ難波の海に沈められた。(本多善光が)その一光三尊像に三礼して肩に背負って家に持ち帰って円満な姿にした。信仰の深い善光夫婦は(一光三尊の前で)普く後世にめぐみを施すために直ちに日本の国のことを念じた。極楽は共にたずねるところである。仏法を当初欠いていたのに、信濃の国では一光三尊によって信根が増上して行った。今、願うことは世界の人々が同じく阿弥陀仏を見奉ることである、という讃である。

獨湛はこの阿弥陀仏への讃文中に善光寺の一光三尊の由来とその歴史に触れているところから、善光寺如来に関連する資料を見ていたものと思われる。善光寺に関する文献で獨湛が見ていた可能性のあるものとして次のようなものがある。

① 『善光寺如來緣起』全四巻寛文八年(一六六八)刊。漢文体。(5)
② 『善光寺如來緣起』全五巻元禄五年(一六九二)刊。和文体。

これからすると獨湛は①漢文体のものを読み、阿弥陀仏讃文への参考としたものと推測できる。しかし一光三尊像が火に焼かれる場面が②和文体のものにしか記されていないためおそらく獨湛は和文体のものも見聞していた可能性がある。

観音菩薩図に付されている讃文は次のようなものである。

觀世音菩薩

稽首西方法佐臣　無盡悲心周刹塵　隨諸衆生根性故　蚌殼鷹窠現等身　堪忍之機重耳根　念其名號得超淪
念念旋機佛應現　如川印月木逢春　無奈窮子不返照　多生喪却衣裡珍　我今投誠如對越　天耳遙聞證是說
無量劫波生死因　皆由瞋欲婬癡結　求哀懺悔願重宣　圓覺妙心早洞徹　閻浮界上事無常　安養早生欣願切
大悲父赴群生情　肯吝蓮臺來晩節　九品高登十身圓　普度含靈惡趣滅　菩薩紹隆補處時　願我亦預法臣列。

観世音菩薩、西方阿弥陀仏を補佐する臣に稽首したてまつる。尽きることのない抜苦の悲心は無数の国土に周ねく行き届いている。観世音菩薩は諸々の衆生の根性に添い随うから、蚌が殻から、鷹が窠から現れるように、観世音菩薩は自らを衆生の根性に合わせて、等しく現れる。仏法をよく受用する衆生は耳根を重じるから、その観世音菩薩の名号を念じれば、生死の輪廻を超えることができる。念念ごとに衆生にめぐり来たって仏は応現する。川面に月が映り、木が芽吹きの春に出会うようなものである。どうして迷い子が本来の自分の姿を見出すことができないことなどありえようか。多くの生死の間に見失ってしまう衣の内の珍宝がある。しかし我は今、誠の心をあげて仏と向き合い出離するのだ。観音菩薩は天耳通によって遥かにこの説辞を聞證したまえ。無量劫にわたる生死の因はみな衆生の瞋欲、婬癡等の煩悩による。哀愍を冀う。懺悔して、更に願いをこめ重ねて申し宣べる。円覚の妙心に早く到達せん。閻浮界の全ては無常である。安養界に早く往生せんことを切に願う。大悲の父観世音菩薩は群生に赴く心情を備えておられる。どうして、あえておしんで臨終に遅れて蓮台を差し出されるということがあろうか。九品の高みにまで登って十身を円満にされる。普く全ての衆生を導き、悪趣が滅する。観世音菩薩が仏法を受け継ぎ興隆し、仏処を補う位につく時、願わくは我れもまた観世音菩薩を補佐する臣の列に加わることができるように、という讃文である。

この賛文は獨湛の『梧山舊稿』巻第三[6]の「承天寺藏經所觀音像前煉頂燃臂說偈」に出るものとほぼ同じであるが、この讃文の方が若干簡略されている。獨湛は明末の四大高僧として知られる憨山徳清（一五四六～一六二三）、蓮池袾宏（一五三五～一六一五）、紫柏真可（一五四三～一六〇三）、藕益智旭（一五九九～一六五五）を引用するが、この讃文に関して徳清の『紫柏老人集』[7]巻十七にでる「觀音菩薩贊」を参考にしたと思われる。

勢至菩薩図に付されている讃文は次のようなものである。

大勢至菩薩
菩薩久遠大劫前無量光佛曾親傳相繼十二如來超日月光最後出敎令念佛三昧門譬如一人專憶記一人專忘相遇難二憶念同不乖異佛念衆生如母旦子若逃逝思何爲子憶能如母憶時天親骨肉曾相値感應是等不思議如染香人身有氣菩薩因地念佛來得入無生法忍智今拜於界攝群生次補觀音涅槃位三界火宅我難出安養金臺祈早至餘生巳厭願巳發早乞撰携仰慈濟
明曆二年歲次丙申八月初四日

　大勢至菩薩は久遠大劫以前、無量光仏より親しく法を相伝された。十二如来の中で超日月光仏は最後に出でて念仏三昧の法門を説いた。たとえば、（別離してそのことを）専ら忘れずに憶えている人と専ら忘れる人が再び相い遇うことは稀である。けれども互いの憶念は同じであって背反することはない。仏が衆生を念ずる時はただ母が子に対するようである。もし子が親から逃れ、離反するようなことがあるならば、その思いは一体どうなってしまうのであろうか。その子がいつか母と同じような思いを懐くようになったら、父や身内の者とも、かつてのように出会うことになる。その感応は不思議である。香に染まった人には香気があるように、勢至菩薩は因地の念仏が薫染し、無生法忍を得て、今この娑婆世界における衆生たちを摂取している。次には勢至菩薩が観音の涅槃位を補う。我々は三界火宅から出離することは難しい。早く浄土の蓮台に至ることを願い、余生をいとい、願を発して、早く往生することを願い、慈悲の救済を仰ぐべきだ、という讃文である。

　この讃文の内容はほぼ『大佛頂首楞嚴經』の勢至円通章に基づいている。『大佛頂首楞嚴經』に説く親子の念いの不離なることは、善導が『觀經疏』「定善義」第九真身観文釈の、いわゆる摂取の三縁中の「親縁」で、「衆生憶㆓念スレハ佛ヲ㆒者佛亦憶㆓念シ玉衆生ヲ㆒」[8]というように、互いの念いが呼応すればそこに感応道交が生じるという念仏を介しての仏と衆生も不離なる境界を想起する。これは獨湛が明暦二年（一六五六）八月四日に書いた讃文である。

　ところで上段の経文は太歳戊寅年（一六九八）九月二十七日（獨湛七十一歳）に書写されたものであり、下段の讃文は明暦二年（一六五六）八月四日（獨湛二十九歳）に代筆されている。したがって上下の記日には四十二年の差があることになる。

　獨湛はこの他にも阿弥陀仏図を数多く描いている。次にその中から二点を取り上げ[9]、讃文の内容を見ることにする。

まず、天和二年（一六八二）に描かれた阿弥陀如来図(10)の讃文の冒頭には、「臨済正伝三十三世」の押印がある。その讃文の内容は次のようなものである。

我生多自慶㆓聖號㆒得㆑親聞㆓雜業㆒成㆑組臨專修㆓自在㆒群彌陀爲㆓嚴父㆒世事視㆓浮雲㆒銷㆓却娑婆明理㆒成㆓淨土㆒又

黃檗獨湛題幷圖性瑩之章

即ち我が生涯においては他でもなく自ら聖号を慶び、親しみを得た。雑業のことを聞いては、組を結成して、それに臨んでは、専ら浄土の行を自在に修した。組の群生は阿弥陀仏を厳父とし、世事を浮雲とみなし、娑婆の道理を銷却して浄土への道を開いたと記している。ここで獨湛が阿弥陀仏を厳父と仰ぐ組を成したというところは、「念仏会」のような衆会を指しているものと思われる。法然院光明蔵所蔵『獨湛念佛會』は獨湛の作ではないが、この書は中国の廬山白蓮社に始まる念仏結社の歴史を概説したものである。その末尾に「我老僧瑩當㆘具㆓香燭㆒神遊隨㆗喜此會㆖(11)」とあるように、獨湛は念仏会に随喜したことを述べている。

次に、元禄十五年（一七〇二）無量寿如来図(12)には次のような讃文が記されている。

此方學道者係重㆒多㆑無㆑成獨於㆓淨土敎㆒觀想幷持名無間諸僧俗皆是證一生金銀臺陰異不退地

同樂壬午上元

つまり、この世間において学道にいそしむ者は多いが、成就したものは多くない。ただ浄土教においては、観相念仏ならびに持名念仏を間断なく相続すれば、僧俗は皆等しく得証することができる。金銀台に生まれて、生を異にした次生には不退転地に住して楽を同じくすることができると述べている。

獨湛は善光寺の一光三尊像を描いた際、三尊図の上段と下段に付した経文と讃文を、代筆して親が書いたようにしている。また観音図には父親、勢至図には母親を書き添えているなど、双親のことを強く念頭に置きながら描いたものと考えられる。勢至菩薩の讃には『大佛頂首楞嚴經』を踏まえながら親子の念いの不離なることと念仏を介しての阿弥陀仏と衆生との不離なることが語られている。先の『黄檗獨湛禪師全録』巻二の「鷹道淨居士」[13]の中で獨湛は俗世での親よりも慈悲の父母を究竟の親と受けとめていた。この阿弥陀三尊は獨湛のそうした思いを絵像化したものと考えられる。

註

(1) 京都萬福寺所蔵。

(2) 『觀無量壽經』(『浄土宗聖典』第一巻、一七六頁～一七八頁)。

(3) 『大佛頂如來密因修證了義諸菩薩萬行首楞嚴經』巻第六(『大正蔵』第十九巻、一二八頁b)。

(4) 『大佛頂如來密因修證了義諸菩薩萬行首楞嚴經』巻第五(『大正蔵』第十九巻、一二八頁a)。

(5) 小林一郎著『善光寺如来縁起　元禄五年版』、坂井衡平著『善光寺史』上を参照。

(6) 『梧山舊稿』巻第三、十九丁左～二十丁右〈『獨湛全集』第三巻、一七〇頁～一七一頁〉。

承天寺藏經所觀音像前煉頂燃臂說偈

稽首西方法佐臣。無盡悲心周刹塵。隨諸衆生根性故。鷹窠蚌殼現等身。堪忍之機重耳根。念其名號得超淪。念念旋機佛應現。如川印月木逢春。無奈窮子不返照。多生喪却衣裡珍。菩薩雖有多種智。衆生無

レ地レ植ニレ淨因ヲ。我今投ソレ誠如シレ對越。天耳遙ニ聞證ヘ下レ是ノ說ヲ。無量劫波生死ノ因。皆由二瞋欲媱癡ノ結ニ一。今生幸入二空門ノ中一。擧措依然トソ犯レ前轍ヲ。斯ノ晨懺悔ソ大ニ求レ哀ヲ。惟仗レ慈光ニ盡ク鮮雪。罪花雪盡願重テ宣。圓覺妙心早ク洞徹。不レ求二名位ト與レ福基。惟求ム入ニレ道無レ魔孽。閻浮界上事無レ常。安養早生欣願切之。從來大士赴レ羣情。肯客テンヤ　蓮臺來二ヿヲ晩節ニ一。九品高ク登十身ニ圓。普度レ含靈ヲ惡趣滅。菩薩紹隆補處時。願我亦預ラン二法臣ノ列一。

(7)『卍続蔵』第七十三巻、二九二頁a～二九五頁c。

(8)『観經疏』(『浄全』第二巻、六頁)。

(9)寛文九年(一六六九)に描かれた阿弥陀仏図(福島・斎藤貞一郎氏所蔵)の一幅には讃文の末尾に「寶林中人」という署名と押印があり、宝林寺住持中に書かれたものであると見られる。その冒頭には「臨済正宗」の押印がある。讃文は次のようなものである。

弘六八大願主清泰之場接人垂隻手普攝上蓮郷眞經六字機逗十方施着聞機聞自性不由他力悟香光

己酉夏日初山沙門獨湛拜畫并題性瑩之章

この讃文も資料を直接見ることができなかった上、先行研究だけでは解読が困難なので註にまわした。ここで獨湛が「六字」という語を使用していることについて触れるとすれば、袾宏は「四字名号」と「六字名号」について、「四字自念　六字隨衆」(『雲棲大師遺稿』巻三〈『蓮池大師全集』第四集、四六七六頁〉)と述べ、四字の名号、六字の名号という二つの表現を用いながらも使い分けている。したがって獨湛がここで「六字」を使用しているのは、一つは日本では六字の名号という表現を多く用いることと、袾宏の使い分けを念頭に置いたものという、二つの要因が考えられる。

(10)京都・獅子林院所蔵。

(11)『獨湛念佛會』三丁右〈『獨湛全集』第三巻、四八四頁〉。

(12)静岡・浜松市立中央図書館所蔵。

(13)『黄檗獨湛禪師全錄』十二丁左～十四丁右〈『獨湛全集』第一巻、八十一頁～八十三頁〉。

この節で使用した讃文に関しては、錦織亮介「黄檗僧獨湛　絵画作品目録（稿）」（『北九州市立大学文学部紀要』第七十四号所収）を参考にし、萬福寺の御高配により見ることができた写真版と照合して解読に努めた。

第四節　『日本大和州當麻寺化人織造藕絲西方境縁起説』

『日本大和州當麻寺化人織造藕絲西方境縁起説』は五回刊行されている。元禄十四年の義山本の外題は『當麻寺化佛織造藕絲西方聖境圖説』、元禄十五年の康熙・元禄本の外題は『當麻寺化佛織造藕絲西方聖境圖説』、寛政十一年の寛政本の外題は『當麻曼那（ママ）羅縁起説』、文化六年の文化本の外題は『翻刻當麻圖記』、明治十九年の明治本の外題は『曼荼（ママ）羅縁起説』と、それぞれ書名が異なっている。(1)

元禄十四年の『當麻寺化佛織造藕絲西方聖境圖説』の構成は、中将姫の絵が十一葉あり、続いて康熙庚辰年（一七〇〇）、浙杭東林寺の續法（一六四一～一七二八）の「引」がある。そして本題にあたる獨湛選と悦峰録との『日本大和州當麻寺化人織造藕絲西方境縁起説』（以下『縁起説』）があり、最後に元禄十四歳次辛巳十二月十四日の刊記に助刻者、募縁者の名を付している。元禄十五年の康熙・元禄本には『縁起説』の後に悦峰道章題の「遊高野山智荘嚴院記」がある。文化本では初めに尾張の八事山興正寺の実厳（　～一一八五）の序が記され、最後に藤益根の跋がある。

『黄檗四代獨湛和尚行略』によると元禄十五年（一七〇二）の夏に獨湛が當麻寺に行き曼荼羅を見て楽しんだとある。しかし『縁起説』では「丁丑三月念六日。瑩獨湛到テレ寺ニ隨喜ソル見ニ此ノ圖依正二報ヲ」と、元禄十年（一六九七）

三月六日に獨湛は當麻寺に行き曼荼羅を見て随喜したとある。獨湛が當麻寺を訪れた年月日がこの二つの文献では異なっている。獨湛が二回にわたって當麻寺を訪れたことが反映されているとも考えられる。しかし他の獨湛伝記では獨湛が當麻寺を訪れたことを記していないため断定できない。

中将姫の絵伝は、姫の生涯の十一の場面を描いている。その各場面に付された小題は次のようなものである。第一長谷新嗣圖、第二將姫皈命圖、第三僧授佛經圖、第四化女幼織圖、第五化女同事圖、第六懸掛指示圖、第七三聖九品圖、第八法尼修證圖、第九善神擁護圖、第十臨終生西圖、第十一佛來接引圖である。

この『縁起說』の冒頭に「此曼那(ママ)羅乃化人用蓮茎取絲之所織也。幅方一丈五尺。下以一夜生無節竹為軸用子丑寅三時造就。至今已歴九百三十餘年之久」とあり、この當麻曼陀羅が九三〇余年前に中将姫の願に応えて、化人が現れ蓮の茎から糸を取り、それに色を染めて、一夜に織られたものであり、その大きさは一丈五尺であると紹介している。続いて獨湛と當麻曼陀羅と出会いのことを記し、その後中将姫の縁起が語られている。その縁起の最後には先の「化人」が「尼」として、つまり「西方極楽世界教主阿弥陀如来」として、一夜で織った「化女」は「右脇観世音」であると述べている。

この後に中将姫絵伝に関する詞書がある。中将姫の伝記は聖聡（一三六五～一四四〇）の『當麻曼荼羅疏』(2)巻七から巻八、『元亨釋書』(3)巻第二十八、『當麻曼荼羅縁起』(4)、『古今著聞集』(5)巻二、袋中（一五五二～一六三九）の『當曼白記』(6)第一、義山の『當麻曼陀羅述奬記』の序などに見られる。

次に獨湛の『縁起說』の全文を紹介し、各話題に義山の『當麻曼陀羅述奬記』と対照し、その異同を明らかにしてみたい。

『日本大和州當麻寺化人織造藕絲西方境縁起說』

黄檗四代性瑩獨湛選
東明嗣法門人道章悦峰錄

【當麻曼陀羅の紹介】

此曼那羅乃化人用二蓮茎一取レ絲之所レ織也。幅方一丈五尺。下以二一夜生　無レ節竹一爲レ軸用二子丑寅三時一造就。至レ今巳（ママ）　歷二九百三十餘年之久一　矣。

【當麻曼陀羅との出会い、由来】

丁丑三月念六日。瑩獨湛到レ寺隨喜見二此圖依正二報一非二佛菩薩神力所レ成娑婆衆生何人能作　他不二具說一。先見二蓮池中二舟一。用二蓮花片一合成。舟中奇異。眞思想所レ不レ到也。此圖初禁不レ許二模倣一開來已五百年。畫士數人。費二二年之工一。佛自造頃刻　而就。眞不可思議事。東方衆生。可レ知二福厚一。西土俗筆。大不二相侔一。凡事有レ始則有レ終。此圖輾轉流布。直待二世界壞　時一。方隨毀滅。欲レ知二其始一。

『當麻曼陀羅述奬記』巻一　義山

（佛教大学所蔵）

始自此邦四十六代　孝謙天皇御宇。寶字七年。當支那唐代宗廣徳元年也。時右僕射豊成藤公祈子于長谷寺生一女名爲中將。

三歳失母。

至七歳日讀稱贊淨土經六卷。

至十三歳。繼母憎嫉誣以非禮異事。藤公初不甚夕信。浸潤譖既久。藤公遂信。怒云急棄此女。命武人監至荒山而密殺之。武士至山云。此乃藤公命也。娘子有非禮事。命吾密殺。幸勿恨吾。擬下

【是より中将姫縁起】

天平寶字中有右僕射藤公拱佩豊成　質良寛大以才學聞忠誠奉上仁恕恤下公過壯齢無子夫妻詣長谷寺七日懇求滿夜感夢乃覺有身産一女名中將顔貌如玉父母甚愛　（一右）

中將三歳　母罹重痾漸臨死門　（二右）

中將九歳　一時思念喪母以降已歷七年末有一善之酬遺辭請僧問曰正修何業資母幽冥僧歎曰幼年發心如火中生蓮然乃授以稱讚淨土經從受已降日課六軸　（三右）

至十三華貌絶倫名達天聞方是之時繼母妬意内懷讒詞外搆藤公事雖轟耳初則不信雖然浸潤之讃遂生疑訝乃自密伺求中將深閨果視男子昧爽倫出而還公不知是繼母指畫而然以爲實矣奮然怒曰我

刀。中將荅云。汝奉吾父命而殺我。安可恨汝。吾平日讀經念佛。薦度亡母。無他罪惡。繼母憎嫉。年來雖知其意。毫無嫌恨。此因果到來。當怡然自受。何可恨人。但汝殺後。可將吾首畀以我身上一重衣以復父命。中一衣謝汝行刀。下一衣纏包吾屍。擲于深谷。是所賴也。然吾每日讀經六卷。今日未讀。且待須臾。讀罷行刀可也。遂命水包于草葉淨手讀經。武士按刀傍立。中將心口散亂。眼涙不止。纔二三卷。遂西向念佛十聲待刀。移時武士不加刀。中將叱云。汝何其延遲。令吾費思一刀兩斷。無餘事也武士跪白云。不可不可。娘子金言。下人入耳動心知因果明罪福。安可妄行斬殺。縱僕射公。賞我厚祿。浮世百年。榮花草露。何益于理。我今奉娘子。居此深山。結一草舍。偕吾下人妻室來侍奉。休嫌訝也。中將曰。進退在汝意。遂隱是山。其妻幷夫。乞食供事。中將讀經念佛不怠。故其詩有深山無人通。常無勤行闕之句。至次年武士病死。庵傍葬之。唯其妻乞食資養。

女是賊給我取辱乃命武士將去深山而密殺之武士承命嚴護乘輿跋涉危險到州鶬山駐輿樾陰具宣命旨中將流涕云平日無嘗背父母讀經念佛日以爲行薦度亡母而已有何非禮至受此罰顧是繼母憎疾之所致也妬意之伏察之久而吾亦毫無嫌恨自業自得寧惹恨於他乎汝殺已則脫此身上一重衣以裹吾首持去而塞父命中一衣則擬汝之勞下一衣纏包餘屍擲于深谷吾讀經日日六卷今日未果汝待之須臾讀罷宜揮劔乃掬水淨手向西讀經眼涙不輟纔二三卷閉目合掌稱佛十聲遂延頸待刃武士不能加刃忙然移時中將顧叱云汝使吾費思而然乎揮劔何其遲武士跪而白云我雖下賤聞君微言始知因果罪福之理又明知君實無非禮事安可妄行斬殺殺君縱得厚祿人世百年先榮如夢我今留此山奉侍于君君其勿嫌訝也遂締茅于山陰招郷里之婦乞食俱供盡力生計寂寞深山無人訪過中將讀經念佛日日精勤況次年之春武士羅病而死二人仰天悲號鑒庵之傍壘石遂葬

（三右～四右）

又明年中將年十五歲。其父僕射公獵于鶴山。登高一望。見深谷中。一簇火烟直上。問左右。此處何人所居。咸曰此山在昔至今無人棲止。遂自步行往視。見二女人。疑爲山精魔恠。故意變現欲迷人。高聲呵云。此處非人世所居。汝等何爲。卽欲發箭。二女人云。我非恠魅。乃是貧賤人。依棲此山。中將見其形。認是其父無疑。自念三年之別。逃難此山。不意今日再逢殺害。於是顯初事說元由云。我有何罪父母棄我。雖然世界無常。吾不惧死。一任吾父。僕射聞聲見面。認是女兒。亦驚惧身忽倒于地語女兒。我以不肖愚癡信讒言。一時大錯。自是以來苦吾女失命。朝夕焦思。今日獵山。特爲解悶。不圖得再見。是我老身大幸。吾兒幸忘老身之過。同我歸洛。慰吾老年。但武士既死。其德難報。當報其妻。歸洛後。繼母自慚而去。

次年中將十六歲。宮中有后妃之選。中將聞之日。王

中將年十有五父藤公遊獵偶至于鶴山登高跳望幽然寒谷一簇火烟已絕且續問左右云是何人所居咸曰此山自昔至今無人棲止步行遂往有二女人一人年少美貌一人老婦傍侍公疑以爲山精鬼魅變現欲迷高聲呵云此處非人之可棲汝等是何者便彎弓而待應中將驚心熱視卽公藤公也中將雖喜再會又懼今日亦蒙殺害遂一決其心卽語始未而言曰我無罪愆棄于父母不意今日再逢殺害皆是宿惡之所致也況世界無常吾亦不惧藤公聞聲見面認是女兒投弓倒地拭淚而言曰我不肖也陷没讒口生涯大錯何可言哉自爾以來苦汝失命晨昏痛焦不圖今得再見是我老後大幸汝幸忘往事與我俱歸以慰哀老但恨武士既死無由報德當報其婦乃同輩歸京繼母自慚而去

（四右～五右）

次年中將十六朝廷有后妃之選中將聞之以謂王宮火

宮火宅。攝家水驛。無常轉變。在所不レ免。不レ如抛二離世榮一出家學道。從來當麻寺。乃國中名藍。投二此空門一學二無爲法一可也。遂至二父所居一爲二最後面一。不レ覺下レ淚。

父惟問二其故一。女慰云。我見レ父今年姿貌。衰二于去年一絕不レ言二出家事一。父亦不二再詰一レ之。日既晩。孤身出レ舘。獨行至レ山。天曉求二僧剃落一。初名二善心一。後改名二法如一。父四處尋覓。後知二出家一。感而言曰。此出家之志。十圍繩索。亦難二繫得一住也。善哉吾女。爲レ吾來生一菩提一自レ此後。父子恩義殊篤。結二草庵于寺中一號二紫雲一。法如自念。今無三一事掛二心頭一。浮世纏縛。一時截斷。出離生死。正在二此時一。一食長齋。精進念佛。每日書二攝受經三卷一。

至二次年六月一筆竣。計千卷。依二此功德一。求レ見二佛眞身一。七日在レ堂。一心祈請。斷レ食二水穀一。以レ死自誓。

宅攝家水驛無常遷流無二處不一レ至不レ如蟬二脫世榮一入二無爲道一粤當麻寺乃邦内靈區天下名藍至二此靈場一出家學道可也辭而將レ別之日省二寧父所一不レ覺班班涙下時則六月十五日也藤公佐問二其故一中將慰云我今見レ父今年姿貌衰二于去年一以レ故憂苦之極已至二于茲一絕不以聞二出家事一公亦不二再詰一其夜遂出二槐門一孤身至レ寺天曉求レ僧請レ度僧曰年少發心雖レ感二其志一恐人口之生レ謗也且我視二儀容一非二凡庸一也我難二肯作一中將云我是非二貴家女一不幸早喪二考妣一無レ幾亦別二乳母一唯願出家受戒資二助亡親前途一求請再三僧遂爲聽初名二善心一後改二法如一藤公驚歎四處尋索後知二出家一感而言曰此山家之鴻志萬牛亦不レ可二挽回一矣善哉爲二吾來生一自レ尓已往恩過殊篤結二菴于寺側一號爲二紫雲一法如自念今無三一事之掛二心頭一浮世纏縛一時截斷出離生死正在二此時一一食長齋精進念佛每日書二攝受經三卷一

至二次年六月一筆竣計一千卷依二此功德一見二佛眞身一七日在レ堂一心祈請自誓曰比願不二剋果一者斷食捨命確乎勇

時六月十一。至二十五日一。日中過忽有レ尼。法相偉麗 而至。法如問。師自レ何而來。荅從二西方一來。我寫二極樂莊嚴相一。爲レ君看 如何。云久所レ願也。何時寫出。令我 得レ見。尼云須レ求二蓮莖百駄一。乃可二成就一。法如乃告二藤公一奏二于朝一。敕許。

十八十九兩日。荷物莖俱至。二十一二十二兩日。尼折レ莖作レ絲。穿二寺東北一冗一爲レ井。以レ絲入レ井染レ之。五色燦然。

二十三日酉刻。忽有二女甚端嚴一來問曰。絲成 否。尼云已成。手 自付レ女。女接云最好。今夜卽織。今暫歸去。至二戌刻一持二織具一來。尼亦營爲共レ事。子丑寅三時中。用二油三升一。洒二稾三把一。法如燃レ之。機杼之聲清微。四更織成。天曉女出二庭前一。斫二一竹一爲レ軸。竹乃一夜之中所レ生。長一丈五尺無レ節。卷 而爲レ軸卜。持與レ尼徑去不レ現。尼掛二之中堂一。指二圖中依正等境一示二

志嚴然 在レ座

時六月十一 至二十五日一午後忽有二老尼一法相偉麗 而至法如問云師自二何 處一而來答云從二西方一我令下汝 見二淨土一觀中彌陀上而來須レ求二蓮莖百駄一乃可二成就一法如乃告二其父一奏二于朝一詔使送二蓮莖一

十八十九兩日 而滿レ數二十一二十二兩日化尼自折レ莖取レ絲於二寺之東北一穿レ地爲レ井絲以沈浸五色燦然

二十三日一女忽來容貌端麗 問曰絲成 否化尼對曰成矣化女得レ絲云最好今夜卽織 化尼營爲共レ事乃於二堂之西北隅一織子丑寅三時中用二油三升一洒二稾三把一法如燃レ之機杼之聲鏗鏘 清徹四更織成其幅一丈五尺已至二天曉一化出レ庭斫レ竹度五以レ爲軸捧授二化尼一徑去不レ現竹乃一夜所レ生 長一丈五尺 無レ節可二亦恠一焉化尼乃掛二之中堂一指二分依正一以示二法如一復作レ偈禮レ圖曰往昔迦葉說法所

法如復禮三拜唱偈曰。往昔迦葉説法所今來法起作佛事。感君懇志我來此至是場永離苦既而尼告歸。此時法如聳然私念適化女不言而去。今此尼亦或復然急伸手拔執尼衣袖白言。善哉知識是何人哉。如是滿我願又適前歸之女是。誰尼云。我是西方極樂世界教主阿彌陀如來。適所還女是我左脇觀世音也。伸手三摩法如頂云。再遇不遠。却後十三年。三月十四日必迎汝卽從座起。至上岳隱矣。

至十年。法如年二十九。當寶亀六年。三月十四日。如所期而寂。

佛事新起又有故感君懇志我來此至是場永離苦既而化尼告歸法如問曰善哉知識是何人哉又向婦人爲誰化尼對云我是西方敎主向女是我左脇觀世音也伸手三摩法如頂云再遇不遠卻後十三年三月十四日必來迎汝言已淩空至上岳隱矣法如自此精修益〻勤

至十三年年二十九寶龜六年三月十四日端坐念佛而逝此日紫雲聳嶽音樂鳴空祥瑞甚多不遑枚擧也

以上の対照から『縁起説』と『當麻曼陀羅述奨記』には関連性が見られる。即ち、中将姫の十三歳と十五歳の記述の内容が類似しており、部分的に同じ文章であることが見られる。そして後半の部分は同じ文章が多くある。しかし『縁起説』の七歳の箇所は『當麻曼陀羅述奨記』では九歳となって、「母が亡くなってから七年」とある。

ところで、義山の『當麻曼陀羅述奨記』の終わりに、

天平寶字七年歳次癸卯季夏六月二十三日
方是感應水月之時茲歳至元祿壬午凡歴九百四十也

とある。當麻曼陀羅は天平宝字七年（七六三）の夏六月二十三日、元禄十五年（一七〇二）から九四〇年前に織られたとある。獨湛の『緣起説』は元禄十四年（一七〇一）(7)に刊行されている。したがって刊行の年次から見れば、義山は『當麻曼陀羅述奨記』の序を著すに当たって獨湛の『緣起説』を参考にしたとも考えられる。(8)

獨湛は『扶桑寄歸往生傳』巻下に中将姫を『元亨釋書』を底本として、「中将新尼」と紹介している。『獨湛和尚全録』巻二十九では中将姫を「當麻紫雲庵禮法如菩薩像」(9)と菩薩として、また『初山獨湛和尚授手淨土詩』の第七十首では「法如」として取り上げている。中将姫が多くの経典を書写し、誦経念仏の生活を送り、阿弥陀仏そして観音菩薩を見仏し、當麻曼陀羅を織り、阿弥陀仏から直接教えを受けて臨終の時には紫雲に乗って往生したと、その徳を獨湛が讃えたのである。

この『當麻圖説』の刊行に当たって『緣起説』の後に次のように記している。

當麻圖記刋行流通于震旦矣原夫支那日本相去非遙也若百億日月百億須彌百億四洲視今之南贍則一小環耳支那日本同在環中若無量世界人之信心念佛非不多也佛眼非不見也獨於日本粟散之國當麻荒落之地佛的的而來用五濁凡世之蓮莖織成極樂西方之聖境此神異事從有佛法已來所未有也凡事皆從横逆中轉爲厚幸之事如韋提希因逆子中將女因嚚母成就此一段大因緣佛雖爲酬中將法如一人之願其實作兩國衆生萬萬世之普度慈航也此圖示世將及千年支那人尚未見未聞也瑩每念安得支那衆生見

此聖瑞懷此于心中已五十年矣今已開第八秩幸得見東明悅公成此勝事喜躍何如則余往歲讃詞有安得拈當麻一縷藕絲培植于支那一國普使衆生開青蓮眼實東明以眼施人語果應也惜雲棲大師未及見此乃圖一幅以寄進大師塔堂焉

此圖成後當麻之地幅員周六十里至今蓮之莖皆無絲別開之池蓮絲仍有

此圖再裱之時掃下久年蓮絲之粉將數升遂製之爲丸病人乞覔頂戴病多痊愈臨終散亂之人頭戴手捧多晏然而終

辛巳年佛成道日

その内容は凡そ次のようなものである。『當麻圖記』を刊行して中国に広めたい。しかし中国と日本は遠く離れていない。百億の日月、百億の須弥山、百億の四洲から見ると、今南の大陸閻浮提を視ると、それはごく小さな世界であり、中国や日本は同じようにその中心から東にある。もし無量世界の人々の中に信心念仏する者が多くいるならば、仏眼はそれを見ないはずはない。ただ日本の小さな當麻の地に仏は明らかに来られて、この五濁の世で蓮の茎を用いて西方極楽の聖境（當麻曼陀羅）を織られた。このような神秘的な出来事は仏教が伝来して以来それまではなかった。およそ世間のことは皆不条理の中から生じるが、それを転じて厚幸の事が結果するものである。韋提希の場合は逆子阿闍世により、そして中将姫は後母によって、浄土曼荼羅が作られる大因縁がもたらされたのである。仏は中将法如一人の願いに酬いただけでなく、実は日本と中国両国の多くの衆生を末永く済度する慈悲の船となったのである。この図（當麻曼陀羅）が世に紹介され、一〇〇〇年がたっている。だが中国の人々がこの曼荼羅をまだ見聞したことがない。私、性瑩はそのことを念い、この曼荼羅を中国の人々にも見せたいと思う。この思いを抱いてから、すでに五十年が過ぎた今、七十代になり、幸いに東明山興福寺の悦峰と出会うことができ、その勝縁を喜躍することはどれほどであっただろう。私（獨湛）は前年に讃詞（縁起説）を作った。當麻の一筋の蓮糸を拈じて、中国に送り大切に育てるならば人々に仏の知見を開かしめることを得るであろう。実に東明山の悦峰も眼を通じて浄土の教えを人々に施す。中将姫の物語が必ず人々の心を動かすであろう。悔しいのは雲棲袾宏がこの曼陀羅を見ていないことなので、一幅を描き雲棲大師の塔堂に寄進した。そして當麻曼陀羅が完成した後、當麻の地の辺り六十里では今に至るまで蓮の茎に糸はないが、別に開いた池に蓮には糸があった。

この図を再び表装して掃除した時に、長い歳月の蓮粉が（図から）多く出てきて、ついに数升という量になった時に、蓮粉を珠とした。病人がこの珠を求め、頂戴すれば病はほとんど治った。さらに臨終に心が散乱している人が、この珠を頭に戴き、手で捧げ持ったら、安穏として往生した人が多い、とある。これは元禄十四年十二月八日、仏成道の日に記されたものである。

當麻曼陀羅の縁起を起草するなかで、獨湛はまず、この神秘的な曼陀羅が中国にないので、これを中国に伝えたいと吐露している。次に『觀無量壽經』に説く、親にそむいた子供、阿闍世の救済を願う韋提希にまつわる説話と、後母より冷遇を受けた中将姫が観経曼陀羅を蓮糸でもって織りあげるという説話の中に、悪縁、逆縁を善縁、順縁に転じていくという一つの共通項を見出している。続いて獨湛が拠り処とする蓮池大師袾宏の塔堂にこの曼荼羅を写して献呈すること、この曼荼羅を表装し直した折に出た蓮粉から作った珠が病いを癒したり、臨終の人を正念に往生させることになったという現当の両益を紹介している。

ところで蓮粉から作られた珠が念珠[10]に関連しているならば、念珠の「珠」については大興善寺三藏沙門不空訳の『金剛頂瑜伽念珠經』には「珠表二菩薩之勝果一於二中間一絶爲二斷漏一繩線貫串表二觀音一母珠以表二無量壽一」[11]とある。

珠は菩薩の勝果を表し、強くて切れない紐は観音を表し、また親（母）玉は無量寿仏を表す。同じく不空訳の『無量壽如來觀行供養儀軌』には「捧珠頂戴發是願言。願一切有情。得生極樂世界。見佛聞法。速證無上菩提。」[12]とある。珠を頂戴しながら「願わくは一切衆生が極樂世界に往生することを得て、見佛聞法して、速やかに無上菩提を證することができるように」と発願したと説かれている。これらの経典には珠をいただくことの功徳が説かれている。

したがって獨湛が當麻曼陀羅から散った糸を丸めて珠を作ったことは、浄土という聖境を表す図から散った糸が聖なるものであり、その珠を頂戴することによって臨終に散乱した者を正念に往生させるとみなしていたためだと考えられる。[13]

註

（1）大賀一郎稿「黄檗四代念佛禪師獨湛について」（『浄土学』十八・十九号）には五種の刊本の表紙が写真で紹介されている〈『獨湛全集』第三巻、三〇三頁〉。
（2）『當麻曼荼羅疏』酉譽聖聡述、全四十八巻（佛教大学図書館所蔵。外題『當麻曼荼羅鈔』）。
（3）『元亨釋書』第二十八巻、四二〇頁（『新訂増補国史大系』第三十一巻　吉川弘文館刊行所収）。
（4）『當麻曼荼羅縁起』、『浄全』第十三巻、七〇二頁、小林一郎著『善光寺如来縁起　元禄五年版』、坂井衡平著『善光寺史』上。
（5）『古今著聞集』「當麻寺」写本（京都大学附属図書館所蔵）。
（6）『當曼白記』袋中良定述、全十二巻（佛教大学図書館所蔵）。
（7）大賀註（1）前掲論文。

（8）義山は『円光大師行狀畫圖翼贊』全六十巻を元禄十六年（一七〇三）に完成させている。
（9）『獨湛和尚全錄』巻第二十九、二十一丁右〈『獨湛全集』第二巻、五九〇頁〉。
（10）『諸大宗数珠纂要』「念珠の表示」参照。
（11）『金剛頂瑜伽念珠經』（『正蔵』第十七巻、七二七頁c）。
（12）『無量壽如來觀行供養儀軌』（『正蔵』第十九巻、三六七頁c）。
（13）當麻曼陀羅から落ちた糸くずについて獨湛が著した『當麻曼陀丸塔宝引』一巻（愛知県岡崎市清涼寺所蔵）がある。

第五節　『勸修作福念佛圖說』

「念仏図説」は江戸時代に念仏流布のために数珠[1]のような機能をもたせたところの教化手段であった。念仏を千遍あるいは万遍を称えるごとに白圏（○印）をうずめるところから「消し念仏」としても知られている。[2]黄檗山萬福寺第四代獨湛の『勸修作福念佛圖說』は宝永から昭和初期にわたって十回印施[3]されたことが知られ、その受容性がうかがわれる。[4]

宋代の石芝宗暁（一一五一～一二一四）が編集した『樂邦文類』巻三所収の「大宋明州朱氏如一傳」には欽成皇后の姪である朱、法名は如一の図説について、「嘗鋟木爲圖。勸人誦阿彌陀。擘窠婁書。滿十萬聲而止。所化之數僅二十萬人。[5]」としている。つまり、嘗て如一は「擘窠婁書」（図説）を印施して人々に阿弥陀仏を誦することを勧めた。図説は十万声にとどめようとした。所化の数は二十万人に及んだ、と述べている。

宋代の志磐『佛祖統紀』巻第二十八には念仏図説に関する次のような言及がある。

咎定國號省齋。爲州學諭。常念佛讀淨土諸經。結西歸社以勸人。嘉泰初於小江慧光建淨土院。結石塔於池心。爲鄉民火焚藏骨之所。印施念佛圖。月二八集僧俗。就淨土院。諷觀經念佛以爲常。嘉定四年夢靑童告曰。佛令召君。三日當生彼國。至日沐浴更衣。端坐念佛而化(6)。

つまり、咎定國居士（～一二一二）は省齋と号す。明州（折江省鄞県）の学諭（教諭）となる。常に念仏し、浄土の諸経を読んで、西帰社という念仏結社を結び、人々を勧化した。南宋寧宗の嘉泰（一二〇一～一二〇四間）の初め、小江の慧光において浄土院を建立、石塔を池心に結び、郷民の火焚蔵骨の納所とした。また「念仏図説」を印施した。毎月二十八日に僧俗を集めて浄土院で『観經』を諷誦し、念仏を常に修した。嘉定四年（一二一一）、夢に青童が、「仏が君をよび寄せるので三日にしてまさに彼の国に往生するであろう」と告げた。その日が来ると沐浴して、衣を替え、端坐念仏して西化した、と述べている。『佛祖統紀』はまた計公と呼ばれる鉄工の事蹟について次のように述べている。

計公。四明桃源鐵工也。將七十兩目喪明。里中咎學諭。以壁窠圖印施勸人念佛。計公初受一圖念滿三十六萬聲。念至四圖兩目瞭然。如是三載。念滿十七圖。一日念佛忽氣絕。半日復蘇曰。我見佛菩薩令分六圖與咎學諭。是勸導之首分。一圖與李二公。此是俵圖之人。囑其子往謝學諭。言訖沐浴西向坐逝(7)。

つまり、四明桃源の鉄工である計公は、七十歳になろうとする時に両目を失明した。里中の咎學諭（定國）は壁窠図（小圏が連続集合して蜂の巣のようになった図）を印施して念仏を勧めた。計公は初めにその一図を受け、それを三十六万声で満たし、さらに念ずること四図に至ると両目が見えるようになった。このように三年にして十七図を成満した。ある日、念仏中に気絶し、半日して蘇生して「我れ仏、菩薩を見るに、六図を分けて咎學諭に与えさせた。これが図説による勧導のはじまりである。一図は李二公に与え、李二公はそれをさらに分与した人である。その子に託して定國の所に行かせ感謝を述べた。」と語った。その後沐浴して西方に向かって坐して寂したとある。(8) これによって中国南宋時代（一一二七～一二七九）頃には念仏図説による教化が行われていたことが知られる。(9) ところで日本でも獨湛の念仏図説とは別に独自の念仏図説による教化が企画されていた。(10) それについて雲嶺桂鳳は『蓮會百萬念佛圖説述贊』(11) に師である雲洞（一六九三～一七四二）の図説と獨湛の図説について次のように述べている。(12)

元禄辛巳秋。倣蓮華會序。且設圖説。欲廣施于世也。雖然恐人之不信。而無藏而出之矣。寶永乙酉春。偶見黄檗獨湛禪師所印施之作福念佛圖。與愚願恰如合符節。因鏤梓以募化。所冀社友信之也。(13)

つまり雲洞は元禄十四年（一七〇一）の秋に、『丈六彌陀蓮會講百萬遍念僊圖説』を作成したが、人々がそれを信受しないことを恐れ世に出さなかった。しかし宝永二年（一七〇五）の春、獨湛が印施した『勸修作福念佛圖説』を見て愚願とあたかも主旨を同じくする念仏教化であると思い、図説を印施し、人々を教化した。念仏結社の同行者がこの図説を信受するように願うと述べている。当初雲洞が念仏図説を世に出すことを躊躇したのは念仏図説がいまだ日本では流布していなかった不安からで、ここから獨湛の『勸修作福念佛圖説』が日本における念仏図説教化を展開させる先導的役割を果たしていたことが推測される。

『勸修作福念佛圖説』では最上段に横書きで「勸修作福念佛圖説」と題し、その下にやはり横書きで「南無阿彌陀佛」と記し、中央に雲上の弥陀三尊（阿弥陀仏の胸元に卍が記されている）の立像を配し、その下段に描かれた蓮台の上に「念仏弟子」という言葉が記され、その下に念仏者の姓名を記入できる空白がある。また図説の左右には長文があり、その下段には版行の由来と意図が記されている。図説の四方周囲に千余りの白圏（〇印）が念珠のように配されている。

江戸中期、法然院の第六世宝洲（～一七三八）は東北地方に活躍した貞傳（～一七三一）の伝記、『貞傳上人東域念佛利益傳』[14]を編纂したが、その巻下の「作福念仏図乃由来」では獨湛図説の左右の長文の典拠について次のように述べている。

蓮池大師の勸修作福念佛圖説に依って百萬聲の念佛に塡て追薦せんはいよいよ佳し。此の圖説は曾て黄檗獨湛禪師、先師忍證上人に託して、當山より弘通する所、幾千萬という事を知らず。其本説は雲栖の山房雜錄に載る所の骷髏の圖説と作福念佛の圖説とを合せる者なり。[15]

ここでは獨湛の『勸修作福念佛圖説』所載の長文が「山房雜錄[16]に載る所の骷髏の圖説と作福念佛の圖説」を合わせたものであると述べている。『山房雜錄』は雲棲袾宏（一五三五～一六一五）の著作で、その中に『勸修作福念佛圖説』がある、獨湛はそれを引用しているのである。次に上段に獨湛の念仏図説、下段に袾宏の『山房雜錄』を配し両者を五節に分けて対照してみることにする。

勸修作福念佛圖說（獨湛）

人天路上作福爲レ先。生死海中念佛第一。人間天上
快樂逍遙。皆因三廣作二諸福一最緊最要。故曰爲レ先。
若欲下高出二人天一速超二生死一直登中不退上則有二
念佛往生一門一。最尊最勝。故曰二第一一。偈曰作福
不二念佛一。福盡還沈淪。念佛不二作福一入レ道多二
苦辛一。無レ福不二念佛一地獄鬼畜群。念佛兼作福
後證二兩足尊一。

勸修作福念佛圖說（袾宏）

人天路上作福爲先　生死海中念佛第一人間天上。
快樂逍遙。皆因廣作諸福。最緊最要。故曰爲先。
若欲高出人天。速超生死。者登不退。則有
念佛往生一門。最尊最勝。故曰第一。偈曰。作福
不念佛。福盡還沉淪。念佛不作福。入道多
苦辛。無福不念佛。地獄鬼畜羣。念佛兼作福。
後證兩足尊。(17)

人天の道には作福を先となす。生死海中には念仏が第一である。人間天上の快楽を逍遥するには、皆広く諸の福をなすことが最重要である。だからそれを先と為すのである。もし高く人天界を出でて速やかに生死を越えて直ちに不退の境地に登りたければ念仏往生の一門のみがあって、それが最尊、最勝であるから第一というのである。作福して念仏しなければ、福が尽きればまた六道に沈淪する。念仏して作福しなければ道に入っても苦辛が多い。福をなすことなく、念仏も修さなければ地獄餓鬼畜生の群れに入る。念仏してさらに作福すれば後に仏両足尊を証す、と述べている。

ここでは作福、つまり善をなして福徳をつむことによって人界や天界に生ずることができるが、生死を越えて不退の境地に到るには念仏往生が第一であることが述べられている。

この後に獨湛は再び袾宏を引用して諸々の福について並べている。袾宏の題には、作福とは、ただ一つの福をな

することである。福は下限は一點でもよい、その大小や多少を問わない、と述べている。対照すると次のようになる。

孝二順父母一。忠二報君王一。裝二塑佛像一。印二造經典一。
齋二供僧伽一。敬二事師長一。營二修寺宇一。流二通善法一。
禁二絶宰殺一。買二放生命一。飯二食饑民一。衣二濟寒凍一。
開二掘義井一。修二理橋梁一。平二砌街道一。普二施茶湯一。
看二療病人一。給二散藥餌一。伸二雪冤枉一。出二減刑罪一。
安二養衰老一。撫二育孤孩一。埋二藏屍骨一。給二與棺木一。
饒二免債負一。義二讓財產一。還三他遺失一。救二濟患苦一。
祈二禱災難一。薦二拔亡魂一。勸二和爭訟一。生二全人命一。(18)

作福　但作一福。福　下一點。不　論大小多寡
孝順父母　忠報君王　裝塑佛像　印造經典
齋供僧伽　敬事師長　營修寺宇　流通善法
禁絶宰殺　買放生命　飯食飢民　衣濟寒凍
開掘義井　修理橋梁　平砌街道　普施茶湯
看療病人　給散藥餌　伸雪冤枉　出減刑罪
安養衰老　撫育孤孩　埋藏屍骨　給與棺木
饒免債負　義讓財產　還他遺失　救濟患苦
祈禱災難　薦拔亡魂　勸和爭訟　生全人命(19)

ここでは三十二の福が挙げられている。さらに念仏を修することについて次のように述べている。

無事。身間者。時時勸念有レ事纏レ身者早晩課念至心發願求レ生二淨土一。平日遇レ福便作作訖還念即以二所レ作之福一迴二向淨土一。求二願往生一。善人受持

念佛　千聲塡一圈。白黄紅青黑。可塡五次
無事身間者。時時勸念。有事纏身者。早晩課念。至心
發願。求生淨土。平日遇福便作。作訖還念。即以所作
之福。迴向淨土。求願往生。善人（某甲）受持(20)

つまり、平静安穏のうちに身を持つ間の者は、時間あるごとに念仏を勧め、何か事があって苦悩に繋縛された者は朝晩に念仏して至心に発願して浄土に往生することを求めよ。平日福徳をなす機会に遇えば、それをなす。なしおわったならば振り返ってその福徳を憶念せよ。そしてなした福徳を浄土に回向して往生することを求願せよ、と述べている。

袾宏の表題には「念佛を千遍称えるごとに一圏を白、黄、紅、青、黒の五彩で順次塗りつぶすべし」と述べている。そのようにして念仏図説の「〇」を全部埋めると百万の念仏行を成就したことになる。この念仏は浄土往生のためであり、煩悩のために苦しむ人は至心に発願して往生を願うべきことをすすめている。五色についていえば、密教は万物を構成する五大（五大原質）を、地大＝黄、水大＝白、火大＝赤、風大＝黒、空＝青にという色彩に配当している。そこには地＝増益性、水＝洗浄性、火＝親愛性、風＝払拭性、空＝包摂性という象徴性が含意されているという。獨湛がいう五色にも、こうした色彩の象徴性が念仏図説にも反映しているのかもしれない[21]。

次に袾宏の『山房雜録』にある「骷髏圖說」が引用されている。

傅大士云。漸漸雞皮鶴髮。看看行步龍鐘。
假饒金玉滿堂難レ免二生老病死一任汝千般快樂。
無常終是到來。惟有二徑路修行一。但念二阿彌陀佛一。
大士此語正所レ謂萬般將不レ去。惟有レ業隨レ身者也。

骷髏圖說
傅大士云。漸漸雞皮鶴髮。看看行步龍鍾。
假饒金玉。滿堂難免生老病死。任汝千般快樂。
無常終是到來。惟有徑路修行。但念阿彌陀佛。
大士此語。正所謂萬般將不去。惟有業隨身者也。

如何是萬般將不去。人生所有官爵。金寶。屋宅。
田園。飲食衣服。玩好。乃至嬌妻愛子無常到來。
那一件是將得去者。如何是惟有業隨身。
人生所造諸貪瞋癡業。非禮姦婬。
恣意宰殺爲子逆父爲臣欺君尅衆成家。
陰毒害物種種惡業。無常到來。
這都緊緊隨著儞者既然如是。
若不猛省回頭改惡從善洗心念佛。
豈非徒得人身虛生浪死苦哉苦哉。

如何是萬般將不去。人生所有官爵。金寶。屋宅。
田園。飲食。衣服。玩好。乃至嬌妻。愛子。無常到來。
那一件是將得去者。如何是惟有業隨身。
人生所造諸貪嗔。癡。業。非禮姦婬。
恣意宰殺。爲子逆父。爲臣欺君。剋衆成家。
陰毒害物。種種惡業。無常到來。
這都緊緊隨著儞者既然如是。
若不猛省回頭。改惡從善。洗心念佛。
豈非徒得人身。虛生浪死苦哉苦哉。

即ち、傅大士（四九七～五六九）は、加齢とともに皺がふえ膚は鶏の皮のようになり、白髪がふえて頭は鶴のように白くなる。しだいに年老いて疲れ病んで歩くことが困難になる。たとえ金や玉が堂に満ちていても、生老病死を免れることはできない。たとえあらゆる快楽を過ごしていても、無常はついにおとずれる。生死を離れるにはただ一つの径路がある。それは阿弥陀仏を専ら念じることであると述べている(22)。この大士の所説は正に、いわゆる世俗のものを持ち去ることはできないが、ただ業のみ身に随うということである。なぜ世俗のものを持ち去ることはできないのであろうか。人生にはあらゆる官位、宝物、家、園田、飲食、衣服、骨董、そして愛妻、愛子などが付随するが、無常が到来すると、どれも持って去ることができない。どのような業が、身に随うのかといえば、犯した諸々の貪瞋癡の業、非礼姦淫、恣意宰殺、そして子として父に逆い、臣として君を欺き、不正な行為で他人の財産を奪って自分の財産を作る、陰毒で物を害するなどの種々の悪業は、死が訪れたらすべてしっかりとあなたに付き従うものである。もし激しく顧みなくても、考えを変え、悪を改め、善に従い、洗心して、念佛すれば、どうして人の身を得たのに、虚しく生死を流浪することなどあろうか、苦であろうか。そんなことになれば苦であろう、と述べている。つまり生前の所有物は死後にまで付き従うことはないが、悪業は間違いなく付き従ってその人を苦しめる。そこから解き放つものが改悪従善洗心念仏であるというのである。

この対照から桂鳳が指摘するように獨湛は『勸修作福念佛圖説』を袾宏の『山房雜錄』を拠り所として作成したことがわかる。ただし「傅大士云」の偈は同じ袾宏の著作である『往生集』、そして『阿彌陀經疏鈔』の故事熟語の出典を示した『阿彌陀經疏鈔事義』には善導（六一三～六八一）のものとしている。

この偈文は宋代の王日休の『龍舒增廣淨土文』巻第五、宗曉（一一五一～一二一四）の『樂邦文類』巻第五等にも善導の偈文と伝えられている。

また阿弥陀仏を信仰し、白蓮社に道友もあった臨済宗楊岐派の中国僧齊巳（～一一八六）は蓮社会の道友が上堂を請うと、同じ偈文をあげて、しかも善導から受けたものであると述べている。

次にこの偈文が見られる最古の典拠となる『龍舒增廣淨土文』をはじめ八つの著作をあげて対照すると次のようになる。

書名	撰者	本文
山房雜録	雲棲袾宏	傅大士云。漸漸雞皮鶴髮。看看行步龍鍾。假饒金玉滿堂。難免生老病死。任汝千般快樂。無常終是到來。惟有徑路修行。但念阿彌陀佛。(23)
龍舒增廣淨土文 卷第五	王日休譔	唐京師僧善導 其勸化偈云。漸漸雞皮鶴髮。看看行步躘踵 假饒金玉滿堂。難免衰殘老病。任是千般快樂。無常終是到來。唯有徑路修行。但念阿彌陀佛。(24)
樂邦文類 卷第五	宗曉編次	勸化徑路修行頌 京師比丘善導 漸漸雞皮鶴髮 看看行步躘蹱 假饒金玉滿堂 誰免衰殘老病 任汝千般快樂 無常終是到來 唯有徑路修行 但念阿彌陀佛(25)
佛祖統紀 卷第二十六	志磐撰	法師善導 其勸偈曰。漸漸雞皮鶴髮。看看行步龍鍾。假饒金玉滿堂。豈免衰殘老病。任是千般快樂。無常終是到來。唯有徑路修行。但念阿彌陀佛。(26)
往生集	雲棲袾宏	善導和尚 其勸世偈曰。漸漸雞皮鶴髮。看看行步龍鍾。假饒金玉滿堂。豈免衰殘病苦。任汝千般快樂。無常終是到來。惟有徑路修行。但念阿彌陀佛。(27)
阿彌陀經疏鈔 事義	雲棲袾宏	徑路修行 善導和尚偈。漸漸雞皮鶴髮。看看行步龍鍾。(云云) 惟有徑路修行。但念阿彌陀佛。(28)
續傳燈録 卷第三十一	慶元府東山齊	已禪師。邛州謝氏子。上堂。舉蓮社會道友請上堂。漸漸雞皮鶴髮。父少而子老。看看行步躘蹱。疑殺木上座。直饒金玉滿堂。照顧白拈賊。豈免衰殘老病。正好著精彩。任汝千般快樂。渠儂合自由。無常終是到來。歸堂喫茶去。唯有徑路修行 依舊打之遶。但念阿彌陀佛。念得不濟事。念得不濟事。復曰。啞這條活路。已被善導和尚直截指出了也(29)
彌陀經疏鈔演義 卷一	古德文賢	龍舒居士王日休。作淨土文。無盡居士張商英。作求生淨土文。侍郎王古。作直指淨土決疑集。吳群沙門大佑。作淨土指歸集。無功居士王闐。作淨土自信録。慈雲懺主遵式。作淨土略傳。善導和尚。作偈。偈云 漸漸雞皮鶴髮。看看步行龍鍾。惟有徑路修行。但念阿彌陀佛。(30)

右の対照表から明らかなように、この偈文を傅大士のものとしているのは『山房雜錄』のみである。しかも同じ袾宏の著作の中でも当偈文は善導のものであると見られており、したがってこの偈文は中国仏教では傅大士つまり善慧大士の偈文ではなく、善導ものとして伝承されていたことがわかる。諸本によって多少の文字の異動が見られるが、その内容は変わらない。ではなぜ袾宏は傅大士のものとしたかが問題となる。おそらく最初は「善導」を「善慧」と誤り、後に善慧を傅大士としたと思われる。つまり獨湛は『勸修作福念佛圖說』の長文の記述にこの偈文を傅大士とする『山房雜錄』を引用しているのである。さらに次のように文が続く。

我觀二世人一箇箇皆好二念佛一。今三等列レ之。一者極
間人。應二當無レ晝無レ夜。一心念佛一。二者半間半忙人
應二當營レ事已畢卽便念佛一。三者極忙人。應二當
忙裏偸レ間十念念佛。又復富貴之人衣祿豐足正好二
念佛一。貧窮之人。安レ貧守レ分。正好二念佛一。有二
子孫一人得二人替力一。正好二念佛一。
無二子孫一人心無二牽掛一正好念佛一。無病之人身力康健
正好二念佛一。有病之人。知二死不レ久正好二
念佛一。聰明之人通レ經達レ理正好二念佛一愚鈍
之人無二雜知見一。正好二念佛一。以レ要言レ之。天上
人間四生九有皆當念佛一奉勸二世人一。何不乙此下四大

我觀世人。箇箇皆好念佛。今三等列之。一者極
間人。應當無晝無夜。一心念佛。二者半間半忙人。
應當營事已畢。卽便念佛。三者極忙人。應當
忙裏偸閒。十念念佛。又復富貴之人。衣祿豐足。正好
念佛。貧窮之人。安貧守分。正好念佛。有
子孫人。得人替力。正好念佛。
無子孫人。心無牽掛。正好念佛。無病之人。
身力康健。正好念佛。有病之人。知死不久。正好
念佛。聰明之人。通經達理。正好念佛。愚鈍
之人。無雜知見。正好念佛。以要言之。天上
人間。四生九有。皆當念佛。奉勸世人。何不趁此四大

未レ作二骷髏一時上早早念佛甲直待二萬般一將不レ去。惟有レ業隨レ身懊悔無レ及了也。（『勸修作福念佛圖說』）

未作骷髏時。早早念佛。直待萬般將不去惟有業隨身。懊悔無及了也。（袾宏『山房雜錄』[31]）

即ち、

私が世の人を観察してみると、一人ひとりが皆それぞれに念仏するのがよい。今念仏する人を三類に分けてみる。一つには、大いに暇のある人は一日中一心に念仏すべきである。二には、ある程度忙しい人は仕事を終えてから念仏すべきである。三には、極めて忙しい人は忙しい中に時間をつくって十念の念仏するのがよい。

また富貴の人は豊富な衣禄をもっても、まさに念仏するのがよい。

貧窮の人は貧に安じて自らの分を守って、まさに念仏するのがよい。

子孫のある人は仕事の手伝いをする人がいるので、まさしく念仏するのがよい。

子孫のない人は懸念することがないので、まさに念仏するのがよい。

病気のない人は健康のうちにまさに念仏するのがよい。

病気のある人は死が近づいていることを知るから、まさに念仏するのがよい。

聡明の人は、仏教の道理等に精通するので、まさに念仏するのがよい。

愚鈍の人は、粗雑な知見がないので、まさに念仏するのがよい。

要するに、天人、人間、四生、九有、すべて念仏すべきである。

世の人に勧め申し上げる。なぜ生きているうちに、念仏しないのか。どうして地水火風の四大から成る身がまだ骷髏とならない時をもって早々に念仏しないのか。ただ世俗のあらゆることがらに追随するようなことをすれば、まさに生死を去ることはできない。臨終の時には業のみが身に随うので後悔しても遅い。と述べている。ここではまず衆生の生活の閑忙に即して念仏者を三類に分けているが、全てのものはそれぞれの生活実態に即して念仏すればよいことが述べられている。それに続いていろいろな生活形態、または機根の諸相を挙げながら、全ての者がそれぞれの場で念仏すればよいことを強調している。

また長文の最後には獨湛の次のような識語がある。

此圖於震旦行世已久矣。至大清康熙年中奉旨頒行天下普勸化念佛。豫得一張與無塵居士奉持居士以日國未有此圖。今鐫刻流通。令天下人念佛修福同生淨土則利益無量焉。念佛千聲塡一圈。白黄紅青黒可塡五次。寶永甲申重陽　支那獨湛瑩識【獅子林普勸定佛往生】

つまり、この念仏図説は中国では昔から用いられており、大清の康熙帝（一六六一～一七二二在位）の年中に至って、詔旨を受けて図説を世に刊行して、普く念仏を勧化することになった。予め得ていた一枚を無塵居士に与え奉持した。居士はまだ日本にこのような図はないといって、今鐫刻して流通することになった。天下の人に念仏させて福を修して浄土に往生させれば、その利益は無量である。念仏して千声ごとに一圏を塗りつぶし、白、黄、紅、青、黒の五色の順に塗りつぶすようにすればよい。宝永甲申（一七〇四）重陽（九月九日）支那獨湛瑩識（印【獅子林普勧定仏往生】）、とあるように、獨湛の念仏図説は義山の道友である無盡居士によって普及されたのである。なお三版以降より図説の最下部には忍澂（一六四五～一七一一）の識語が付されている。それは次のようなものである。

黄檗四世獨湛老大和尚佩西來直指心印而以浄土爲歸宿之地。恒持佛號息不虚尠禪誦禮懺靡嘗暫停可謂永明角虎之禪也衰朽已極而無微疾身心怡悦常面西坐正月廿四日語曰昨夜神遊浄土即奮起禮西方十一拜廿五日晩鶴聲聞于天一小侍者怪而趨庭則聞空中微妙樂音其夜深更師日適夢蓮華生于池西歸之期不遠即書偈日我有一句別于大衆若問何句不説不説廿六日依常面西辰刻自結定印寂然侍者連喚和尚師即応聲念佛泊然坐脱今年七十有九也日課彌陀經四十八卷禮仏三百或五百其餘禮誦課簿所記不可勝數寶永丙戌仲春獅子谷信阿謹誌[32]

つまり、獨湛は西来の直指の心印（仏心印）を身に帯び、浄土を帰宿の地とし、つねに仏号を持って息を虚しく通わすことなく、禅語録を読誦、礼懺を怠ることがなかった。それは永明角虎（九〇四～九七五）の禅風であるということができる。老いによる衰朽はすでに極まっているが、軽い苦しみもなく身心は喜につつまれ、つねに西に面して坐す。正月二十四日に、昨夜は浄土に逍遥したと語り、気力をこめて立ちあがり、西方に向かって十一拝した。二十五日の晩には鶴の声が天から聞こえた。弟子は怪しんで庭に赴いたが、空中に微妙の音楽を聞いた。その夜中に師獨湛は蓮華が池に生ずる夢をみて、西帰の時はもう遠くないと言って偈を作した。それは「我に一句あり、ここで大衆と別れる。もしどのような句かと問われたら、不説不説」。二十六日常のように西に面し、辰の刻に自ら定印を結んで寂静の境に入った。弟子たちが和尚と喚ぶと、師はその声に応じて念仏して坐ったまま寂した。七十九歳であった。日課として『阿彌陀經』を四十八巻、仏を礼すること三〇〇あるいは五〇〇、その余の礼誦は日課簿に記録するも数えきれないほどである。宝永丙戌（一七〇六）仲春（二月）獅子谷信阿（忍澂）謹誌、と忍澂は獨湛の臨終について伝えている。

獨湛によって喚起された、日本における念仏図説印施の最初と思われるのは雲洞の『丈六彌陀蓮會講百萬念佛圖說』[33]である。それ以降も獨湛の図説の影響を受けた多くの念仏図説が印施され、日本においては二百年にわたって念仏図説を用いての念仏教化がなされたのである。次にその一端を取り上げてみたい。

まず、祐天寺蔵板の香誉祐海（一六八二～一七六〇）『勸修百萬遍十界一心願生西方作福念佛圖說』がある。これは上段に當麻曼陀羅の上品上生の弥陀三尊を配し、その左右に長文を置いている。[34]弥陀三尊の下段の蓮池に「上品中生」、「上品下生」、「中品三生」と「下品三生」という文字が蓮台の上に書かれ、九品を表している。中央には光を放つ「心」の文字が蓮台の上に描かれ、その蓮の茎はさらに下段の図に記されている「一心」に繋がっている。下段の図の下部には円形があり、円形の上半には二河白道が描かれ、下半には此土が描かれている。その「一心」は白道の手前入口に書かれ、円形の中心に配置されている。円形の外縁、上部には右左に二十五菩薩の来迎が描かれ、弥陀は右上に配され、円形の外縁、下部右下には釈迦が描かれている。円形の上縁には増上寺第三十六世祐天の名号が配置され、その下に「願往生」と記されている。下段の図の外、左右の縁と下の縁には「十界図」が配置されている。その「十界図」は宋時代に流行した遵式（九六四～一〇三二）に始まるといわれる『圓頓觀心十法界圖』[35]である。円形の下半（此土）から十本の線で「十界図」の各界と繋がっている。図の左下には「享保年中　武蔵明顕山二世祐海識」とある。享保年中は一七一六～一七三六年に当たる。各場面のまわりには「〇」が配置されており、獨湛の図説のように念仏を称えて塗りつぶすようになっている。[36]

次に『勸修作福百萬遍二世安樂圖說』は中央に立像の弥陀三尊と往生者を描き、その上段に横書きで「勸修作福百萬遍二世安樂圖說」と記されている。右縁には『觀無量壽經』の上品上生の経文が記されている。左縁には獨湛の詩を四首を載せ、下縁には銀椀鏡の識語がある。その識語によれば、図は黄檗獅子林にあること、また『勸修作福念佛圖説』に忍澂が寄せた識語を参考にして獨湛の浄土教と獨湛の臨終について述べている。その中に「晝夜口稱三昧而全如二圓光大師一」と、獨湛の口称三昧は法然のようであると述べている。また『法然上人行狀繪圖』第二十三巻に説く百万遍と一念の念仏に関する箇所を抜出している(37)この図の周りにも「〇」が配されている。

次に天性寺印施の念仏図には標題はない。中央に上品上生の阿弥陀仏が配され、その下段にある蓮池の蓮台には往生者の名を記す白い札が置かれている。図の周囲には「〇」が一〇〇〇個、四列に配置されている。図の枠には「念佛一遍んをもって此圏一ツをうづミ、四辺うづミおハれバ千べんとなる。十遍んにて一ツうづめハ一万ベン、百ぺんをもってすれバ十万遍んなり、千べんなれバ百万べんとなる也」と記されている。(38)

また『善導法然の來迎圖』(39)はその板木が増上寺に所蔵されているが、白黒二色刷りのものである。同じものが龍谷大学に所蔵され『阿彌陀如來二十五菩薩來迎圖』(40)として知られ、色彩が施されている。構成として、図の上段に「一紙小消息」が記されている。図の左上には阿弥陀仏と二十五菩薩の来迎が描かれている。二十五菩薩の右下には富士山があり、富士山の右上には雲に乗った日輪が描かれ、左上には雲に乗った月が描かれている。来迎図の左下には義賢（一七八六〜一八四二）の名号を挟んで善導と法然の二祖対面が描かれている。富士山の下段には横臥して合掌している往生人と傍らに善知識となる僧が描かれている。阿弥陀仏の白毫から三本の光が放たれ往生人を照らしている。

この図説の作者は義賢とみなされている。浄土宗の遊行僧である義賢(41)は、江戸白金町正源寺（浄土宗）から富士山麓に赴き天保九年から十一年の間修行した日誌が富士山の麓の神社に所蔵されている。(42)『加賀藩資料』第十五編によると、天保十一年（一八四〇）九月二十五日「念佛行者金澤に来る」の条には、文月のこゝの日（七月九日）といふ日より彼名に高きたち山（立山連峰）へ籠り、念佛供養のため大願を起こし、凡四十八日といふ計も籠り給はん御志にて、此大山の淨土山といふへのぼらせ給ひ、念佛し籠り給ふ、三七日といふにはや其願成就ならせたまひて、富山の巷へをりさせたまひ、此大城の下にて日課念佛の供養授け給ふ。

とある。義賢は江戸から出て立山に籠って念仏し、そして遊行した所では日課念仏を授け、念仏教化をしていたのである。この図の左側に一〇二の「〇」が縦に配され、一万遍ごとに一つの「〇」を塗りつぶせば全部で一〇二万遍の念仏を称えたことになる。これも獨湛が普及した念仏図説の影響であると考えられる。

また獨湛図説による念仏勧導について珂然の『新聞顯驗往生傳』上、法雲信尼の項には「清倫、両尼〈雲生・妙閑〉に謂て曰く、法雲尼公、嘗て世に在りし時、屢我を勸誘して公出家せよと言えり、其の恩に酬いんが爲に、獨湛和尚の流通する所の念佛圖說を得て（中略）一百日を期して百萬遍の念佛を修す。[43]」とあり、さらに清誉浄智信士の項には「俗の名は武右衛門、洛東知恩院古門前に住す、褙匠を業となし、早く西方を慕ひ意を淨業に切にす、誓願寺に詣し阿彌陀佛を禮し、往生を祈求することは凡そ十八年、未だ嘗て廢置せず、又獨湛和尚に從て念佛圖說を稟け、百萬遍を修することは凡そ四過[44]」とある。また雲嶺桂鳳編纂『現証往生傳』の了雲法師の項には、「寶永二年ノ春、黄檗獨湛禪師、肇て作福念佛ノ圖說ヲ本邦ニ印施弘通シ玉フ、法師是ヲ聞テ希有ノ想ヒヲ生ジ、則圖說六張ヲ乞請ヌ、茲ニ於テ、身器清淨ニシテ佛前ニ跪坐シ高聲念佛シ、不日ニシテ六百萬遍ヲ成就シ、往生極樂ノ資糧二回向ス[45]」とあり、獨湛図説が江戸中期に念仏の勧導に盛んに用いられたことがうかがわれる。[46]

このように獨湛は雲棲袾宏の影響の下に念仏の教化のため『勸修作福念佛圖說』を作成し、それを日本に初めて紹介し、江戸期の浄土教に大きな影響を与えたのである。

註

（1）禿氏祐祥稿『念仏図の起源並に伝播』（『龍谷史壇』第二巻第一号、一九二九年）。
（2）大賀一郎稿「黄檗四代念佛禪師獨湛和尚について」（『念佛と禪　浄土学特輯』所収）、松永知海稿「『勧修作福念仏図説』の印施と影響――獅谷忍澂を中心として――」（『佛教大学大学院研究紀要』第十五号所収）。
（3）重刊については大賀註（2）前掲論文には九版と指摘されているが、松永註（2）前掲論文では印施は十回であったと指摘している。それは次のようである。

第一版	宝永元年（一七〇四）九月	黄檗獅子林
第二版	宝永元年（一七〇四）十一月	〃
第三版	宝永三年（一七〇六）二月	獅谷法然院
第四版	宝永六年（一七〇九）冬	
第五版	享保七年（一七二二）正月	浜松大雄庵
第六版	明和八年（一七七一）春	洛東雲蓋院
第七版	安永七年（一七七八）春	黄檗獅子林
第八版	明治三十二年（一八九九）二月	姫路雲松寺
第九版	大正六年（一九一七）三月	黄檗三十三開戒記念
第十版	昭和六年（一九三一）十二月	名古屋黄檗堂

（4）禿氏註（1）前掲論文、大賀註（2）前掲論文、松永註（2）前掲論文、長谷川匡俊著『近世浄土宗の信仰と教化』「黄檗宗の念佛独湛」（北辰堂、一九八八年）。
（5）『大正蔵』第四十七巻、一九七頁a。
（6）『大正蔵』第四十九巻、二八四頁c。
（7）『大正蔵』第四十九巻、二八五頁c。雲棲袾宏は『往生集』巻之二に「宋計公。四明桃源鐵工也。年七十。兩目喪明。里中昝學諭。以檗窠圖印施。勸人念佛。計公初受一圖。念滿三十六萬聲。念至四圖兩目瞭然。如是三載。念滿十七圖。一日念佛忽氣絕。半日復蘇曰。佛令分六圖與昝學諭。是勸導之首。分一圖與李二公。是俵圖之人。囑其子往謝之。言訖沐浴西向而化。」（『大正藏』第五十一卷、一四二頁c）とあげている。

（8）禿氏註（1）前掲論文。

（9）明代の憨山德清禪師（一五四六～一六二三）の語録である『憨山老人夢遊集』巻第三十一には次のようにある。「題普念佛求生淨土圖　世人歷劫。久沉㆓生死苦海㆒。輪迴㆓三途㆒。皆因㆓自心妄想煩惱㆒。造㆓種種業㆒。故無㆓出頭之時㆒。佛說㆓西方淨土一門㆒。引㆓攝衆生㆒出㆓離苦趣㆒。是爲㆓最妙法門㆒。一生取辦。楚僧海慧。單勸㆘十方㆗眞實爲㆖生死人㆓一心念佛。更無㆓別緣㆒。以㆓衆生煩惱深重㆒。妄想甚多。皆生死根。然㆘非㆓多多之佛㆒。不㆑能㆔度㆓多多之人㆖。今聞㆔汝東居士。刻㆓接引彌陀佛像一尊㆒。通身約㆓圈一千八百㆒。每念佛千聲。以㆑朱塡㆓一圈㆒。念㆓完佛身㆒。則計念佛一百八十萬聲。雖㆑積㆓劫百八煩惱㆒。仗㆑佛消除。而淨土可㆑期。生死之苦可㆓永脫㆒矣。且願所勸㆓念佛之人㆒。亦如㆓念佛之數㆒。更望㆓大信心檀越㆒。施㆑紙印㆑散亦相若。惟此功德圓滿。則施者念者。同歸㆓極樂㆒無㆑疑矣。」（『卍続藏』第七十三巻、六八六頁a）。

（10）敬阿述、文雄校『利劍名號折伏鈔』巻一には「泉州覺譽了雲と云う人、獨湛師の作福念佛の圖を乞ひ請て、不日には六百萬遍を成就し、種々の奇特を感じて往生を遂しことの現證、往生傳に載たり」とある（『廣疑瑞決集　利劍名號折伏鈔』三師講説發刊所、一九四頁）。

（11）『蓮會百萬念佛圖說述贊』刊本、享保十九年（佛教大学図書館所蔵）。

（12）長谷川匡俊著『近世念仏者集団の行動と思想：浄土宗の場合』、藤堂俊英稿「宋・日の蓮華勝会」（『香川孝雄博士古稀記念論集　佛教学浄土学研究』所収）。

（13）『蓮會百萬念佛圖說述贊』巻上、二丁左（佛教大学図書館所蔵）。

（14）『貞傳上人東域念佛利益傳』（佛教大学図書館所蔵）。

（15）『貞傳上人東域念佛利益傳』下、二十二丁。

（16）『蓮池大師全集』四巻（和裕出版社〈台湾〉）所収。

（17）『蓮池大師全集』四巻、四三三一頁、『雲棲淨土彙語』（『卍続藏』第六十二巻、九〇八頁c）。

（18）父母に孝順し、君主に中報し、仏像を装塑し、経典を印造し、僧伽を斉供し、寺宇を栄修し、善法を流通し、宰殺を禁絶し、生命を買放し、饑民に飯食し、寒凍に衣斎し、義井を開掘し、橋梁を修理し、街道を平砌し、茶湯を普施し、病人を看病し、薬餌を給散し、冤枉を伸雪し、刑罪を出減し、衰老を安養し、孤孩を撫育し、屍骨を埋蔵し、棺木を給与し、債負を饒免し、財産を義譲し、他の遺失せしを還し、患苦を救済し、災難を祈禱し、亡鬼を薦抜し、争訟を勧和し、人命を生全す。

（19）『蓮池大師全集』四巻、四三三一頁、『雲棲淨土彙語』（『卍続蔵』第六十二巻、九〇八頁ｃ）。

（20）『蓮池大師全集』四巻、四三三二頁、『雲棲淨土彙語』（『卍続蔵』第六十二巻、九二三頁ｃ）。

（21）秃氏註（２）前掲論文には「記数法の必要は浄土教に於けるよりも密教にては更に痛切であるから、念仏図説の如きは密教に行われたものを借用したのであらうと思ふ。密教では陀羅尼の念誦に一定の数が設けられ、勝手に増減することを許さないのである。」とある。宮坂宥勝稿「密教における色の役割」（『panoramic mag is』増刊号「色」、ポーラ文化研究所、一九八二年）。また五色といえば、臨終行儀の際に用いられた仏と往生者を結び繋ぐ糸も五色であったことを想起できる。

栃木県には日光山寂光寺の覚源上人が伝えた五輪の札がある。貞傳の『東域念仏利益傳』巻下、二十丁（佛教大学所蔵）には、

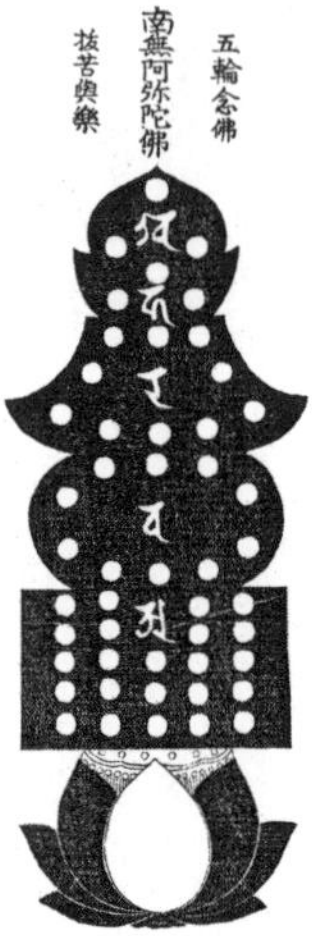

文明年中野州日光山寂光寺覺源上人俄死至二于冥府一閻王命令歴覧地獄既而出二五輪圖一告二上人一曰罪悪衆生死到レ此時先釘二一身支節四十九所一其苦不レ可レ言若有二男女一爲稱二阿彌陀佛名號四十九萬偏一塡二五輪塔中圈一

至誠回向　亡者離苦必生浄土若其善者　受此功德増長善根超生上品上人還陽間當語此事普救衆生乃授五輪念佛圖上人蘊生其圖在于掌中爾　來諸人毎　値亡者中陰依此圖念佛追福　者屢有靈驗

云

とある。

また松譽巌的の『諸文故事要解』巻之四（三丁）（藤堂俊英氏蔵）には、

釘拔念佛之縁起

日光山寂光寺之覺源上人　無雙智識也文明七年頓死一七日間冥途消息地獄品品見回給　時閻魔王告上人云諸罪人於娑婆依造罪死後四十九日間被打四十九本大釘也其苦患體難宣言語上人歸南閻浮提廣敎衆生念佛一萬遍唱　此五輪圖右之穴一塞　如是四十九萬遍唱念佛塞四十九之穴必遁苦謂往生　浄土既授此五輪告請取畢如夢　覺蘇　生給　也委如別傳（已寫本通記）

『諸文故事要解』について牧田諦亮氏は次のように述べている。「宝永元年（一七〇四）初秋、摂州坂城蘭若燕居沙門松誉謹而自識という前叙によれば、松誉がさきにあらわした引導集（おそらくは初学の宗侶を引導するための故事入門か）の補訂版ともいうべきものの纂輯を茶話の友人二、三人から慫慂されて、筆をおこしたものであることを述べている。詳細な内容については宗史家が注目すべき者と思われる」（牧田諦亮稿「松誉巌的の疑経観　附、仏説阿弥陀三昧海経其他」〈『恵谷先生古稀記念　浄土教の思想と文化』九〇三頁所収〉）

そして刊行者不明の印施に一紙には次のようにある。

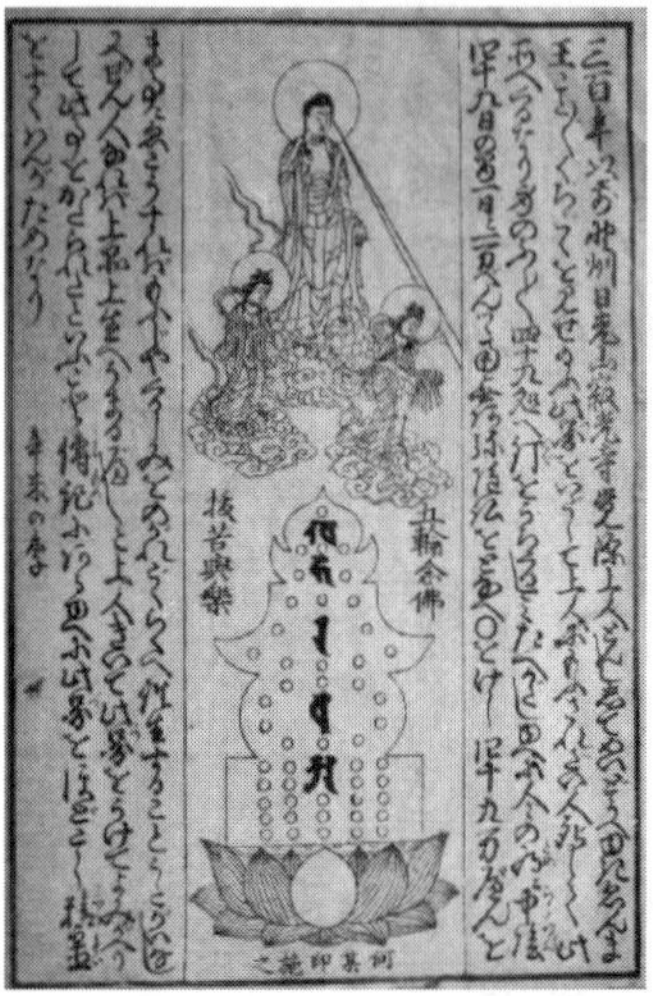

三百年以前野州日光山寂光寺覚源上人とんししてめいどうへゆきえんま王ことごとくぢごく（地獄）を見せ玉ふ　此図をいだして上人にもふされ　ざい人死して此所へくるなり　身のふし〴〵十九処へ釘をうちくるしみたへがたし　ゆえに人々のために中陰四十九日之間一日に一万べん以て南無阿弥陀仏をとなへ〇をけして四十九万べんをま事にえこうすればもうじゃくるしみをのがれごくらくへおうじょうすることうたがいなし　又せん人なれば上品上生へうまるべしと上人きいて此図をうけてよみがえりしてこの事をかたわれたといふこと伝記にあるゆへに此図をほどこし諸霊をすくはんがためなり

この五輪念仏の札は釘念仏としても知られ、佛教大学民間念仏研究会編『民間念仏信仰の研究　資料編』（隆文館、一九六六年）四三九頁に取り上げられている。

（22）牧田諦亮著『浄土仏教の思想　五　善導』一〇二頁参照。

（23）『山房雑録』（『蓮地大師全集』第四巻、四三二八頁）。

（24）『龍舒増廣浄土文』巻第五（『大正蔵』第四十七巻、二六六頁c。一一六一年成立）。

（25）『樂邦文類』巻第五（『大正蔵』第四十七巻、二一九頁a。一二〇〇年成立）。
（26）『佛祖統紀』巻第二十六（『大正蔵』第四十九巻、二六三頁b。一二六九年成立）。
（27）『往生集』（『大正蔵』第五十一巻、一三〇頁b）。
（28）『阿彌陀經疏鈔事義』（『卍続蔵』第二十二巻、六八七頁b）。
（29）『續傳燈錄』巻第三十一（『大正蔵』第五十一巻、六八三頁a。一三六八〜一九三八頃成立）。
（30）『彌陀經疏鈔演義』巻一（『卍続蔵』第二十二巻、七三〇頁c）文賢（　〜一六三九）袾宏門下。
（31）『山房雜錄』（『蓮池大師全集』巻四、四三三〇頁）。
（32）この識語は『獅谷白蓮社忍澂上人行業記』巻下、十五丁にも記載されている。
（33）松永知海氏は、「雲洞の『念仏図説』は忍澂あるいは獨湛あたりの人たちから、念仏図や功過格等を聞いて雲洞自身が考えていたものである。なぜならば雲洞の伝記には忍澂を師と仰ぎ求道遍歴する姿が描かれている。さらにその伝記である『雲洞和尚行実』の著者は桂鳳であることによる。法然院の中興二世忍澂を師と仰いだ雲洞、さらにその雲洞の師と仰ぐのは法然院の中興第八世の桂鳳という関係が堺の法行寺を中心にまわっているのである。」と述べている（松永註（2）前掲論文一一六頁〜一一七頁）。
（34）松永註（2）前掲論文には全文が翻刻されている。
（35）『天竺別集』巻中に『円頓観心十法界図』の図がある（『卍続蔵』第五十七巻、二十七頁）。
（36）巖谷勝正稿「香誉祐海の「勧修百万遍十界一心願生西方作福念仏図説」について」『佛教論叢』第四十六号。
（37）松永註（2）前掲論文参照。銀椀鏡の識語の全文の翻刻がある。
（38）佛教大学文献センター所蔵。松永註（2）前掲論文参照。
（39）玉山成元稿「善導・法然の来迎図」（『日本仏教史学』第十四号）。
（40）龍谷大学大宮図書館二〇〇九年度特別展観『仏教の宇宙観』。
（41）徳本行者（一七五八〜一八一八）と年代であるが、徳本の『応請摂化日鑑』には義賢の名前は見られない（伊藤曙覧著『越中の民俗宗教』〈岩田書院、二〇〇二年〉参照）。

(42) 伊藤註(41)前掲書、二三四頁参照。
(43) 笠原一男編『近世往生伝集成』第二巻、五十六頁～五十七頁、長谷川匡俊著『近世浄土宗の信仰と教化』三八四頁。
(44) 笠原註(43)前掲書、第二巻、七十一頁。
(45) 笠原註(43)前掲書、第一巻、一八六頁。
(46) 長谷川註(43)前掲書、三八四頁～三八五頁参照。森三樹三郎著『老荘と仏教』(講談社、二〇〇三年)には「黄檗宗には大名の帰依する者が多かった関係で、その妻女たちの間に百万遍念仏を唱えるものが少なくなかった。現に大和郡山の城主柳沢吉保の側室定子の念仏図説が残されているが、それにはこの念仏図説が二十一万八千枚印行された旨が記されている。これらの人は専ら念仏の側面のみを受取った黄檗宗徒というべきであろう。つまり黄檗宗は、知識人には禅を、大衆には念仏をという、使い分けをしているのである」といっている。大賀註(2)前掲論文には「念仏図の重刊、これより二百五十余年後の今日に至るまで、黄檗と浄土とで、この作福念仏図を印施する事六回に及んでいるばかりでなく、大阪天満の善導寺及法界寺では真阿により模倣された別個の消し念仏が印施されている。以て獨湛の作福念仏図説印施の功の大なるを知ることが出来るであろう。現に小圏を五色に施された念仏図をあちこちの寺院に見るが、黄檗真光院には大将軍綱吉の寵を一身に集めた甲斐侯柳沢吉保夫妻の小圏を充塡してこれに金色燦爛たる極色彩を施した作福念仏図説が保存されている」とある。

〈次頁『勸修作福念佛圖說』第七版、安永七年(五十六・五センチ×二十六・五センチ)、山内獅子林院藏〉

勸修作福念佛圖說
南無阿彌陀佛

第四章　獨湛と浄土宗

第一節　獨湛の法然観

法然の浄土教は万機普益といわれるように、機根の勝劣にかかわりなく一切衆生の平等往生を教義の柱としている。法然は三昧発得の人である善導の『觀經疏』を指南とし、罪悪生死の凡夫のための浄土教を構築した。獨湛はその編著『扶桑寄歸往生傳』で法然を取り上げ、さらに賛を付している。(1)また法然や善導の肖像画も描いている。

この節では獨湛が法然をどのように捉えていたかを論じてみたい。

まず『扶桑寄歸往生傳』の法然の略伝には次のように記されている。

源空作州人幼以小矢射冠中其眉間十五出家。演雜華諸論晩見善導觀經疏乃棄所業倡淨土之宗開圓頓大戒嘉應帝召入宮受戒藤相國問淨土專修空述選擇集呈之相國盆〱加敬信修念久〈シク〉勤妙觀顯現屢〱感樂邦莊嚴等相現于室中手筆自記竄讃州居五年曰吾不因遷謫爭布專修之道於海裔乎一化之幸也回都城忽染疾時紫雲下降佛菩薩眞身來迎面西而寂年八十(2)

これがその本文であり、末尾には後で引く賛が添えられている。本文は法然の生国、出家の因縁、善導の『觀經疏』との出会いを通して諸行を捨て浄土宗を開いたこと、さらに円頓菩薩戒を説いたこと[3]、嘉応帝（高倉天皇）が法然を宮中に招き、授戒の師となしたこと、藤の相国（九条兼実）の要請により『選擇集』を著したこと、それによって兼実が法然に敬信を深めていったこと、口称念仏により三昧を発得したこと、その体験を自ら記した（『三昧発得記』[4]）こと、四国に流罪に遭い、五年後京都に戻ったこと、病に倒れ臨終の時は紫雲が現れ真身の仏菩薩が来迎、面を西に向けて八十歳で寂したことなどを述べている。

この略伝では獨湛が知った法然の求道史が簡潔に述べられている。この略伝は『元亨釋書』第五巻に収められている法然（源空）の条を拠り処としている。

ところで浄土開宗の因縁となった善導『觀經疏』に言及する箇所での獨湛の記述は、「晩見㆓善導觀經疏㆒乃棄㆓所業㆒倡㆓浄土之宗㆒」となっている。しかし『元亨釋書』には「晩見㆓信師往生要集㆒乃棄㆓所業㆒倡㆓浄土專念之宗㆒」[5]とある。つまり獨湛は虎関師錬が源信の『往生要集』としたところを善導の『觀經疏』と入れ替えている。『往生要集』は法然を善導浄土教に導いた日本浄土教の古典であるが、法然は『往生要集略料簡』で「用㆓恵心㆒之輩必可㆑歸㆓善導㆒哉」[6]、また『往生要集釋』では「用㆓恵心㆒之輩必可㆑歸㆓善導道綽㆒也」[7]と善導を指南とすべきことを述べている。善導の『觀經疏』は法然を「選択本願念仏」に導いた西方指南の書である。称名念仏は末法濁世なる当今を生きる愚者、悪人、罪人でも、処や時節を問わずに実践できる勝行でありかつ易行である。それは平等の慈悲に催された阿弥陀仏の本願により全ての衆生を平等に、速やかに救う法門である。この凡夫でもできる念仏は法然が求めていた出離生死の去行である。獨湛はこの伝記で法然を口称念仏の一行に導いたのは『往生要集』そのものではなく、口称三昧発得の人善導の『觀經疏』であることの重要性を示そうとしたのであろう。虎関師錬とは違う獨湛のこうした法然観は、後に見るような浄土宗諸師との交流の中で培われたものであると考えられる。

法然の伝記の後に獨湛が付している賛は次のようである。

賛曰先佛首楞嚴會上呵有相爲魔事開喩後世修禪之者深切著明矣若念佛人依經作觀觀成則淨境現正與修多羅合如古之遠公歷代諸賢及今之源師是也若暫視淨境爲魔事而不知觀經所立何趣　但是禪觀熟煉教義精明之士自能諳此而無偏頗之患焉(8)

即ち、楞厳会(9)においては、有相を非難して魔事であるとする。（したがって）後世、修禅者に（そのことを）開示し、さとすことが懇切であり顕著である。あるいは念仏の人でも経に依って観想し、その観想が成就すれば則ち浄境が顕現する。（それはまた）正しく修多羅の教説と合致する。いにしえの廬山の慧遠や歴代の賢僧たち、そしてこの源空師のごときは、それを感得したのである。あるいはまた、浄境をわずかに見ても魔事とすることがあるが、それは『観経』が立てる観想の趣旨を知らないからである。禅観を熟練し、その教義に精通した人であれば、自らそのことをさとり、偏頗のわずらいなどないのにちがいない、と述べ、廬山の慧遠を祖と仰ぐ蓮宗の九祖の一人に数えられる、禅浄同帰を説いた袾宏（一五三五～一六一五）に親しんでいた。

ところで獨湛は「讀雲棲大師諸書有感」(10)と語録に述べている。その雲棲袾宏の『佛說阿彌陀經疏鈔』(11)巻第四の冒頭に、『佛說阿彌陀經』の「其人臨命終時。阿彌陀佛。與諸聖衆。現在其前」に対する註釈の中で魔事について次のような問答を出している。

問臨終佛現亦有魔否答古謂無魔脫或有之貴在辨識

つまり、臨終に佛が来現することに関して、その折、魔はあるのかそれともないのかといえば、古徳の謂うところによれば魔はないが、もしかして魔があることもある。どちらなのかはそのことについての道理を理解することが大事である。これに対する袾宏の自註は次のようなものである。

無魔者單修禪定或起陰魔如楞嚴止觀諸經論中辨之甚悉今謂念佛者佛威神力佛本願力大光明中必無魔事然亦有宿障深厚或不善用心容有魔起固未可定須預辨識如經論說行人見佛辨之有二一不與脩多羅合者是爲魔事二不與本所修合者是爲魔事所以然者以單修禪人本所修因唯心無境故外有佛現悉置不論以果不協因故今念佛人一生憶佛臨終見佛因果相符何得槩爲魔事若或未能了決但如前辨別察識而已（12）

つまり、無魔とは、単えに禅定を修する折に陰魔（五蘊魔）が起こることがある。たとえば楞厳、止観、諸の経論の中にはそれを細かく取り上げている。念仏する者は仏の威神力、仏の本願力、大光明の中にいるので決して魔事などはない。また宿障が深厚であって、心を善く用いることができず、魔が起こることがある。確かに魔が起こるのか、起こらないのか、決定することはできない。だからあらかじめ、よく魔の有無についての道理を理解しておくべきだ。経論に説くように、行人の見仏について論じるとすれば二つある。一つには、脩多羅と相応しないものは魔事である。二つには、（念仏や念仏三昧の）本所修と合わないものも魔事である。その所以は、単えに禅を修する人の本所修の因は唯心観であるので、境無きことを宗とする。だから外に仏が現れることについては全てさし置いて論じない。行果が行因と合わないためである。今の念仏人が一生仏を憶って、臨終に見仏するのは因果が相応するからである。どうしておおまかにそれを（浄境を）魔事とすることができようか。まだそのことが了決できていなければ、前の如くそのことについての道理をよく理解しておくことが肝要である、と述べている。

袾宏の『佛説阿彌陀經疏鈔』巻上では修禅者には四魔（煩悩魔、五蘊魔、死魔、天魔）の中の五蘊魔が起こることが、『首楞嚴經』(13)と『摩訶止觀』巻第八(14)などによりながら取り上げられている。一方で袾宏は、念仏者は仏の願力によって光明を蒙るが、その光明の中には魔事がないことを述べている。

ところで袾宏は霊芝元照（一〇四八～一一一六）の『觀無量壽佛經義疏』巻上によって、「今引二衆説一以絶二群疑一一云大光明中決無二魔事一猶如二白晝姦盗難一レ成（中略）資中疏云若修二念佛三昧一此境現前與二修多羅一合名爲二正相一若修二餘観一設見二佛形一亦不レ爲レ正以三心境不二相應一故」と光明中に魔事無きことを説き、また「修多羅合」については、唐僧弘沇の『資中疏』によっての念佛三昧を修するものには（浄）境が現前することを説いている。その浄境は経典に合うから正相である。しかし余観を修すれば仏形を見れども正相ではないとし、それは心と境が相応していないからであると述べている。

獨湛は修多羅に相応した浄境の現前は魔事ではないことを述べるにあたって慧遠(15)、歴代の諸賢、また法然も同じく念仏三昧を発得したことを述べている。慧遠の場合は『般舟三昧經』による念仏三昧であり、法然の場合は善導の『觀經疏』を指南とする口称念仏三昧であるが、いずれも修多羅と相応した浄境の現前であり、経に基づくそれぞれの三昧の特質が理解ができていれば、浄境現前を魔事と誤解することもないというのである。

獨湛が法然への賛の中で触れた魔事のことは、中国浄土教典籍では臨終来迎における浄境の現前をめぐって取り上げられるのであるが、獨湛は臨終という時の問題については触れていない。それは念仏三昧による浄境の現前が臨終、平生の双方において成就されるものであることを意識してのことであったと考えられる。

また獨湛は法然の肖像（二章三節図12）を描いている。そこでは次のような賛を付している。[16]

大師大圓光　照耀未來際　合相非兩人　勢至本因地

つまり、「大師の大圓光は、未來際を照耀す。相を合わせば兩人に非ず、勢至が本の因地なり」とある。

獨湛が描き賛を付したこの法然の肖像は『法然上人行狀繪圖』第八巻の第七段を踏まえていると思われる。それによれば、法然の弟子勝法房は法然の真影を描き、そこに銘を所望した。そこで法然は左右の手に鏡を持ち、水鏡を前において自らの姿を映し、描かれた絵と相違する所には胡粉を塗って直したという。さらに後日、法然は別紙に「我れ本地に念佛の心を以て、無生忍に入る。今此の界に於て、念佛の人を攝して淨土に帰せしむ　十二月十一日　源空」と銘を添えたという。これによれば『大佛頂首楞嚴經』勢至円通章にいう念仏心によって無生忍に入ったという経文に基づいて、獨湛は勢至菩薩の相と円光大師の相とが別ものではないという法然への讃嘆文を書き添えたと考えられる。[17]

獨湛の法然観に関して、現在黒谷金戒光明寺に伝わる縦二十八・五センチ横五十七・七センチの獨湛の書がある。[18]それは「圓光大師眞蹟予親見之如親面大師　獨湛識　黒谷淸心院」[19]というものである。この文中の「之」とは何を指すか明らかではないが、金戒光明寺には真蹟といわれる『一枚起請文』が伝わっている。獨湛がそれを親しく目の当たりにしたことは十分考えられる。したがってこの書はその真蹟を見た獨湛の感銘を述べたものであるとも思われる。

註

（1）黄檗宗萬福寺第五世高泉性潡（一六三三〜一六九五）は『東國高僧傳』十巻を著している。その中で第八巻には法然と第九巻に聖光、良忠を載せている。法然について次のように述べている。

大谷寺源空傳

繹源空。俗姓漆。作州人。父諱時國。母秦氏。夢レ呑レ刀而生。頭有二稜角一目有二黄光一宗族異レ之。九歳父被二冠害合家叫噪。空潛二於屏處一持二小弓一矢一發。中二其眉間一寇即遁去。因呼爲二小矢兒一菩提寺僧覺公聞レ之。乞レ爲二弟子一性善學。覺惜二其器一攜謁二臺山光公一光曰。此良驥也。豈朽索所二能覊一哉。乃送至二功德院皇圓公一薙染受戒セシム。時方二志學之年一未レ及二千日一通受二臺教一去從二空闍梨一稟二密乘一繙二繹三藏聖教一暇日毎與二網藏俊慶雅二師一談二唯識華嚴旨趣一二師皆稱二道之一晩年見二信師往生要集一大喜。遂棄二所習一專修二淨業一遷二洛東吉水一盛說二圓修及大乘戒法一緇白靡然向レ風。嘉應帝特加二禮重一詔入二大內一說レ戒。相國兼實藤公。請二問淨業一因述レ書以上。蓮社之徒。取爲二秘要問一或轉二華嚴一輒有二小蛇一盤二輕案下一蓋龍神也。或修二法華三昧一則見二白象現二於道場一或有レ故謁二藤相國一既出レハ相國輒從レ後而拜。謂二左右一曰。空公頂上。有二金色圓光一若等知レ之乎。嘗於二三昧中一屢見二淨土勝相一建永年中。竄二セヲル讃州一五載。歸者益盛。室曰。我不レ因二遷謫一安能化及二海濱一耶。建暦元年。蒙レ恩還二都城一二年正月。居二大谷一示レ疾。二十五日早刻。高聲唱二佛號一至二午後一著二僧伽梨一面レ西而化。世壽八十。僧臘六十有六。

系曰。幼能射レ賊。智而有レ勇也。長解レ辭レ塵。清而弗レ染也。著レ書垂レ世。慧業淵深也。頂相發レ光。戒珠瑩淨也。至四於神龍馴二于華嚴之案一白象現二于法華之場一淨土見二于三昧之中一化風及五于邊海之上上是皆至德所レ致。無二復疑一也。臨末高擧二聖號一面レ西而化。不レ違二本願一也。空公爲二此邦蓮宗始祖一而澤潤二千秋一故其德亦卓然異二于人一也。（『大日本仏教全書』第六十二巻、二七七頁）

（2）『扶桑寄歸往生傳』巻上、十六左〜十七右（佛教大学図書館所蔵）〈『獨湛全集』第四巻、四十二頁〜四十三頁〉。

（3）「開二圓頓大戒一」、『元亨釋書』巻第五には「圓頓菩薩の大戒を説く」とある。

（4）『元亨釋書』巻第五には「手レ筆自記曰。建久九年正月一日。修二一七念佛一」とある（『新訂増補国史大系』三十一巻、九十二頁）。『三昧發得記』には「建久九年正月一日……」（『昭法全』八六三頁）。

(5)『元亨釋書』第五「晩見二信師往生要集一。乃棄二所業一倡二浄土専念宗一」（『新訂増補国史大系』三十一巻、九十二頁）。

(6)『往生要集略料簡』（『昭法全』十四頁）。

(7)『往生要集釋』（『昭法全』十六頁）。

(8)『扶桑寄帰往生傳』巻上、十七右（佛教大学図書館所蔵）〈『獨湛全集』第四巻、四十三頁〉。

(9) 楞厳会とは、叢林で「楞厳呪」を読誦して衆僧の安居の無事円成を祈念する法会（『禅学大辞典』）。

(10)『獨湛禪師梧山舊稿』巻第三、六丁右〈『獨湛全集』第三巻、一四三頁〉。

(11)『佛説阿彌陀經疏鈔』巻第一には「袾宏・末法下凡窮陬脱學」と末法の下凡を自ら称している。

(12)『佛説阿彌陀經疏鈔』（天和本）巻第四之一、二丁左（藤堂俊英氏所蔵）、『卍続蔵』第二十二巻、六六五頁a。

(13)『大佛頂如來密因修證了義諸菩薩萬行首楞嚴經』巻第十（『大正蔵』第十九巻、一五二頁b）。

(14)『摩訶止観』巻第八（『大正蔵』第四十六巻、一一五頁b）。

(15)『選擇集』第一章には「浄土一宗において、諸家また同じからず。所謂廬山の慧遠法師と、慈愍三蔵と、道綽、善導、これなり」と浄土一宗を三流に分けているが、獨湛は「如二古之遠公歴代諸賢及今之源師一是也」といって廬山の慧遠と法然を同じように扱っている。つまり、禅僧から見た三昧発得の人慧遠と法然を一つの流れとして見ていたであろう。

(16) この図は黒谷金戒光明寺所蔵。獨湛が当時、交流していた金戒光明寺第三十六代薫譽寂仙に贈られたものと考えられる。黄檗第五代住持高泉も寂仙に『紫雲遊覧詩』を贈っている。したがって獨湛だけではなく高泉も浄土宗侶と交流があったことがわかる（『大本山くろ谷金戒光明寺　宝物総覧』三五五頁）。

(17) 小松茂美編集・解説『法然上人絵伝』上（続日本の絵巻）一八〇頁。法然の『三昧発得記』にも勢至円通章を踏まえた一文があることについて、藤堂俊英氏が指摘している（「「勢至菩薩所証法門」をめぐって」〈『浄土宗学研究』第三十一号、二〇〇四年〉）。

(18)『黒谷誌要』の「第五　霊寶什器」には「同添翰　紙本　九寸四分　二尺八寸　獨湛筆」と獨湛の書をあげてい

る。「同」とは「開祖大師御消息」である。寸法の九寸四分（二十八・六センチ）二尺八寸（八十四・八センチ）が本論において取り上げるものとは一致しないため、別のものであると考えられる（『浄全』巻二十四、三十五頁）。

（19）『大本山くろ谷金戒光明寺　宝物総覧』二一一頁。

第二節　獨湛の善導観

獨湛は晩年に善導の肖像画を描き、さらに賛を付している。その中に浄土宗の学僧、入信院の義山（一六四七〜一七一七）に贈られたと伝わるものがある。『洛東華頂義山和尚行業記幷要解』（以下『義山行業記』）によると洛西華開院に所蔵されている。さらに浄土宗西山派深草眞宗院に一幅、斎藤貞一郎氏所蔵の一幅があり[1]、現在獨湛の筆になる善導の肖像画が三種類確認されている。

また法然と善導の二祖対面像も描かれており[2]、これにも善導に対する賛が付されている。これらの賛から獨湛の善導観をうかがうことができるので次にそれを取り上げることにする。

まず華開院所蔵と伝わるものは現在所在不明である。その賛は『義山行業記』に記載されており次のようなものである。

咨我導師
從何方來　手拈華軸　巡行震旦　口吐光明
光照海國　以此導人　人善任導　誰知衆生

皆亦有レ光　低レ頭返照　如二日通紅一　我寫二眞容一
仰祈レ昇レ空　空中語レ予　如レ告二少康一　汝依二我敎一
廣化二有情一　他日功成　必生二安養一
評曰廬山優曇寶鑑　載二大師端身立化一
時永隆二年辛巳三月十四日
年六十九歳　投二柳下一逝　恐非也(3)
後學黄檗沙門獨湛性瑩拜作
元禄十二年

つまり、ああ我が善導大師よ、どこより来られたのか。手に経巻(4)を持って中国を巡行し、口より光明を吐かれる。その光明は四海万国を照らして、この光が口より出ずるの徳(5)をもって人を導き、人は善き導きに任せる。誰が気づいていようか、人々にはみな導きの光があることを。低頭してその光で我が身を反照すれば日々の陽の紅のようである。我れ善導の真容をば写そうと、仰いで空に昇る姿を祈ると、空中において我れに語るところは、善導が少康に告げたように、汝は私の教えにより広く衆生を教化している。他日、臨終時にその功徳が成就されて必ず安養国に往生するであろう(6)、というものであった。この賛は獨湛が七十二歳、元禄十二年（一六九九）の時に書いたものである。この賛はおそらく獨湛が念仏三昧などの宗教体験の中で善導と出会い、少康伝(7)に伝わるのと同じような垂示を得たことに基づいているものと考えられる。善導から少康への垂示は伝記によれば夢中のものではないが、珂然の『義山行業記』では夢中の感見としている。また獨湛はこの賛の最後に、戒珠の『新修往生傳』巻中に出る善導の柳下捨身を取り上げ、それはおそらく非実であると述べている。優曇普度（　～一三三〇）が善導の伝記を『廬山蓮宗寶鑑』(8)巻四にも載せていることも述べている。善導の忌日については『新修往生傳』巻中を典拠として永隆二年辛巳（六八一）三月十四日としている。

深草眞宗院にも獨湛筆の善導肖像画が一幅所蔵されている。その善導肖像画の箱書には「獨湛禪師所圖善導圖深草山眞宗講院常住」と記されている。その賛は前の華開院所蔵といわれている肖像画の賛と似ていて、次のようなものである。

善導大師　從㆓何方㆒來　手按案㆑華〔軸〕　於㆓巡行震旦㆒　口吐㆓光明㆒　光昭㆓海國㆒以㆑此導㆑人　人善其㆑導
誰知㆓衆生亦皆有㆑光　低頭返照　如㆓日通紅㆒　我寫㆓法像㆒　得㆑遇㆓少康㆒大陳薦獻　必也升㆑空　空生㆓覺中㆒
不㆑外㆓慈力㆒　是所謂般舟行道　通㆑西三昧　而直證㆓阿鞞拔致㆒比也。

つまり、善導大師、あなたはどこから来られたのか。手に経巻を持って、中国を巡行し、口より光明を吐かれる。その光明は四海万国を照らして、この光が口より出ずるの徳をもって人を導き、人は善くその導きに［任せる］。誰が気づいていようか、人々にはみな導きの光があることを。低頭してその光で我が身を反照すれば日々の陽の紅のようである。私が〔善導の〕法像を写そうとすると、少康に遇うことができた。少康が善導大師に大いに献上の辞を陳べると願った通り〔善導大師は〕空に昇った。空は覚中を生ずるが、それは慈悲力に他ならない。これは般舟行道であって、西方に通達する三昧であり、直ちに阿鞞抜致を証した類であることを述べている。

この賛を前の華開院の賛と比較すると前半はほぼ同文であるが、後半は華開院所蔵本が少康への善導の垂示を少康伝を踏まえて、獨湛への垂示とするのに対し、眞宗院所蔵本は少康の大陳薦献に対する善導の応現が、慈悲力によるものであり、それが、般舟行道であり、通西三昧であり、阿鞞抜致であることを記している。

次に斎藤貞一郎氏所蔵の「善導大師像」には次のようにある（第二章第三節の図7）。

倣宋朝繡像善導大師

大師念佛口出㆓光明㆒、化佛累々如㆓貫珠㆒、當時在㆑會數萬人見者稱入㆓心髓㆒、亦有㆓數千人㆒、不㆑見㆓業重㆒、可㆑知至㆑今歷㆓一千二十餘年㆒、人猶嚮慕不㆑已、繪像刺繡遍㆓滿支那㆒、非㆓阿彌化身師㆒以到㆑此、今此繡像乃宋朝善女人所㆑繡也、後㆓大師㆒五百餘年、今現㆓存于當麻寺㆒、瑩㆑曾參㆓禮當麻㆒、隨㆓喜諸法寶㆒、以㆑筆模㆓此繡像㆒、隨身供事、今因㆘梅谷法姪同志淨土普化衆生㆖、乃再模㆓此幅㆒相贈也。

支那獨湛拜識

つまり「宋朝の善導大師の刺繡像を作る」と題して、善導大師が念仏する時には口から光明が放たれ、その光明から糸に貫かれた珠のように化仏が次々と出ている。当時、会座でそれを見た数万の者には、善導の徳の光が等しく心髄に入った。また数千の人は業の重きことから解放された。だから善導の奇瑞から今日まで千二十数年の時が経過していても善導の徳を慕う者は絶えない。絵像や刺繡が中国全土に遍満するなかで阿弥陀仏の化身といわれる善導大師でなければ、その刺繡像が今日まで伝わり、到ることはなかったであろう。この刺繡像は宋朝の善女人の刺繡したものである。大師から五百数年後にそれが作られた。今は當麻寺に所蔵されている。曽て私は當麻寺に参礼してさまざまな法宝に随喜した。なかでも筆を執ってこの刺繡像を模写し、それに随身し、供養した。今、法姪である梅谷道用[10]（一六四〇～一七〇一）は善導と同じように浄土を志して、普く衆生を教化しているので再びこの幅を模して梅谷に贈った、としている。これによると、獨湛は當麻寺を訪れて善導大師刺繡像に出会い感激して模写した。當麻寺所蔵の刺繡善導大師像[11]には「唐善導和尚眞像　四明傳律比丘曇省　讃　善導念佛　佛従口出　信者皆見　知非幻術　是心是佛　人人具足　欲如善導　妙在純熟　心池水靜　佛月垂影　業風起波　生佛殊迴　紹興辛巳二月一日[12]」と四明曇省の讃が付されている。獨湛はこの曇省の讃を参考にして讃を書いたと思われる。『黄檗第四代獨湛和尚行略』によれば獨湛が當麻寺を訪れたのは元禄十年（一六九七）であるから七十歳[13]頃に絵を模写したものと考えられる。

最後に法然と善導の二祖対面の図（第二章第三節、図12）は、獨湛が忍澂に贈ったものである。この二祖対面の図には忍澂[14]が識語を付して宝永五年（一七〇八）に版におこしている。この図には次のような賛がある。

此尊是何誰阿彌陀化身也。巡行震旦御花輪口吐光明。昭海國用何心法。只念彌陀耶。眞金翅擘海眞取レ龍呑棲息于七金輪圍。一須彌至須彌停枝。雀兒信レ之乎。豈レ知ニ數百年後日本有レ人。繼起先宗掃蕩解標掲ニ一乘一燃ニ大法燈一照ニ明末季一作ニ善導大師。隔レ世知己一。此又是誰。法然上人圓光大師者也。

後學性瑩拜題[15]

つまり、この尊者はどなたかといえば、阿弥陀仏の化身であられるのだ。中国を巡行し、法の花輪を御して（巧みに用いて）、口よりは光明を放たれる。東海の国を照らすのに、どのような心法をもってするのかといえば、ただ阿弥陀仏を念ずることだけなのだ。まこと金翅擘は海を割き開き、まこと龍を呑みこむ。七つ金輪際に棲み、一須弥山から一須弥山へ飛び至って大樹に停まる。雀児（小鳥）はそのようなことを信じようか。そのように、数百年後の日本に出世した人が先徳の崇旨を継承発起して聖道の法を廃し、浄土の法を立て、一乗をかかげ、大法灯を燭し、末世を照明し、善導大師の隔世の知己となることを誰がどうして知ろうか。この人が誰かといえば、法然上人円光大師というお方なのだ、と述べている。

ここにあげた獨湛による善導大師像に添えられた賛は、いずれも善導が念仏する際には口から光明が放たれたという奇瑞を取り上げ、また善導が阿弥陀仏の化身であるという伝承を踏まえている。その中でも注目されるのが、最初にあげた義山に送られたといわれる賛である。そこで法然が『選擇本願念佛集』第十六章において「偏依善導一師」の所以を「善導和尚ハ是レ三昧發得ノ之人ナリ也於テレ道ニ既ニ有リ二其ノ證一故ニ且ク用ユレ之ヲ」(16)と述べるように、獨湛も念仏三昧を体験することを通して得た、善導浄土教や法然浄土教への共感を語っているものと考えられる。獨湛が「念仏獨湛」と称される所以もこのようなところから出てくるのであろう。

註

（1）錦織亮介「黄檗僧獨湛　絵画作品目録（稿）」（『北九州市立大学文学部紀要』第七十四号）と『墨美』一一三号（一九六一年十二月）「黄檗墨蹟（中）」には福島県斎藤貞一郎氏所蔵とある。同じ絵画は、大賀一郎稿「黄檗四代念佛禪師獨湛和尚について」（『念佛と禪』法藏館）では青森県佐々木嘉太郎氏所蔵となっている。

（2）京都法然院所蔵、忍澂は版におこしている。版図の一つは鳴虎報恩寺に所蔵されている。その裏に「二祖對面像柳谷　印施」とある。

二祖対面像（京都・法然院、報恩寺蔵）

（3）珂然（一六六九～一七四五）は『洛東華頂義山和尚行業記幷要解』三十三丁左（佛教大学所蔵）。

（4）『洛東華頂義山和尚行業記幷要解』三十三丁左「華褒美稱軸謂巻軸乃經巻也」。

（5）善導十徳の第三「光従口出徳」（『古本漢語灯録』巻九、二十九頁～三十頁『佛教古典叢書』所収）。

（6）『盧山蓮宗寶鑑』巻四「睦州少康法師」には「倏見善導現於空中。謂康曰。汝依吾教利樂有情。則汝之功當生安養」とある（『大正蔵』第四十七巻、三二四頁a）。

（7）少康伝に見られる善導からの垂示は、『宋高僧傳』巻第二十五（『大正蔵』第五十巻、八六七頁b）、『浄土往生伝』（『大正蔵』第五十一巻、一二三頁b）、『龍舒浄土文』巻第五（『大正蔵』第四十七巻、二六七頁b）などに見られる。これは法然『淨土五祖傳』にも集録されている（『浄全』第十九巻、四二九頁上～四三一頁下）。

（8）『盧山蓮宗寶鑑』巻四「京師善導和尚」（『大正蔵』第四十七巻、三二二頁c）。

（9）『續日本高僧傳』巻九（『大日本佛教全書』第六十四巻史伝部三、七十三頁）。

（10）黄檗宗の僧。長崎に出生。曹洞宗永昌寺において出家。来日した隠元を示寂まで随侍した。隠元による黄檗第一開戒で受戒した。木菴の第四次黄檗三壇大戒では引請阿闍梨を務めた。獨湛の第六開戒では尊証阿闍梨を務めた。高泉の第八開戒でも尊証阿闍梨を務めた。奈良の法光寺、王龍寺の開山である。

（11）刺繡善導大師像は當麻寺の塔頭の一つ念佛院所蔵のもので、現在奈良国立博物館に保管されている。この刺繡善導大師像について義山の『圓光大師行狀畫圖翼贊』巻五十に「念佛院」の項目に「有二善導堂一大師西京寺ニシテ金剛法師ト念佛の勝劣ヲ校量シヲウツシ作レル影像也又像中ニ長八寸ノ坐像ノ彌陀二尺一寸ノ繡ノ大師ノ像ヲ納タリ繡像ニハ四明ノ曇省律師ノ贊アリ」とある（『浄全』十六巻、七五〇頁）。

刺繡善導大師像（奈良・當麻寺念佛院蔵、奈良国立博物館『當麻寺展』図録より転載）。

（12）曇省の讃を法然は逆修五七日にあげている（『法然上人全集』二六五頁）。

（13）『墨美』一一三号（一九六一年十二月）「黄檗墨蹟（中）」参照。大賀註（1）前掲論文には「元禄十一、二年頃で、獨湛七十二、三歳の作であろう」と指摘している。

（14）忍澂の識語は「昔謁黄檗獨湛老和尚得賜其所自畫自贊兩祖感授之像祕之尚矣今擇善書巧嚔（罰）者各寫作小幅刻便弘通而書也畫也雖惜大損其本色敢保不孤這老徹骨之婆心也其正本鎭爲寺寶云戊子春日獅子谷白蓮信阿謹識」である。嗚虎報恩寺所蔵の原画による。

（15）松永知海稿「黄檗四代獨湛和尚攷――當麻曼荼羅をめぐる浄土宗僧侶との関連において――」（坪井俊映博士頌寿記念『佛教文化論攷』）

（16）『選擇本願念佛集』土川本、一二七頁。

第三節　獨湛と浄土宗の諸師

獨湛の伝記『黄檗第四代獨湛和尚行略』には獨湛と浄土宗諸師[1]との交流が記されている。この節では忍澂や義山の行業記を中心にして浄土宗側から見た獨湛を探り、加えて獨湛より浄土宗諸師への影響も見ることにする。

獨湛の弟子悦峰[2]（一六五五～一七三四）は享保十二年（一七二七）に珂然（一六六九～一七四五）編の『獅谷白蓮社忍澂和尚行業記[3]』に序を寄せているが、その中には次のような記述がある。

師曾親近吾獅林老人問候不斷時々來訪玄譚疊々竟日有時以西方變相被贈老人老人寄之崎陽東明予因令彼地諸人瞻禮皆生難遭之想發正信多矣。[4]

つまり、忍澂（一六四五～一七一一）は獅林の獨湛と親しい道友であった。しばしば忍澂は獨湛を訪問し、終日語り合っていた。ある日忍澂は獨湛に西方の変相図を贈り、獨湛はその変相図を長崎の東名山興福寺に寄進した。悦峰は興福寺の諸人に瞻礼させたが、人々は皆遭い難い浄土変相図であるとの想いを生じ、正信を起こした者が多くいたというのである。

この『獅谷白蓮社忍澂和尚行業記』（以下『忍澂行業記』）と珂然編の『洛東華頂義山和尚行業記幷要解』(5)（以下『義山行業記』）では獨湛との交流を詳細に伝えているが、『忍澂行業記』では、元禄十三年（一七〇〇）忍澂五十六歳、獨湛七十三歳の時のことを次のように記している。

本邦黄檗山第四世獨湛禪師乃普照國師隱元老和尚嫡子。嘗從國師不憚鯨波之險附海舶東遊本邦禪師佩西來直指心印而以淨土爲歸宿之地唱佛號誦彌陀經日爲常課爲人度生亦唯以念佛三昧心無他務禪師平居。勸化四衆無說餘事唯念佛耳。(6)

つまり、日本黄檗山第四世獨湛は隠元に随って共に波濤を越え来日。菩提達磨が西方から伝えた禅の真髄を体得していたが、西方極楽浄土を以て帰趣するところとしていた。獨湛は仏号を唱え、阿弥陀経を誦することを日課とし、人々を教化するのにも念仏三昧を以て、専らそれを綷（こと）としていた。四衆を教化するのにも、念仏以外の教えは説かなかった、と述べている。

次に『義山行業記』には次のように記している。

禪師禪而念佛可謂永明所謂如虎戴角之禪矣且禪師平居勸化四衆不說餘事唯以念佛宜禪師隨喜師講說良有以也(7)

つまり、獨湛は禅僧でありながら念仏を修していた。それは法眼宗の永明延寿（九〇四～九七五）が禅と念仏を修し、さらなる威力を身につけていたようなものである。平生、獨湛は四衆を教化するのに念仏以外の教化をすることはなかった。獨湛の講説を聞く者が随喜したというのはもっともなことである、と述べている。

冒頭の書き出しは、獨湛のように禅僧が念仏を修してさらに念仏の教化をすることは、当時の日本仏教教団から見ると珍しいことであったことがうかがえる。

また同じく『義山行業記』には獨湛と善導の教義との出会いについても次のようにある。

又一年嘗講二觀經四帖疏及行儀分一黄檗獨湛禪師大隨二喜之一（中略）又本山知恩秀道大和尚主レ寺之日師之道友無盡居士摸二畫彩三飾當麻元圖高丈餘大曼陀羅一一鋪一以藏二本山一禪師復隨二喜之一登レ山拜一瞻大加二欽讃一歸路訪二華頂草菴一面二謁師一曰我於二支那一聞レ開二講　餘經及禪律法門一未レ聞レ講二演　導師觀經疏一實是本邦彌陀本願有緣之地　佛法東漸之現驗　者　也其褒賞之語合坐聞レ之爲二師光榮一清話移レ時盡二懽心一別禪師歸山之後不レ任二敬服追慕之至一自畫二師像一手書二像贊一復寄二贈師一其贊辭曰一句阿彌一粒珠會只阿彌是眞珠　念得　眞珠滿身轉百歲幾粒佐二盤纒一(8)

つまり師、即ち義山がかつて善導の『觀經疏』と「行儀分」の講義をした時、獨湛はそれを聞いて随喜した。白誉秀道(9)（一六三一～一七〇七）が知恩院の四十二世であった頃、義山の道友である無塵居士が(10)（『観経疏』に基づく）當麻曼陀羅を模写し、彩色を施して知恩院に寄進した時、獨湛は知恩院にのぼり、その曼陀羅を見て敬いたたえた。獨湛は知恩院の帰りに華頂山(11)で義山に会い、獨湛は「中国でさまざまな経典や禅律の法門について聴聞したが、善導の『觀經疏』については聞いたことがない」と義山に語り、さらに「実に日本は阿弥陀仏の本願の有縁の地であり、仏法が日本に到り着いた証である」と褒賞の言葉を述べたので義山は光栄に思った。世俗を離れた仏法の話で一時を過ごし、獨湛は獅子林に帰ったが、敬服追慕の思いにたえず、義山の肖像を描き自ら賛を添えて義山に贈った。その賛は「念仏の声の一句と数珠粒の珠が会合する。それを阿弥陀仏の真珠（宝珠）であると念ずることができる。その真珠が（念仏を通して）全身に満ちわたる。そうして一〇〇年にもなればどれほどかの珠の数となって、それが浄土への旅の糧として佐けてくれるであろう」というものである。ここでは義山と獨湛が念仏信仰と教化において厚い互敬の関係にあったことが語られている。

獨湛の念仏観の一面について『義山行業記』では次のように述べている。

衆等無始至於今輪廻六趣如塵點今生慶幸得人身凡夫宿障猶深重年積月累不自知罪聳如山過海今辰〔時也〕滌慮洗心身扣投慈尊求懺悔願佛不違本誓願常寂光中哀攝受令我往昔至今生業果凋零罪花殞曠大劫來生死因今日和根盡拔斷〔言禪師懺悔依佛願力令非止凋零歿除罪事業障花果曠大劫來生死因和其根柢皆悉拔斷[12]也〕

つまり、衆生が今日に至るまで六趣を輪廻してきたことは計り知れない。今生の慶幸は人間として生まれたことであるが、それでも凡夫の宿障は深重である。日々に積み重ねる罪が山より高く海より深いものであることを知らない。今思いを洗浄し、心身も洗って、慈悲の阿弥陀仏に心をかけ帰投して求めるに懺悔して、願わくは仏がその本誓願の如く、常寂光の真如の光の中に慈哀を以て摂取してください。それによって昔から今に至るまでの業の果報が枯れ落ち、罪過も失われ、遠い過去より今までの生死の原因が今日、その根元と共に尽く引き抜かれ断たれますようにしてください、というものである。つまり懺悔念仏によって全ての罪が断抜されるようにというのである。
この懺悔滅罪の思想は獨湛が善導流を拠り処としたものと考えられる。

また『義山行業記』には獨湛の念仏のもう一つの利益として次のような記述がある。

> 予（禪師）六七歳時育于外王妣曾孺人寢席見王妣毎夜高聲誦此偈復高聲念佛予問之此何爲乎妣曰我今勤勤念佛死日無病生于淨土也年六十七果然無病別家人坐逝人皆歎異云如婦之言無病分明善終世不多見也予方知念佛人必定作佛自亦毎日念佛今將七十餘年矣(13)

つまり、獨湛は六、七歳の時に母方の祖母に育てられた。寝床でその祖母が毎夜高声に「一句阿彌一粒珠會只阿彌是眞珠　念得眞珠満身轉百歳幾粒佐盤纏(14)」の偈文を誦して念仏を称えているのを見た。獨湛は祖母に何のために念仏をし、偈文を誦するのかと理由を問うと、祖母は、「私は念仏を常行として勤めているため死ぬ時には病に苦しむことなく浄土に往生するだろう」と答えた。実際に六十七歳で、病にかかることなく、家族と別れて座ったまま寂したため、人々は「祖母は病にかかることなく明らかに善き臨終を迎えた。このような人はあまり見ることがない」と感嘆した。獨湛はそれによって念仏の人が必ず成仏することを明らかに知って、自らも毎日念仏して七十歳になろうとしているというのである。ここには獨湛と念仏との出会いが、知情意の発達が著しい児童期にあったということ、その出会いをさらに持続相続させたものが祖母の念仏する姿であったことが伝えられている。

以上の記述から獨湛の晩年の念仏教化が忍澂と義山との交流などから生まれたものであるということが知られるのである。つまり善導流浄土教の影響を受けた念仏懺悔による滅罪思想、さらに幼少時における祖母の念仏信仰の中に念仏による無病長寿観のあったこと、念仏による成仏が説かれている。このように忍澂・義山両師の伝記から日本における善導浄土教の受容土着に獨湛が感嘆の念を懐いていたことが知られるのである。

『忍澂行業記』には次のようにある。

（元禄）十四年師年五十七（中略）爰袁了凡先生陰隲録雲棲大師自知録歴陳因果輪回之説（中略）〔獨湛禪師隨喜卽製序引有今忍澂上人合二録刊行于世上人樂善盛心雲棲于寂光中必也點首之語也〕[15]

つまり忍澂は元禄十四年に庶民道徳、善悪に関する書物である袁了凡（明代の居士、生歿不詳）の『陰隲録』と雲棲袾宏（一五三五～一六一五）の『自知録』を合冊して刊行した。それに獨湛が序を寄せ[16]、忍澂は跋を寄せている[17]。この合冊の刊行によって『陰隲録』と『自知録』は一般に流布されたと伝えられている[18]。

浄土宗諸師への獨湛の影響をあげると、まず法然院第六世宝洲（～一七三八）は東北地方に活躍した貞傳（～一七三一）の伝記、『貞傳上人東域念佛利益傳』[19]を編纂したが、その巻下の「貞傳和尚病中臨末乃事」には次のように述べられている。

蓮池大師の勸修作福念佛圖說に依って百萬聲の念佛に塡て追薦せんはいよいよ佳し。此の圖說は曾て黄檗獨湛禪師、先師忍證上人に託して、當山より弘通する所、幾千萬という事を知らず。其本說は雲栖の山房雜錄に載る所の按髏の圖說と作福念佛の圖說とを合せる者なり[20]。

つまり宝洲は獨湛の『作福念佛圖説』が雲棲袾宏の『山房雜錄』[21]巻二に記載されている「骷髏図説」[22]と「勧修作福念佛図説」[23]によって作り上げたものであると見ている。『作福念佛圖説』は「〇」を塡めることを通して百万遍の念仏を勧めるための図説であり、獨湛が忍澂に託したと述べている。

また廓蓮社然誉雲洞（一六九三〜一七四二）の弟子雲嶺桂鳳は『蓮會百萬念佛圖説述贊』[24]二巻を著している。この書はその冒頭に雲洞の『丈六彌陀蓮會講百萬念佛圖説』を挙げ、その後に桂鳳が雲洞の『丈六彌陀蓮會講百萬念佛圖説』を文節に分けて賛を付すという構成になっているが、そこに雲洞の図説と獨湛の図説について次のように述べられている。[25]

> 元祿辛巳秋。倣蓮華會序。且設圖説。欲廣施于世也。雖然恐人之不信。而無藏而出之矣。寶永乙酉春。偶見黃檗獨湛禪師所印施之作福念佛圖。與愚願恰如合符節。因鏤梓以募化。所冀社友信之也。[26]

つまり雲洞は元禄十四年（一七〇一）の秋に、『丈六彌陀蓮會講百萬念佛圖説』を作ったが人々が、それを信受しないことを恐れ世に出さなかった。しかし宝永二年（一七〇五）の春、たまたま獨湛が印施した『作福念佛圖説』を見て愚願をおこして、念仏教化の主旨に沿うようなものを作り、人々に印施し教化したという。心底願うところは同行の者がそれを信受してくれることである、というのである。

これらによると、貞傳や雲洞の念仏教化にも獨湛の『作福念佛圖説』の影響が見られ、獨湛の図説をきっかけとして他の念仏図説が著され、念仏教化の資糧とされていったことがわかる。

また珂然（一六六九～一七四五）編纂の『新聞顯驗往生傳』中の「法雲信尼」の記述には「得獨湛和尚所流通念佛圖說期一百日修百萬遍念佛」(27)とあり、獨湛の図説が百万遍念仏信仰と結びついていったこともわかる。

また江戸中期、厭求・無能・関通などとともに活躍した布教家として知られる盤察の『一枚起請文拾遺鈔』(28)には、獨湛について次のように述べられている。

有人深皈獨湛禪師。垂師示寂之期圖畫師像望贊。師卽應需採毫於像上書之。其語云念佛法門如圓光大師可修蓋意在于茲歟彼上足悅峯云師住此日本已五十年矣師因閱佛經有末法之中億々人修行罕有一人得道者唯依念佛得度云嗚呼今正是其時矣捨此不可思議法門其何能淑師幼日知念佛雖主持禪門行在念佛開化衆生修淨土詩一巻云出於皇明百孝傳跋語他宗和尚尔況自宗輩存別義乎(29)

『一枚起請文』の「只一向」に対する註釈であるが、つまり、ある人が獨湛に帰依して、獨湛の示寂の時に獨湛の肖像画を描き獨湛に賛を求めると、獨湛はそれに応じて「念仏の法門は円光大師の如く修するべし」と書いたことを伝えている。さらに悦峰の『皇明百孝傳』跋語(30)から、「獨湛が来日して五十年、師は念仏が末法の世の人々が得道しうる唯一の不可思議の法門であること、また幼少より念仏に親近していたので禅門の人ではあったけれども行は念仏にあり、人々を教化していた」という箇所を引用している。そして、他宗の和尚ですらそうであるのだから、まして浄土宗の者は今の時代の人々に念仏を勧めることに意義はないはずであると述べている。

また近世の史伝学者、宗学者、布教家として知られる隆円（～一八四三）の『專念法語』(31)巻中では「唯心己心」

の項に、「獨湛禪師のいはく、往生極樂の念佛ハ圓光大師のごとくまうすべしと」[32]とある。ここでも盤察の伝承と同じく、獨湛が往生極楽の念仏を法然の教えに沿って教導していたことが知られる。

また江戸中期の捨世派の徳僧関通（一六九六～一七七〇）も『隨聞往生記』巻中[33]に獨湛の往生伝を載せている。関通はまた證賢（一二六三～一三四五）の『歸命本願鈔』に対する註釈書『歸命本願鈔諺註加俚語』を残している。

證賢の『三部仮名鈔』に『諺註』という註釈書を書いた湛澄（一六五一～一七一二）は『歸命本願鈔』の「ましてて後の身を。いかゞとおもはん人は。わすれても。となへつべくこそ待れ。さればこの機と心と行とにてぞ。我らが生死をいでん事は。むげにたやすくなり侍りぬる」の文に対し、「後の身とは後生の事なり。何となき口ずさびまでちきりける佛の御名は南無阿彌陀仏。是までに淨土門機教相應のことをいふなり。むげとは最下の義なり、是よりやすき事はなきなり」[34]と註解している。この最下の凡夫でも生死を出ずることが叶う機教相応の浄土門に関して、関通は『歸命本願鈔諺註加俚語』で次のように述べている。

爾レバ、上來末世ノ時ニモ依ズ、善惡ノ人ニモ依ズ、罪惡ノ輕重ニモ依ズ、念佛ノ多少ニモ依ズ、機根ノ上下ニモ依ズ、只本願ヲ信スルト、極樂ヲ欣フトニアリ。所詮ツミノ輕重、念ノ多少ヲ云ハズ、助給ヘト思ヒテ、南無阿彌陀佛ト申セハ、往生決定ナリ。コ、ヲ以テ三國ノ大德、諸宗ノ先達、皆コトコトク大師ノ敎勸、行化ヲシタイ學テ願生セリ。イハク陰元、木庵、卽非、獨湛、西家ニハ花林道龍、月峰（中略）此等ノ大德先賢、皆是大師ノ行化ヲ信シテ、念佛シテ極樂に往生シ給ヘリ。（中略）故ニ今コノ機ト心ト行トニテゾ、我ラガ生死ヲ出ンコトハ、無下ニタヤスクナリ侍リヌルトイヘリ。[35]

つまり、罪の軽重や念仏の数を問うことなく、ただ本願を信ずる念仏によって往生が決定されるというのが法然の教えである。隠元、木菴、即非、獨湛そして西山の道龍等はみな法然が行化した称名念仏を修して極楽に往生したと述べて、機教相応の浄土門によって生死を出ずることを勧めている。

獨湛の遷化に際して諸師が獨湛に香語を寄せ、それを集めたものが『輓偈稱讃淨土詠』であるが、宝永三年には井上玄桐が序を寄せている。その序には次のように述べている。

師卽（チ）題（ソ）曰念佛法門如圓光大師可修今果（シテ）遷（ソ）化（テ）以（ス）成二鶴鼠（ノ）之靈異一（ナルヿヲ）矣僕聞（テ）二道人（ノ）語一（ヲ）益（く）信（ス）下(36)

つまり、師の獨湛は念仏の法門は法然の教えによって修すべし。今果して遷化して鶴鼠の霊異なることを成ずる。今その話を聞いてますます信仰を深めた、と述べている。

以上のように獨湛は浄土宗諸師と関わりをもちながら念仏教化活動をしていたが、それは獨湛晩年のことであり、その念仏法門は善導法然の教えにそったものであることが知られる。日本において獨湛を一層念仏信仰に導いたものは浄土宗諸師との交流、當麻曼荼羅との出会い、善導の五部九巻の聴講などであり、加えて獨湛の高齢、法兄との死別の中で「念佛の法門は圓光大師の如く」という生涯が固まっていったものと考えられる。

註

（1）諸師は本論の第一章第五節にあげている。

（2）悦峰道章（一六五五～一七三四）。先名は法賢。銭塘（浙江省）の人。十歳にして出家し、華厳学を、のち禅を学ぶ。貞享三年（一六八六）長崎に渡来し、興福寺に住す。元禄七年（一六九四）獨湛性瑩の法を嗣ぐ。二十二年間、興福寺に住して諸堂を再建、中興となる。宝永四年（一七〇七）五月黄檗山八代の住持となる。享保十九年五月九日示寂。世寿八十。悦峰は珂然や祐天や法然の円光諡号を申請した了也大僧正との交流があった。

（3）『獅谷白蓮社忍澂和尚行業記』（佛教大学所蔵・西谷寺文庫、『浄全』十八巻、五十二頁）。

（4）『獅谷白蓮社忍澂和尚行業記』巻上、序。

（5）『洛東華頂義山和尚行業記幷要解』（佛教大学所蔵、『浄全』十八巻、一〇七頁）。

（6）『獅谷白蓮社忍澂和尚行業記』巻下、十四丁左。

（7）『洛東華頂義山和尚行業記幷要解』三十一丁右。

（8）『洛東華頂義山和尚行業記幷要解』三十丁右〜三十四丁左（佛教大学所蔵）。

（9）秀道、元禄七年（一六九四）正月に知恩院住職に台命され、宝永四年（一七〇七）寂。

（10）無塵居士と曼陀羅について義山は『當麻曼陀羅述奬記』巻第一、一丁、の序に次のように述べている。「無塵居士予舊識 也今年春正月居士爲先考遠忌之追福買縮本曼陀羅一鋪彩飾之居士別墅在巖倉山方起筆際其庭際古石自裂出九色彩土居士未知之適 登遊覩之引畫工視 之工驚歎輙磨爲粉乃無上彩具 而光耀潤澤 非人間物也居士初得彩土之夜夢登山拜祠有人告曰熊野權現 覺後聞之巖倉山卽權現所 鎭 也因知所得彩土卽是權現所 賜也塡彩事畢納之別墅追遠之志遂矣其粉之餘者緘而閣之其後居士又欲彩飾曼陀羅一鋪藏本山知恩院白譽大和尚聞而嘉之聖圖始現於帋者珍藏在空也院斯乃性愚之所置也大和尚特命出之以爲其寫本而寫一丈五尺大曼陀羅寫了又命居士令詣當麻質諸聖圖於是居士歷拜舊新正三圖孝照研覈無不 罄精微成而藏諸本庫眞叔世之偉寳 也山野拜 其圓與世間所傳者異同不少 蓋當麻聖圖九百餘年 而大半難見寫者皆以胸臆凝之是故多舛誤今此新圖於補新之後研精寫之描取其全眞所以興世所傳不同也茲從新圖作之註說虔踏襲古轍不敢任愚懷因題 以述奬梓以行之庶使人 據其正而辨其誤云爾元祿十五壬午七月佛歡喜日洛東華頂沙門義山叙」（佛教大学所蔵）

（11）義山は知恩院の麓の入信院の住持であった。

(12)『洛東華頂義山和尚行業記幷要解』三十一丁左。

(13)『洛東華頂義山和尚行業記幷要解』三十五丁右。

(14)『洛東華頂義山和尚行業記幷要解』三十四丁右～三十五左。

(15)『獅谷白蓮社忍澂和尚行業記』巻下十五丁左。

(16)忍澂が『陰隲録』と『自知録』の合冊の刊行に寄せた序は次のようなものである。

袁了凡先生陰隲録序

天有所受之命運召一定之數世人膠滞於命數罔知有一心通變之理間或知之而弗事力行是理終味々也了凡袁先生立省身之學建造命之基乃能逆轉玄樞推移造化售其諸願不遭力行衆善通乎一心之變者矣明之延臣有善悪報應多爽之奏太祖云爲善或無福然理無不可爲之善爲悪或免禍然理無可爲三悪大哉王言能以理折善悪之情不循于區々報應之跡以味理也學生但患不能行善不患無應鼓桴形彰或應不差大善無相全徳不形豈但享于喜福將有造于聖賢道徳之域在寫今忍澂上人含自知録刋行于世上人樂善盛心雲棲于寂光中必也點首

黄檗梧山積雲禪寺獨湛瑩題

于

黄檗獅子林

(17)忍澂の跋は次のものである。

合刻陰隲録自知録跋

餘囊未見太微仙君功過格又未聞有震旦僧儒盛行功過格者故雖嘗見雲棲自知録而非不信焉而未及行焉後偶讀獨庵善哉寶訓載積徳立命學始知自知録之不可不行因自思立命一篇蓋袁氏已驗之靈訓而亦能令人信受自知録之寶春也可不合刻共行于世哉然而不知此篇出自何書求之不得一日過獅子林問湛老和尚忻然語餘曰立命之學具出於袁氏陰隲録也袁氏豁開儒釋一貫之眼目而深達天地鬼神之際特録自驗者乃告之子以傳於天下後世者也蓋不施教化而能令蒼生兢兢改悪行善者莫

切於此是以支那僧儒競刻陰隲自知錄布之家家故三尺孟子亦能知之嘗聞日本未有此舉豈不闕典繇是昔作之序而欲刊布而未果焉出之與余看先見龍華道人篇合刻引即符鄙懷細讀全篇喜不自勝益信人間不可無此錄矣遂強病點之捨資刊行於戲以此從家傳家從國傳國而俾天下人戰兢揚厲造於止惡修善之域則匪止行此者變禍成福轉夭得壽亦豈容不以此日固導乎政道之小補且嚴乎來報之助業也哉

元祿辛巳二月十八日　　獅子谷沙門忍澂書

(18) 高雄義堅稿「明代に大成されたる功過思想」（『龍谷大学論叢』第二四四号）。
(19) 『貞傳上人東域念佛利益傳』（佛教大学図書館所蔵）。
(20) 『貞傳上人東域念佛利益傳』下二十二丁。
(21) 『山房雜錄』二巻となり、『蓮池大師全集』第四集に収めている（和裕出版社〈台湾〉）。
(22) 『蓮池大師全集』第四集、四三二一八頁。
(23) 『蓮池大師全集』第四集、四三三一頁。
(24) 『蓮會百萬念佛圖說述贊』刊本、享保十九年（佛教大学図書館所蔵）。
(25) 長谷川匡俊著『近世念仏者集団の行動と思想：浄土宗の場合』、藤堂俊英稿「宋・日の蓮華勝会」（『香川孝雄博士古稀記念論集　佛教学浄土学研究』所収）。
(26) 『蓮會百萬念佛圖說述贊』巻上、二丁左。
(27) 笠原一男編『近世往生伝集成』一、五十六頁。
(28) 『一枚起請文拾遺鈔』刊本、正徳元年書林錦堀川町、土川宇平蔵版（佛教大学図書館所蔵）。
(29) 『一枚起請文拾遺鈔』末四十丁左。
(30) この跋語に関して盤察輯録の『浄土依憑集』（二十六丁、称名庵所蔵）には「諸師願生文」の項目があり、そこに中国諸師六十一人の略伝や著作をあげているが、その最後には中国人で日本で活躍した獨湛をあげて次のように述べている。「獨湛禪師　百孝篇跋自餘有憑（加重）一枚起請文拾遺（明之）」つまり悦峰の『皇明百孝傳』の跋語を盤察が『一枚起請文拾遺鈔』に引用していることがここに示されている。

（31）『専念法語』刊本、天保五年（佛教大学図書館所蔵）。長谷川匡俊著『近世浄土宗の信仰と教化』第三章、第二節、専念寺隆円と往生伝の編纂を参照。

（32）『専念法語』中之巻、三十六丁右。長谷川匡俊編著『専念法語』四十七頁。

（33）『随聞往生記』刊本、天明五年（佛教大学図書館所蔵）。

（34）『雲介子関通全集』貳巻、一五三頁。

（35）『雲介子関通全集』貳巻、一五六頁～一五七頁。

（36）『輓偈稱讃淨土詠』二左～三右（大正大学附属図書館所蔵）〈『獨湛全集』第三巻、四四八頁～四四九頁〉。

第四節　獨湛と諸宗の諸師

前節では獨湛と浄土宗の諸師との交流を取り上げたが、ここでは獨湛と浄土宗以外の諸師との交流、また諸師による獨湛への言及を見ていきたい。

『黄檗第四代獨湛和尚行略』では、獨湛は西山派の誓願寺第六十一世純格超然（　～一七一七）と眞宗院の性憲慈空（一六四五～一七一九）と道交があったと述べられている。慈空の伝記『城州深草眞宗院沙門性憲傳』には「講㆓往生要集㆒。勸㆓化道俗㆒。黄檗獨湛。佛國高泉。方戀㆓蓮社㆒。來結㆓法盟㆒。」[1]とある。つまり、慈空性憲は源信の『往生要集』の講義をして僧や在家を教化していた。黄檗の獨湛や佛国寺の高泉（萬福寺第五世）はまさに蓮社にこころひかれ、慈空の所に来て法盟を結んだ、と述べている。ここでは獨湛だけではなく高泉も念仏の法門に心ひかれていた人としてあげられている。

また江戸中期の真言宗の学僧で浄土宗の璽書を受けた妙龍諦忍[2]（一七〇五～一七八六）の伝記『八事山諦忍和尚年譜』には次のように記されている。

元文元年丙辰江州石山寺觀音大士開龕四月三日首途（カドデシテ）先上石山禮㆓大悲像㆒宿㆓密藏院㆒從㆑其穿㆓石間寺㆒躋㆓醍醐

山過清水寺詣知恩院到獅子谷宿院主寶洲上人所撰淨業課誦附錄中以不空三藏所撰舍利禮文誤爲不空所譯者師因指示之上人大喜而改刻之出獨湛禪師所戴三尊寶冠見之有隨喜偈(3)

つまり、諦忍は元文元年（一七三六）に滋賀県の石山寺の観音菩薩像の開帳のために、四月三日に出発して、まず石山の観音菩薩像を礼して密蔵院に留まり、それから石間寺、醍醐山にのぼり、清水寺を経て、知恩院に詣で獅子谷に到って留まった。当時、法然院の住持であった宝洲(4)（～一七三八）が選集した『淨業課誦』の付録にある「舎利礼文」を「不空三蔵撰」としていることに対し、「不空訳」であると指摘し、宝洲はこれを正し改めて刊行した。そのとき宝洲は獨湛からもらった三尊宝冠の図を諦忍に見せたところ、諦忍は随喜して作偈した(5)、と伝えている。この伝記からすれば、諦忍は直接獨湛と会っていないが、獨湛のその他の行業を見聞し随喜したと考えられる。

また獨湛は法然院において浄土宗の宝洲とも出会っていたと推測できる。

次に臨済宗中興の祖と称された白隠慧鶴（一六八六～一七六九）の『遠羅天釜』の続集に「念佛ト公案ト優劣如何ノ問イニ答フル書」がある。その中で獨湛の念仏について次のように述べている。

元祿ノ頃ヲイ二人リノ淨業者アリ。一人リヲ圓恕ト云ヒ、一人リヲ圓愚ト云フ。二人志ザシヲ同フシテ專唱怠ル事ナシ。圓恕ハ山城ノ人也。唱念純一、果シテ一心不亂ノ境致ニ到ツテ、忽然トシテ三昧發得シ、往生ノ大事ヲ決定ス。此ニ於テ遠ノ初山ニ上ツテ獨湛老人ニ謁ス。湛問フ、你ヂハ是レ何レノ處ノ人ゾ。恕曰ク、山城。湛云ク、何レノ宗ヲカ業トス。恕曰ク、淨業。湛云ク、彌陀如來、年多少ゾ。恕曰ク、某甲ト同年。湛云ク、你ヂ年多少ゾ。恕曰ク、彌陀ト同年。湛云ク、卽今何レノ處ニカ在。恕卽チ左手ヲ握テ少ク揚グ。湛驚テ曰ク、你ハ是レ眞箇淨業ノ人也ト。圓愚モ亦久シカラズシテ三昧發得シ大事決定ス。元祿ノ初メ、豆州ノ赤澤ナル處ニ行者アリ、卽往ト云。彼レ亦タ稱名ノ力ラニ依テ大ヒニ得力アリ。予、向キニ此ノ兩三箇ノ傳ヲ記ス。逐一枚擧スルニ暇アラズ。是レ卽チ專唱稱名、得力ノ現證ナリ(6)。

つまり、元禄の頃に浄土の行を修する圓恕と圓愚がいた。圓恕は京都の人であり、称名念仏により三昧発得して往生の大事を決定していた。圓恕は初山宝林寺に獨湛を尋ねた。獨湛は圓恕と阿弥陀仏の年齢を公案とした。圓恕は阿弥陀仏の齢は自分と同じであると答えた。獨湛は阿弥陀仏はどこに在すかと問うと、圓恕は手を握り少し揚げて答えると獨湛は驚いて真の浄土門を実践する人であるといった。圓愚もまたしばらくして称名念仏によって三昧発得し往生を決定した。元禄の初めに豆州赤沢（静岡県伊東市の南部）にも称名念仏行者がいて即往という名であった。称名念仏の力によって自利利他二利の徳力を備えていた。私は先にこの三人の伝記を取り上げておいた。その他、逐一あげることはできないほどである。それらは専称名号によって体得した現証に他ならない。

この白隠の言及はすでに先学(7)が指摘しているように「唱念純一」つまり専修念仏者も口称三昧を通して禅者と同一の境涯に至り得ると認許をしていた事例であるといえる。

勢州の蓮生寺の知天真解（江戸中期の天台真盛宗の僧）は、病人や看護の心得また病いの用心について述べた『病堂策』を著している。その下巻にある「佛、病比丘を憐れみたまふ」の中で獨湛の『作福念佛圖說』を引用して次のように述べている。

作福念佛圖說ニ云ク看ニ療シ病人ヲ一。給ニ散セヨ藥餌ヲ一と上來の數事能クおもふべし(8)

ここは直前に道誠『釋氏要覧』巻下の「瞻病」に引用される『摩訶僧祇律』巻二十八の看病人法などを受けて、病人に対しては適切な薬と食を施すべきであることを述べている文脈で、『作福念佛圖說』の該当箇所を取り上げているのである。

以上、真言宗、臨済宗、天台宗の高僧で念仏に理解を示す人たちの著作の中に、いずれも獨湛への言及が見られることから、渡来の黄檗僧でしかも念仏教化を展開していたその姿勢への共感が日本の各宗派に及んでいたことを見てとることができる。

註

(1)『続日本高僧傳』巻九（『大日本佛教全書』第六十四巻史伝部三、七十三頁）。
(2)『八事山諦忍和尚年譜』では享保十三年（一七二八）に「六月受ク二浄土鎮西白旗流璽ヲ一書於常照和尚ニ一號ス二雲蓮社ト一」（川口高風著『諦忍律師研究』上巻、五十九頁）。
(3) 川口註（2）前掲書、六十五頁～六十六頁。
(4) 宝洲は法然院の忍澂に師事して、その著書に『東域念仏利益傳』等がある。
(5)「獅子林中虎角禪　夜來行道戴金仙　高風堪歎還堪慕　何日相與語寶蓮」（『諦忍和尚伝』、川口註（2）前掲書所収六十六頁）。
(6) 芳澤勝弘著『白隠禪師法語禪集』第九冊、四五六頁～四五七頁。
(7) 石上善應稿「佛教三学としての禅と念仏——天台止観と念仏」（『仏道のあゆみ　禅、念仏そしてダルマ』佛教大学ロサンゼルス校）。
(8)『病堂策』下巻十五右（筑波大学蔵書）。藤堂俊英稿「仏教看護の原型とその基本」（水谷幸正編『仏教とターミナル・ケア』法藏館、一九九六年）を参照。

結語

本書では黄檗山萬福寺第四世獨湛の教導感化とその行動の土台となっている思想を、浄土教を中心に論じた。第一章では臨済の流れを汲む獨湛の位置を仏教史の上に確認するため達磨から隠元までの血脈をあげ、師である隠元の略伝とその宗風、そして獨湛の伝記をあげた。第二章では、獨湛の著作を紹介した。第三章では、獨湛の著作から浄土教に言及するところを取り上げ、獨湛の浄土教を論じた。最後の第四章では、獨湛が江戸期の浄土宗侶と交流する中で、浄土宗の高祖善導、宗祖法然について言及しているので、獨湛の各祖師観を取り上げた。

獨湛は出家した後も先祖への念いを大事にした。伝記にあるように、獨湛は中国皇帝に仕えた家系、陳家の生まれである。獨湛は自分の出家によって後継者がなくなったことを重く受けとめ、生涯その供養を続けた。隠元の臨終を語る『黄檗開山隠元老和尚末後事實』には獨湛の孝行について次のように述べている。

聞初山獨湛瑩將來省候 復謂諸子曰此子有孝德兼謹言愼行爲法不倦無忝一方之主但恐老僧不及一面(1)矣

つまり隠元は臨終の時に獨湛が見舞いに訪れるというのを聞くと、諸師に対し獨湛には孝の徳があり、言葉を謹み、行動を慎む人であり、仏法のために疲倦することなく精進し、一処の主として恥じることのない人である。ただ恐れるのは獨湛に会えないことであると語っている。これによると、師の隠元は高弟の獨湛に対し強い信頼を寄せていたことがわかる。隠元の弟子には多く「性」の諱が付いているが、師の隠元が付与したものだとすれば、珠玉の光り輝きを意味する「瑩」を組み合わせた「性瑩」は獨湛の人柄を表しているともいえる。

黄檗宗の特徴が禅浄双修であることは、隠元の渡来の際に虚櫺了廓（妙心寺二一九世）が長崎から京都の禿翁妙宏（妙心寺一九六世）に送った手紙にも見られる。その中で了廓は隠元の宗風が雲棲袾宏を規範としていると伝えている。その袾宏は『阿彌陀經』の「一心不乱」の文について「今經言二一心不亂一。卽自性彌陀。惟心淨土。爲二一經大旨一也」[2]と経宗を受けとめ、隠元は「淨レ心修二極樂一潔レ己向二西方一」[3]と浄心を踏まえた浄土教を述べている。また萬福寺第二世木菴も「參禪念佛不レ離レ心忽悟レ自-心」[4]と自心の上の浄土教を語っている。獨湛も日本における教導感化の方途として指方立相の浄土教を窓口にしながら本性弥陀・己心浄土をその奥行として語り、参禅と念仏には優劣をつけることはできないとし、人それぞれに有縁の行を修することを勧めている。[5]

獨湛は萬福寺を退き獅子林に退隠してから諸所を訪問している。獨湛は六十五歳の時に當麻寺を訪れ、當麻曼陀羅を見て感動した体験が浄土教の教導感化に大きな影響を与えた。『忍澂行業記』には、忍澂の五十六歳の記事に獨湛を挙げている。それが獨湛と忍澂の出会いの年と思われる。つまり獨湛は七十三歳の頃に忍澂に出会い、法然浄土教に触れたと考えられる。『勸修作福念佛圖說』は獨湛七十七歳の時に印施され、江戸期の念仏教化に大きな影響を与えたのである。

獨湛は黄檗の諸師の例に漏れず広範囲のものを題材とした絵を描き残している。その中には浄土教関連のものも見られ、そこに付された讃文には双親や先祖への報恩の念が記されている。

獨湛の浄土教を整理すると、およそ次のようになる。禅であろうと、念仏であろうと、意根を清浄にして有縁の行に励むことが解脱への間口となる。さらに阿弥陀仏の慈悲は一切衆生に垂手して、名号を慈舟として苦海を渡す。それに導かれると自心に極楽の妙池の華が開く。また「指方立相」を窓口としながら「唯心浄土」の奥行へと導く唯心浄土・己心弥陀は雲棲袾宏の流れを汲んでいる。また他資を求めるのではなく、自資としての自心を念ずること、念仏にせよ参禅にせよ、相続する「長遠之心」をわきまえるべきことが説かれ、それらがつまるところ「育自性弥陀」と受けとめられている。また双親への孝を重んじながらも、仏の慈悲の父母を究竟の親と受けとめる報恩観をもっていた。そして速やかに三界火宅を離れる道が西方浄土への径路であることから授戒会においても念仏を勧めた。

獨湛は後世「念仏獨湛」と称されるが、それは口称三昧による得証の念仏者であり、それを踏まえて念仏教化活動を展開したからである。今回、獨湛の浄土教を管見するために収集した資料の中には個人蔵のものもあり、直接見ることができず先行研究を通して間接的にしか見ることのできなかった文献もある。また加えて『洛東華頂義山和尚行業記并要解』の編著者である珂然が獨湛の運筆に関して、「禪師手ノ-筆行-草ノ一-書字-形難ソレ辯シ義亦艱タ澁ス」[6]と述べているように、獨湛の筆跡、またその文体は難渋で解読には困難を極めた。そのような事情から現時点で直接閲覧できず解読に至らなかったものは註にまわし、今後の研究課題とすることにした。

註

(1)『黄檗開山隠元老和尚末後事實』四右(京都大学所蔵)。

（2）『阿彌陀經疏鈔』巻第二（『卍続蔵』第二十二巻、六二四頁）。
（3）大槻幹郎稿「獨湛と念仏禅」（『大法輪』一九七六年十一月号）。獨湛は「清浄則西方」という書を残している（『墨美』中、三六頁）。
（4）『木菴全集』第三巻、一一五二頁。
（5）善導の『觀無量壽經疏』第四巻散善義の廻向発願心釈では「然我之所レ愛 卽是我有緣之行 卽非二汝所レ求汝之所
レ愛 卽是汝有緣之行 亦非二我所レ求 是故各隨レ所レ樂而修二其行一者必疾得二解脱一」（『浄全』二巻、五九頁）、各々有緣の行によるべきと説かれている。法然『選擇集』第八章にも引用されている。
（6）『洛東華頂義山和尚行業記幷要解』三十四丁右（佛教大学所蔵）。

附録　資料編

凡例

・表1は『扶桑寄歸往生傳』の出典を整理するために作成したものである。

・「日極」は『日本往生極樂記』、「続本」は『續本朝往生傳』、「元亨」は『元亨釋書』の略である。

・（　）は巻数を表す。また空欄は、『扶桑寄歸往生傳』には記載がないことを表す。

・表2は京都萬福寺所蔵『獨湛和尚全錄』（三十巻）とそれを基にして刊行された獨湛の語録、つまり『梧山舊稿』四巻、『初山獨湛禪師語錄』一巻、『當麻寺化人織造藕絲西方聖境圖說』一巻、『獨湛禪師語錄』九巻の四本を校合したものである。

・表2を作成するに当たって『獨湛和尚全錄』の第四巻から第九巻までは欠本となっているが、その目次から、それが浜松市立中央図書館蔵の『獨湛禪師全錄』の第四巻から第九巻に相当するのでこの校合表にあげた。

・最後に『獨湛和尚全錄』の残りの第一四巻～第二一巻と第二八巻も欠本となっているが、他の四本の語録には現存する。但し、表2の『獨湛和尚全錄』の何巻に該当するか判明できないため表3に別出しておいた。

表1 『扶桑寄歸往生傳』巻上

	名	生地	賛	宗学派	時代	備考	出典
1	泰澄	越前	有		奈良		元亨(15)
2	善仲善算	摂州	有		奈良		元亨(15)
3	相應	近州	有	天台	平安	無動寺	元亨(10)
4	圓仁	野州	有	天台	平安	座主三世・慈覚	元亨(3)
5	成意		無	天台	平安	延暦寺定心院	元亨(9)
6	良忍	尾州	有	融通念仏宗	平安	開祖	元亨(11)
7	以圓		無	天台	平安	首綾楞厳院住僧	元亨(11)
8	教真		無	天台	平安	楞厳院の学徒	元亨(11)
9	源信	和州	有	天台	平安	恵信	元亨(4)
10	戒深		無	天台	平安	尾張　賢林寺	元亨(11)
11	圓珍	讃州	有	天台	平安	座主五世	元亨(3)
12	寂禪	左京	無	天台	平安		元亨(11)
13	證如	摂州	有		平安	勝尾寺　座主	元亨(9)
14	隆海	摂州	無	三論宗	平安	元興寺	元亨(3)
15	智光禮光	内州	有	三論宗	奈良	元興寺	元亨(2)

16	良源	近州	有	天台	平安	座主十八世	元亨（4）
17	千観		無	天台	平安	延暦寺阿闍梨	元亨（4）
18	維範	京兆	無	真言	平安	高野山検校十一世	元亨（11）
19	道寂		有		平安		元亨（14）
20	圓能	和州	有		平安		元亨（19）
21	濟源		無	三論宗	平安	薬師寺十五世	元亨（10）
22	増賀	平安城	無	天台	平安		元亨（10）
23	禪喜	洛城	有	天台	平安		元亨（4）
24	經源	洛京	有	法相	平安	興福寺	元亨（11）
25	暹覺	豊州	有		平安	崇敬寺	元亨（11）
26	明祐	賀州	無	華厳	平安	東大寺戒壇	元亨（13）
27	光勝		無	踊り念仏	平安	空也	元亨（14）
28	延昌	加州	無	天台	平安	座主十五世	元亨（9）
29	性空	平安	有	天台	平安		元亨（11）
30	實因		無	天台	平安		元亨（4）
31	大海	中国	無			香光室奉安弥陀聖像記	雲棲浄土彙語
32	仙命		無	天台	平安	無動寺で占	元亨（12）

33	信敬		無	天台	平安	楞厳院の飯室学徒	元亨（12）
34	源空	作州	有	浄土	平安		元亨（5）
35	覺勝	作州	有		飛鳥	阿弥陀院	元亨（11）
36	俊芿	肥後	有	戒律	鎌倉	泉涌寺開祖	元亨（13）
37	永観	平城	有	三論・浄土	平安	東大寺七十三世	元亨（5）
38	理滿	内州	有				元亨（11）
39	西行		有	歌僧	平安～鎌倉	撰集抄著	
40	大庭	相州	無		鎌倉	相州大庭野聖事	撰集抄　巻7第3
41	正直	美濃	無		平安		撰集抄　巻3第8
42	西住		無	真言	平安		撰集抄　巻6第5
43	聞僧都	鎌倉	無				
44	寛印		有	天台	平安	延暦寺楞厳院	元亨（5）
45	善謝	美濃	無	法相	奈良・平安		元亨（2）
46	平珍		無		平安	法広寺	日極（24）
47	増祐	播磨	無	天台	平安	如意寺	日極（25）
48	入圓		有	天台	平安	延暦寺東塔住僧	続本（18）
49	廣道		有			大日寺	日極（21）

50	豊嶋僧		有			箕面	日極（23）
51	成尋		有	天台		大雲寺	続本（21）
52	尋祐	河内	有	天台	平安	松尾山寺	日極（29）
53	瘻僧		有	天台		延暦寺東塔住僧	日極（12）
54	兼筭		無	浄土教	平安	梵釋寺	日極（12）
55	尋静		無	天台	平安	延暦寺楞厳院	日極（14）
56	春素		無	天台	平安	延暦寺定心院	日極（15）
57	明請		無	天台		延暦寺	日極（19）
58	真頼		有	真言	平安	石山寺	日極（20）
59	能圓		無	念佛僧	平安	太宰府観世音寺極楽寺	続本（22）
60	高明		無	天台	平安	太宰府大（本）山寺	続本（23）
61	増命		有	天台	平安	座主十世	日極（6）
62	桓舜		無	天台	平安	延暦寺碩学	続本（11）
63	仁賀	和州	無	天台	平安	興福寺英才	続本（13）
64	理光		無	天台	平安	無動寺	続本（17）
65	範久		有	天台	平安	延暦寺楞厳院	続本（20）
66	良範		有	天台	平安	延暦寺楞厳院	続本（19）

67	延慶		無	天台		阿闍梨	続本（27）
68	慈忍		無	天台		延暦寺楞厳院	続本（7）
69	覺運	洛陽	無	天台	平安	延暦寺	続本（8）
70	安修		無	天台	平安	太宰府安楽寺碩学	続本（24）
71	助慶		無	天台	平安	園城寺の碩学	続本（25）
72	覺尊		無	天台		延暦寺	続本（28）
73	賢救		有				続本（29）
74	覺超		有	天台	平安	源信の弟子	続本（17）
75	重怡	伯州	有	天台	平安	鞍馬寺	元亨（11）
76	延朗	但州	有	天台	平安～鎌倉		元亨（12）
77	行仙		有	念佛行者	鎌倉		元亨（11）
78	陽生	豆州	有	天台	平安	延暦寺座主（僧都）	元亨（10）
79	無忍	肥前	無				
80	聞徹	江州	無		寛文3	来迎寺	
81	貞信	洛城	無		寛文7		
82	林濟	駿州	無		正保		
83	旭譽	洛城	無		寛文12	西遠寺	

84	仰願	洛城	有		寛文11		
85	永福		無			瑞応寺	
86	永豊		有				
87	覺譽	紀州	無			永正寺	
88	織席人		無				

『扶桑寄歸往生傳』巻下

	名	生地	賛	没年	備考	出典	類
1	応神皇帝		有		16代天皇　在位270～310年	元亨（10）（20）	皇帝
2	貞観皇帝		無		56代清和天皇　在位859～877年	元亨（17）	
3	永延皇帝		無		66代一条天皇　在位987～989年	続本（1）	
4	延久皇帝		有		71代後三条天皇　在位1069～1074年	続本（2）	
5	嘉応皇帝（高倉）		有	建久3年3月13日	（77代後白河天皇在位1169～1171年）元亨		
6	皇太后歓子		有		後冷泉天皇の皇后	元亨（18）	皇后
7	安徳天皇母后		無	文治元年5月1日	建礼門院		
8	聖徳太子		有			日極（1）	皇子
9	性信太子		有			元亨（11）	
10	真譽太子		有	久寿2年3月9日		撰集抄　巻2第2	

11	和真綱尚書		無			元亨(17)	臣僚
12	藤良相僕射		有			元亨(17)	臣僚
13	次將藤義孝		有			元亨(17)	臣僚
14	高良臣進士		無			元亨(17)	臣僚
15	源顕基		有			元亨(17)	臣僚
16	将軍平維茂		無			元亨(17)	臣僚
17	別駕親源	越州	有		『元亨釈書』には「別駕射親元」	元亨(17)	臣僚
18	刺史源親元	房州	有			元亨(17)	臣僚
19	中散大夫橘守輔	京兆	有			元亨(17)	臣僚
20	三司源俊房		無			元亨(17)	臣僚
21	博士善為康	越中	有		『拾遺往生伝』著者	元亨(17)	臣僚
22	吏部侍郎藤敦光		有	天養元年10月28日		元亨(17)	臣僚
23	諫議太夫平実親		有	久安2年2月		元亨(17)	臣僚
24	著作郎慶保胤		有		『日本往生伝』著者	続本(31)	臣僚
25	右大臣頼宗		有		堀川右大臣	続本(3)	臣僚
26	刺史大江為基		有			続本(32)	臣僚
27	参河守大江定基		無			続本(33)	臣僚
28	刺史大江擧周		有			続本(34)	臣僚

29	少將源章任		無			続本（29）	臣僚
30	右佐真覚		有			日極（27）	臣僚
31	主薄定真		無				臣僚
32	散位小槻兼任		有			続本（37）	臣僚
33	奥州守義時	奥州	無	承久2年6月			臣僚
34	小松大臣重盛		有				臣僚
35	観釋聖太守		無				臣僚
36	黄門侍郎大江匡房		有		『本朝神仙伝』・『続本朝往生伝』著		臣僚
37	中将新尼		有	宝亀6年3月10日		元亨（28）（禅林寺）	尼僧
38	藤尼		無				尼僧
39	妙尼		無	正暦3年		元亨（18）	尼僧
40	妙法尼		有			元亨（18）	尼僧
41	頼俊少女尼	陸州	無			続本（39）	尼僧
42	妙縁	賀州	無			続本（41）	尼僧
43	安養尼		無		源信の妹	続本（40）	尼僧
44	伊勢尼	伊勢	無			撰集抄　巻7第15	尼僧
45	腰病尼		無			日極（36）	尼僧
46	寛忠女兄		無			日極（31）	尼僧

47	上平尼	伊勢	無			日極(32)	僧尼
48	大安	宇治	無				
49	清雲		有	寛文6年8月23日			
50	教譽		無	寛文中			
51	大賢		無				
52	熊谷二郎直実		無				士庶
53	大瀬三郎		有			撰集抄　巻5第2	
54	清信俊		無			元亨(17)	
55	播磨平野農民		無				
56	薬延	美州	無			元亨(17)	
57	尋寂	和州	無			元亨(17)	
58	乗蓮		無			元亨(17)	
59	秦武元		無			元亨(17)	
60	願西		無			元亨(17)	
61	源伝	摂州	無			元亨(17)	
62	野敦末		無			元亨(17)	
63	玄海	陸国	無			日極(26)	
64	源甛		無			日極(35)	

65	薬連	信国	有			日極（28）	士庶
66	由比浦漁父		有				士庶
67	道益	摂州	無				士庶
68	一樂	遠州	無	寛文元年10月15日			士庶
69	久四郎童子	洛城	有	寛文11年			士庶
70	子壽		無				士庶
71	槐庭	西国	無				士庶
72	宗源	遠州	無	寛文9年			士庶
73	法真	肥前	無	寛文8年			士庶
74	善古	肥前	無				士庶
75	善十郎	江戸	無	寛文10年			士庶
76	霊澤	江州	無				士庶
77	白河上人	洛東	有		白河は地名である。（京都）		士庶
78	楞山	紀州	無				士庶
79	陳昇真	中国	有				士庶
80	西壽	遠州	無				士庶
81	藤氏	野州	有			元亨（18）	婦女
82	特進妻		無			元亨（18）	婦女

83	鎌倉婢女	鎌倉	有			
84	敦家母	伊州	無			
85	忠遠妻	武州	無			続本（42）
86	伴氏	江州	有			日極（37）
87	野氏		無		小野氏	日極（38）
88	石山寺法師妹		無			
89	藤原氏		無			日極（39）
90	息長氏	近江	無			日極（40）
91	飯高老婦		無			日極（41）
92	加賀女	加賀	無			日極（42）
93	澤山女	江州	無			
94	福山夫人		有			
95	亀山嫗	伊勢	有	明暦元年6月		
96	青木母	江戸	無			
97	女海岸	大阪	無	寛文中		
98	照雲	武州	無	慶安元年6月14日		
99	妙香	神崎	無	寛文 年11月20日		
100	市郎右衛門乳母	武州	無	明歴		
婦女						

101	性敬	武州	無				婦女
102	芳譽	紀州	有	寛文9年12月9日			婦女
103	張氏	中国	無				婦女
104	文氏	中国	有				婦女
105	董少双	中国	有				婦女
106	貞女周敬	中国	無				婦女

表2『獨湛和尚全錄』校合表

獨湛和尚全録　全三十巻				対応本		
巻	種類	法語題名	丁	著書名	丁	法語題名
巻1		黄檗獨湛禪師語録序	1	獨湛禪師全録（浜松）巻一（冊一）初山獨湛禪師語録	同上	※『獨湛禪師全錄』は道章編、『初山獨湛語錄』は道越記録となっている。『獨湛和尚全老』とあわせて三本とも同じ内容である。
		東渡黄檗傳臨濟正法第三十三世獨湛瑩禪師塔誌銘	1			
		請啓	1右			
	上堂	上堂（寶林寺進寺）	2右			
		山門云	2右			
		佛殿云	2右			
		伽藍堂云	2左			
		祖師堂と、	2左			
		方丈云	2左			
		寛文五年歳次乙巳十一月初四日本寺檀越近藤登之助藤原貞用法名語石性訥居士請開堂	2左			
		今上皇帝聖壽萬歳萬歳萬萬歳恭願祖述	3右			
		大将軍遐算千籌奎星五聚	3左			
		黄檗開山松隠堂上傳	4右			

巻	分類	題名	丁	所収		備考
巻1	上堂	安頭首執事上堂	5左	獨湛禪師全錄(浜松)巻一(冊一) 初山獨湛禅師語録	同上	※『獨湛禪師全錄』は道章編、『初山獨湛語錄』は道越記録となっている。『獨湛和尚全錄』とあわせて三本とも同じ内容である。
		開爐結制知浴如石禪人領小野兵藏信士請上堂	5左			
		青木甲斐守端峰居士請上堂	7右			
		近藤登之助語石居士請上堂	8右			
		近藤語石居鷹故妣寒松院性耆夫人請上堂	9右			
		冬至日古石禪人設齋請上堂	11右			
		佛成道日戒子正恩道鏗同衆等設齋請上堂	12左			
		元旦祝聖上堂	13右			
		立春日謝檀護執事上堂	13左			
		上元解制知浴如石禪人領小野兵藏信士請上堂	14右			
巻2	上堂	佛殿上梁上堂	1右	獨湛禪師全錄(浜松)巻二(冊一)	同上	『獨湛和尚全錄』と同じ題名。
		大佛進殿開光	1右			
		二十四諸天菩薩開光	1左			
		達磨大師安座	2右			
		關帝伽藍安座	2右			
		結制知浴請上堂	2左			

巻2

上堂

佛成道日上堂	3右
報恩堂上梁請上堂	4右
白洲廟毘沙門天王開光	4左
釋遊文佛開光	5右
梵音堂落成智空居士請上堂	5右
智空居士為先考果養院五十年忌請上堂	5左
解制知浴請上堂	6右
白華寺観音大士開光	6右
浄心妙蓮信女對靈師云	6右
小生巌毅因小事	6左
石佛安座	6左
徑山老和尚忌日拈香	6左
性澄夫人薦元芝請上堂	7右
慈懿夫人受戒請上堂	8右
追薦性者夫人兼謝二山外護上堂	8右
龍寶寺釋迦文佛開光	10右
檀越七十大誕上堂	10右

獨湛禪師全錄(浜松)巻二(冊一)

同上

『獨湛和尚全錄』と同じ題名。

巻2	上堂	本師老和尚八十一誕日松隠堂壽像安座慈懿院設齋請上堂	10左	獨湛禪師全録(浜松)巻二(冊一)	同上	『獨湛和尚全録』と同じ題名。
		智淨夫人三千三百日課圓滿經像進堂安座請上堂	11左			
		阿彌陀佛開光	12左			
		石地藏菩薩開光	12左			
		薦道淨居士上堂	12左			
		垂語六則	14右			
		本師老和尚掛眞云	14左			
		本師老和尚百日撤霊几云	14左			
		祖亟相公封魏國公謚正獻暨壯元公御史公貢元公翊宣公神像木主入祠廟上堂	15右			
		孝孫近藤竹之助同弟宮松追薦祖妣慈懿院性澄夫人請上堂	15左			
		本師老和尚週忌寓江戸大安寺拈香	16左			
		高源寺釋迦文佛開光	16左			
		昌壽院一七之辰孝子用由請上堂	16左			
		竹叟居士請上堂	17左			

巻2	上堂	釋迦開光	19右	獨湛禪師全録(浜松)巻二(冊一)	同上	『獨湛和尚全録』と同じ題名。
		三大士開光	19右			
		立春上堂	19右			
		元旦上堂	20左			
		解制上堂	21右			
		佛涅槃上堂	22右			
		本師老和尚三年忌拈香	23右			
		晩参	23左			
巻3	上堂	寛文癸丑六月上野州鳳陽二山國瑞禅寺成師於甲寅四月入院至	1右	獨湛禪師全録(浜松)巻三(冊一)	同上	『獨湛和尚全録』と同じ題名。
		山門云	1右			
		佛殿基云	1右			
		韋駄祠云	1右			
		伽藍堂云	1左			
		祖師祠云	1左			
		方丈云	1左			
		上堂	1左			
		當晩小参	2右			

巻3

上堂

受戒上堂	2左
端午上堂	3右
至常陸州謁鹿島神祠云	3左
至笠掛原新田水源云	4右
延寶改元上堂	4左
祝聖上堂	4左
齋堂上梁檀越語石居士請上堂	5右
孝子都築彌左衛門請上堂	6右
中秋両序執事請上堂	6左
師五旬誕日華藏和尚至時禮千佛懺衆請上堂	7左
天流寺庚申神開光	9右
孝子都築莊八郎為考青巖居士請上堂	9右
妙光老尼週忌孝子請上堂	10左
孝孫竹之助宮松鷹祖妣妙珠比丘尼請上堂	11左
元旦上堂	13右
釋迦文佛開光	14左

獨湛禪師全錄（浜松）巻三（冊一）

同上

『獨湛和尚全錄』と同じ題名。

巻3	上堂	本山檀越語石居士至上堂	14左	獨湛禪師全録(浜松)巻三(冊一)	同上	『獨湛和尚全録』と同じ題名。
		孝子用由薦金光院居士請上堂	15左			
		仙洞太上皇帝忌日啓建普度大會拈香	16左			
		満散日拈香	17左			
		嚴有院大将軍忌日拈香	17左			
		黄檗慧林和尚至上堂	18右			
		長瀬盛直薦元寶信女請上堂	19右			
		臘八上堂	20右			
		請上堂	21左			
		大士開光	22左			
		元旦上堂	22左			
		人日班宣精舎上堂	23右			
		燈節天官賜福之辰為玉墀鐘岳履將居士祈安上堂	24右			
		秋鹿道重信士薦父信巖居士上堂	25左			
		授手堂落成拈香	27右			
		請啓	1			

巻4 上堂 欠本	獨湛禪師全録（浜松）巻四（冊一）	
	1右	本朝大将軍令旨命師住黄檗山萬福寺時在遠州初山寶林禪寺於天和壬戌年正月十四日入院
	2左	當今皇帝聖壽萬歳
	3右	征夷大将軍睿算千秋伏願参賛
	3左	大光普照國師當寺開山隱元埼老和尚用酬法乳之恩遂斂衣就座
	5左	安雨序上堂
	6左	小野兵蔵勝政請上堂
	7左	掃龍興院法兄慧林和尚塔
	7左	當山第三代慧林法兄和尚牌位入祖
	8左	法兄即非龍溪二和尚牌位進聯燈堂
	9左	薦西堂獨言師兄上堂
	9左	徑山師翁費老和尚諱日拈香
	10右	開山先師忌日拈香
	10左	佛誕上堂
	11右	結夏上堂

巻
4
上堂
欠本

獨湛禪師全錄（浜松）巻四（冊一）

丁	題
12左	巖有院先將軍三年忌拈香
13右	解夏上堂
13左	酒井又右衛門薦雪山禪人請上堂
15右	結制上堂
16右	杉木平三郎薦孝陰嶽宗玄請上堂
17右	當山第三代法兄慧林和尚週忌拈香
17左	臘八上堂
18左	癸亥元旦上堂
18左	解制上堂
19左	百丈祖師忌拈香
19左	三月念八日至江府謝國主大將軍寓瑞聖寺孝女掃雲院薦考久昌院豪徳夫英大屋土請上堂
21左	四月八日謁嚴有院先將軍陵拈香
21左	大雄山主石窟同諸檀那請為
22右	江府謁見國主大將軍回山結夏上堂

巻4	上堂	欠本		獨湛禪師全録（浜松）巻四（冊一）	22左	紫雲兄翁老和尚病起志喜上堂
					23右	解夏上堂
巻5	上堂	欠本		獨湛禪師全録（浜松）巻五（冊二）	1右	結制上堂
					2右	當山第三代慧林法兄和尚三年忌拈香
					2右	臘八上堂
					2左	除夕示衆曰
					3右	甲子元旦祝聖上堂
					3左	解制知浴安川氏超源請上堂
					4左	追薦心水黄先生三十三年忌上堂
					5右	當山第二代木菴法兄和尚牌位進祖堂
					5右	佛誕上堂
					5左	近藤語石老居士八十壽上堂
					6右	解夏土堂
					6左	開爐接支那黄檗書信上堂
					7右	臘八上堂

巻5	
上堂	
欠本	

獨湛禪師全錄（浜松）巻五（冊二）

7左	乙丑元旦祝聖上堂
8右	元霄上堂
8左	後両院先皇帝几筵殿拈香
9右	三月十五日圓戒掃雲院夫人請上堂
10右	開山先師十三年忌拈香
10左	品田彌右衛門為薦父鐵石道固居士請上堂
11右	結夏上堂
11右	蘭盆會兼謝雨上堂
11左	開爐上堂
12右	上堂乃云（坐禪七日）
13右	至節上堂
13左	臘八上堂
14右	除夜示衆鳥飛兎走
14左	丙寅元旦祝聖上堂
15右	解制上堂
15左	三月廿七日藏經至上堂
17右	結夏海眼塔畢工上堂

巻5
上堂
欠本

獨湛禪師全録（浜松）巻五（冊二）

17左	丙寅年四月念一日本朝征夷大将軍賜香積田印信至黄檗山拈香
18右	嚴有院先大将軍七年忌拈香
18右	盂蘭盆會上堂
18左	結制上堂
19左	冬至示衆
19左	臘八上堂
20右	除夕示衆
20右	丁卯元旦上堂
20左	人日祝讃本朝大将軍兼三千佛懺會圓満上堂
23右	解制上堂
23右	宇津木治部右衛門善士為薦清心院信女請上堂
24左	奥平金彌孝子為薦故考俊峰道英居士請上堂
25右	上堂維那間人人撈入
25左	金屋榮心尼為志空道貫居士二十五年忌請上堂

巻5	上堂	欠本		獨湛禪師全録(浜松)巻五(冊二)	26右	了齋孝子薦一法了以信士請上堂
巻6	上堂	欠本		獨湛禪師全録(浜松)巻六(冊二)	1右	結夏上堂
					1左	丁卯四月皇帝登極上堂
					2右	解夏上堂
					2左	開爐舉圓通上座立僧上堂
					3右	戊辰元旦祝聖上堂
					4右	立春上堂
					5右	燈節解制上堂
					5左	結夏上堂
					6右	解夏上堂
					6左	結冬上堂
					7右	結制七日示
					7右	漢松獨吼和尚入塔上堂
					8右	除夜示衆
					9右	己巳元旦祝聖上堂
					9左	燈節上堂
					10右	佛涅槃上堂

巻6	上堂	欠本		獨湛禪師全録(浜松)巻六(冊二)	13右	開山先老和尚十七年忌拈香
					13左	結夏上堂
					15右	端午上堂
					16右	解夏上堂
					16左	中秋上堂
					17右	重陽上堂
					18右	誕日上堂
					19右	結制上堂
					20左	上堂師喝一喝云
					20左	至節上堂
					21右	臘八上堂
					21左	立春上堂
					22左	已巳除夕示
巻7	上堂	欠本		獨湛禪師全録(浜松)巻七(冊二)	1右	慶讃香葉観世音菩薩像拈香
					1左	開山老和尚像安座拈香
					1左	壽因尼請為維摩諸聖開光
					1左	掃雲院薦久昌院豪徳居士請對霊

巻7	上堂
欠本	

獨湛禪師全錄(浜松)巻七(冊二)

2右	上堂乃云這一片田地
2左	奠大宗正統禅師塔
3右	越前福居城大田三彌居土薦久安尼請上堂
3右	冬至上堂
3左	除夜示衆
4右	慶讃近藤語石老居士
4右	上堂冬至
4左	除夕示衆
5右	大辯才尊天開光
5右	結制七日示衆
5左	冬至上堂
5左	上堂乃至云人一心
6右	庚午元旦上堂
6左	本山華嚴室惟一耆舊公七旬祝誕上堂
8左	清明上堂
9右	結夏上堂
10右	七月十五日上堂

巻7
上堂
欠本

獨湛禪師全錄（浜松）巻七（冊二）

10左	九月十五圓戒頭圓通行嚴青海千山蘭庭傳燈等請上堂
11左	結制知浴小雄領諸檀請上堂
12右	汪府令旨下本山製藏經祝延上堂
12左	本朝大將軍睿算千秋再千秋
13右	本朝大將軍令旨製經一藏
13左	國君是諸佛菩薩建立世界
14右	放光石像觀世音菩薩慶讃拈香
14左	盧山東林寺傳燈知藏請為佛開光
15右	冬至上堂
15左	臘八上堂
16右	方廣端山法姪忌日拈香
16左	牧野吉峯居士忌日拈香
16左	掃雲院祈安請上堂
17左	初山檀室慈懿院性澄禪尼十七年忌上堂

巻	部	欠本		獨湛禪師全錄（浜松）	丁	題
巻7	上堂	欠本		卷七（冊二）	17左	丞相正獻魏國公應求府君暨貢元希振公逸士舮宣公黄氏孺人古鰲峯墓前哭語
					18右	外王父增廣生員心水黄先生暨外王母曽氏儒人報恩墓前哭語
					18右	堯輔居士舅尊墓前哭偈
					18左	除夕示衆
					19右	元旦上堂
					19左	立春上堂
					20右	燈節解制知浴小雄請上堂
巻8	小参	欠本		卷八（冊二）	1右	秉拂
					3左	慶讃安養迎接圖筆端依正重
					3左	戒壇演淨拈香
					4右	報恩堂安座小参
					4右	小野勝政鷹芳山元薫請小参
					5右	孝子近藤縫殿助居士請為智空居士對靈小参
					5左	慶讃淨土曼拏羅拈香
					6右	元旦小参

巻8
小参
欠本

獨湛禪師全録(浜松)巻八(冊二)

6右	濱松妙圓信女送紅法衣至請小参
6左	除夕小参
7右	結制七日小参
8右	除夕小参
9右	專使送源流法衣至師示
9右	龍舒居士忌日拈香
9左	薦小野母氏妙慧令泉母氏元琳市野元會信士拈香
9左	除夕小参
11右	今泉兵左衛門薦父請小参
12左	除夕小参
13左	施聞侍者入塔小参
14右	薦梵來徒子小参
14左	冬至小参
15右	立春小参
16右	喜雨示
16左	除夕小参

巻		欠本			丁	
巻8	小参	欠本		獨湛禪師全錄（浜松）巻八（冊二）	17右	壬戌正月初八日赴黃檗臨行示
					17右	赴黃臨行告永思堂
巻9	上堂	欠本		獨湛禪師全錄（浜松）巻九（冊二）	1右	上堂甲戌年九月大光普照國師對號獨曉拈香云先師在日蒙
					1左	祭掃雲院舍利拈香
					2左	初山語石檀越九十壽上堂
					3右	上堂禪和開口便舉古公案
					4右	薦祖希振公上堂
					4左	性通禪徳造水月堂安奉三十三所觀音請師安座
					5左	為棲雲院語石性訥老居士掩壙上堂
					6左	孝孫近藤徳用居士薦祖語石老居士請上堂
					7左	公方様顧聆種種稱意
					8左	辭鳳陽山臨行小参
					9右	孝孫近藤徳用居士薦祖考棲雲院語石老居士一周忌請上堂
					10右	七十壽開戒無住石窓二西堂紫玉皇洲天麟衆等請上堂

巻9	上堂	欠本		獨湛禪師全録（浜松）巻九（冊二）	11右	上堂如是我実従何来
巻10	法語	授悦峰上座源流衣拂語	1右～13左	初山獨湛禪師語録（1冊75丁）		
		示近藤語石居士			26右	同上
		又（来云自）			26左	同上
		又（復云毎）			27右	同上
		示性澄夫人			27右	示性澄優婆夷
		示近藤縫殿助居士			28左	同上
		示春光院夫人			29左	同上
		示陵禅人			30左	同上
		示全利禅人			30左	同上
		示黒田信濃守居士			31左	同上
		示江戸四信士			32右	同上
		示東崑禅人			33右	同上
		示惟明禅人			34右	同上
		示棲雲居士			34左	同上
		示山田久彌居士			36左	同上

巻	部	題目	丁数	初山獨湛禪師語録（1冊75丁）	
巻10	法語	誡亡人衣書法華経説	1右～13左	36左	同上
		血書半月警衆二番羯磨		37右	同上
		示春光院	13左～22左	対照の語録なし	
		示江戸諸善信			
		又（臂頭一）			
		又（欲行即）			
		又（求和尚）			
		示鐵眼禅徳			
		示青山信濃守凌雲居士			
		又（所呈諸）			
		示冲虚知蔵			
		示無住禅人			
		又（聰明雖）			
		示無住維那			
		又（吹毛用）			
		示諸禅人			
		示宗甫善士			
		示道和信女			

巻	法語	題	丁	対照
巻10	法語	示念佛道人	13左～22左	対照の語録なし
		示本多祥岳居士		
巻11	法語	示妙空妙印二庵住	1右～20左	対照の語録なし
		示諸禅人		
		又（聲是佛）		
		示清光院		
		示傳蔵居士		
		示蔵虚禅徳		
		示禅者		
		示目禅人		
		復玄居士		
		示稲富居士		
		示四衆		
		又（山僧堅）		
		示自能居士		
		示高岡居士		
		示道望		

巻	法語		
11	示壽山居士 示牧牛禅人 示相良遠江守居士 示青海禅人 示萬崕禅人 示岡田某居士 示江戸緇素 示妙海庵住 示今泉老者 示昌壽院 示近藤竹之助居士 示四衆 示長吉居士 示掃雲院夫人 示真珠院元沈禅尼 示松平居士 示諸禅人 示定實居士	1右～20左	対照の語録なし

巻	部	題	丁	対照語録	丁	題
巻11	法語	示如蓮禅尼	1右～20左	対照の語録なし		
		示興福寺胤上人				
		示見性院禅尼				
		示春光院				
		示梅堂直歳				
		示戒巖禅人				
		示唐船商人				
		又（古今居）				
		又（況今三）				
		又（此那佛）				
		又（此那神）				
		又（衆居士）				
巻12	曹溪玄流頌	南嶽譲禪師	1右～6左	初山獨湛禪師語錄（1冊75丁）	20～25右	同上
		馬祖一禪師				同上
		百丈海禪師				同上
		黄檗運禪師				同上
		臨濟玄禪師				同上

巻12	曹溪玄流頌	興化奬禪師	1右～6左	初山獨湛禪師語錄（1冊75丁）	20～25右	同上
		南院顒禪師				同上
		風穴沼禪師				同上
		首山念禪師				同上
		汾陽昭禪師				同上
		石霜圓禪師				同上
		楊岐會禪師				同上
		白雲端禪師				同上
		五祖演禪師				同上
		圜悟勤禪師				同上
		乕丘隆禪師				同上
		應菴華禪師				同上
		密庵傑禪師				同上
		臥龍先禪師				同上
		無準範禪師				同上
		雪巖欽禪師				同上
		高峰妙禪師				同上
		中峰本禪師				同上

巻	頌	項目	丁	出典	丁	備考
巻12	曹溪玄流頌	千岩長禪師	1右~6左	初山獨湛禪師語録（1冊75丁）	20~25右	同上
		萬峰蔚禪師				同上
		寶藏持禪師				同上
		東明昰禪師				同上
		海舟慈禪師				同上
		寶峰瑄禪師				同上
		天奇瑞禪師				同上
		絶學聰禪師				同上
		笑巖寶禪師				同上
		幻有傳禪師				同上
		密雲悟禪師				同上
		費隱容禪師				同上
		本師和尚				同上
		行由　丙辰年初山檀那同两序執事請	6左~13	初山獨湛禪師行由	全	同上
巻13	正宗頌	釈迦文佛	1右~10左	獨湛禪師梧山舊稿巻一	11左~21左	同上
		迦葉尊者				同上
		阿難尊者				同上

巻			丁		丁	
巻13	正宗頌	商那和修尊者	1右～10左	獨湛禪師梧山舊稿 巻一	11左～21左	同上
		優波毱多尊者				同上
		提多迦尊者				同上
		彌遮迦尊者				同上
		婆須密尊者				同上
		佛陀難提尊者				同上
		伏駄密多尊者				同上
		脇尊者				同上
		富那夜奢尊者				同上
		馬鳴大士				同上
		迦毘摩羅尊者				同上
		龍樹尊者				同上
		迦那提婆尊者				同上
		羅睺羅多尊者				同上
		僧伽難提尊者				同上
		伽耶舍多尊者				同上
		鳩摩羅多尊者				同上

巻13	正宗頌	闍耶多尊者	1右～10左	獨湛禪師梧山舊稿 巻一	11左～21左	同上
		婆修盤頭尊者				同上
		摩拏羅尊者				同上
		鶴勒那尊者				同上
		師子尊者				同上
		婆舎斯多尊者				同上
		不如密多尊者				同上
		般若多羅尊者				同上
		菩提達磨大師				同上
		慧可大師				同上
		僧燦大師				同上
		道信大師				同上
		弘忍大師				同上
		慧能大師				同上
		臨濟大師				同上
		雲門				同上
		洞山				同上
		潙仰				同上

巻13	正宗頌	法眼	1右~10左	獨湛禪師梧山舊稿巻一	11左~21左	同上
	拈古	世尊拈華迦葉微笑	10左~28左	獨湛禪師梧山舊稿巻二	1右~19左	同上
		達磨空棺隻履				同上
		僧於馬祖……				同上
		城東老母……				同上
		南泉割茅				同上
		徳山小参				同上
		僧問雪峰……				同上
		趙州無				同上
		大梅即心即佛因縁				同上
		尼問趙州……				同上
		芭蕉柱杖				同上
		僊天和尚……				同上
		潙山撥火				同上
		臨濟上堂……				同上
		趙州勘破				同上
		趙州訪菴主				同上

巻13	拈古	百靈和尚……	10左～28左	獨湛禪師梧山舊稿 巻二	1右～19左	同上
		徳山托鉢				同上
		玄沙坐次……				同上
		官人問趙州和尚……				同上
		臨濟三玄				同上
		光厳上樹				同上
		龐婆入鹿門寺				同上
		女子出定				同上
		僧問雲門……				同上
		臨濟臨滅……				同上
		南泉斬猫				同上
		曹山和尚……				同上
		僧問梁山観禪師……				同上
		慈明禪師……				同上
		擧文公……				同上
		趙州萬法歸一				同上
		僧問雲門……				同上
		芙蓉一日……				同上

巻13	拈古	瑞巖喚主	10左～28左	獨湛禪師梧山舊稿 巻二	1右～19左	同上
	頌古	釋迦拈華				同上
		女子出定				同上
		城東老母不欲見佛				同上
		外道問佛良馬見鞭影				同上
		持鉢救産				同上
		調達生入地獄				同上
		善財採薬				同上
		不二法門				同上
		清浄行者不入涅槃……				同上
		門前刹竿				同上
		達磨見武帝				同上
		又（不識真）				同上
		汝是慧超				同上
		佛照禪師……				同上
		南泉住庵……				同上
		徳山托鉢				同上

巻	部	題	丁	出典	丁	備考
巻13	頌古	法眼禪師……	10左～28左	獨湛禪師梧山舊稿巻二	1右～19左	同上
		是如虎				同上
		江舩子師日是汝善知識				同上
		大隨覆龜				同上
		僧問長沙南泉遷化……				同上
		僧問齊雲遇臻禪師……				同上
		廬陵米價				同上
		柏樹子				同上
		狗子無				同上
		又（一顆紅）				同上
		臨濟入門喝				同上
		論劫在途中				同上
		無位眞人面門出入				同上
		喚作竹篦則觸				同上
		七斤布衫				同上
		丙丁童子来求火				同上
		魯祖面壁				同上
		高峰枕子				同上

巻13			獨湛禪師梧山舊稿 巻二	
頌古		10左～28左		1右～19左
	巖頭作渡			同上
	牛過窓櫺			同上
	龍華眞覺上堂……			同上
	臨濟上堂……			同上
	趙州訪二菴主……			同上
	倩女離魂			同上
	又（来時無）			同上
	犀牛扇子			同上
	芭蕉柱杖			同上
	潙山云老僧……			同上
	余在承天寺……			同上
	古屋禪友……			同上
	臨濟因大愚點破……			同上
	僧問狗子佛性……			同上
	百丈野孤因縁……			同上
	城東老母與佛同生……			同上
	破一微塵……			同上

巻13				
頌古	過去已過去……	10左～28左	獨湛禪師梧山舊稿 巻二　1右～19左	同上
	趙州訪二菴主……			同上
	七佛之師……			同上
	僧問古德……			同上
	西天起期……			同上
	亘信和尚垂語……			同上
	又（廉捲起）			同上
	巴陵三轉語	28左		
	師垂語城東老母不欲見佛……	29右		
和古德韻十牛頌	尋牛	29右～30左	対照の語録なし	
	見跡			
	見牛			
	得牛			
	牧牛			
	騎牛歸家			
	忘牛存人			
	人牛俱志			
	返本還源			

巻	分類	題	丁数	対照
巻13	和韻古徳十牛頌	入鄽垂手	29右~30右	対照の語録なし
巻14		欠本		対照の語録なし
巻15		欠本		対照の語録なし
巻16		欠本		対照の語録なし
巻17		欠本		対照の語録なし
巻18		欠本		対照の語録なし
巻19		欠本		対照の語録なし
巻20		欠本		対照の語録なし
巻21		欠本		対照の語録なし
巻22	祭文	祭徑山費師翁老和尚文	1右~8右	対照の語録なし
		祭外祖心水黄先生暨曽孺人文		獨湛禪師梧山舊稿巻第一 7左~8右 祭外祖若水黄先生暨曽孺人文
		無上禪師入塔祭文		対照の語録なし
		祭大宗正統禪師正明龍渓法兄文		
		祭先師文		
		祭壽山即非和尚文		
		祭東林大眉和尚文		
		祭黄檗第三代慧林和尚文		

巻	分類	題	丁	対照語録	丁	備考
巻22	祭文	祭黄檗第二代木菴和尚文	1右~8右	対照の語録なし		
		祭漢松獨吼和尚文				
巻23	銘	開山和尚塔銘	1右~12右	対照の語録なし		
		皇明萬歴壬辰十一月初四日戊時……				
		國主大將軍嚴有院賜大和山……				
		後水尾院太上皇帝敦使沓出要師……				
		初山寶林寺鐘銘幷序〔本寺鐘銘幷序〕		初山獨湛禪師語錄（1冊75丁）	61右	本寺鐘銘幷序
		梵音山鐘銘有序			62右	同上
		常楽山鐘銘有序			62右	同上
		永思塔鐘銘幷引		対照の語録なし		
		禅源寺鐘銘				
		肥後求麻縣廬山東林禅寺鐘銘				
		念佛會鐘銘		獨湛禪師梧山舊稿巻四	12左	同上
		浴室銘		初山獨湛禪師語錄（1冊75丁）	62左	同上
		竹篦銘			63右	同上

巻	分類	題	丁数	対照の語録	丁	備考
巻23	銘	雲板銘	1右～12右	対照の語録なし		
		尾硯銘				
		月硯銘		獨湛禪師梧山舊稿 巻三	19右	月硯
		齋単引		初山獨湛禪師語録（1冊75丁）	63左	同上
		過去帳銘		対照の語録なし		
		檗山寺志僧引				
巻24	古體七言	承天寺蔵經所観音像前煉頂燃臂説偈	1右～16左	獨湛禪師梧山舊稿 巻三	19左	同上
		九鯉湖　有序			12右	同上
		登獅子岩訪慧門和尚		獨湛禪師梧山舊稿 巻四	17左	同上
		象山法兄木菴和尚五旬祝意		対照の語録なし		
		佛日法兄慧林和尚祝意				
		慶瑞法兄龍渓和尚六十祝偈				
		送法弟大眉和尚洛温泉				
		無上禪師初度				
		送友回震旦				

巻	詩体	題	丁	対照語録	丁	
巻24	古體七言	閲法兄慧林和尚滄浪聲	1右～16左	対照の語録なし		
		過悠然静室				
		次慧林法兄見寄永思塔達孝頌韻				
		辛酉人日携諸子登慕巖				
		涅槃像		獨湛禪師梧山舊稿巻四	16左	同上
		南都大佛殿重興偈		対照の語録なし		
		近藤徳田居士蒞任金指賦贈				
		遊龍潭		獨湛禪師梧山舊稿巻四	18右	同上
		本師老和尚誕日示偈次韵志喜			18左	同上
		牛眠石詩　有序		対照の語録なし		
		本師老和尚七十華誕				
		慧林法兄閲余全集有偈見贈次韵答				
		又（身入聖）				
		又（右有製）				
		喜暁堂法姪至新黄檗				
		寓江戸次韵懐炻深上人				
		登天台山禮開山伝教大師塔				

巻	体	題	丁	対照語録	丁	備考
巻24	古體七言	禮第四代慈慧大師塔	1右~16左	対照の語録なし		
		永思塔重建班宣精舎塔成黄檗慧林法兄見遇志喜				
		即事				
		示知事				
		掃雲院奉師数珠示之				
		龍泉井				
		博壽法兄即非和尚舎利偈　幷序				
		薦聞侍者				
		輓莪山法弟獨照和尚				
		讀雲棲大師諸書有感		獨湛禪師梧山舊稿巻第三	6右	同上
		吾年七十一和白楽天居士韵		対照の語録なし		
		七十五自詠續七十一之次章				
		思朗山西堂				
	五言絶	孤山	17右~20右	獨湛禪師梧山舊稿巻三	6右	同上
		曾弗人題伯兄諍翁樓齋次其韵			6右	同上
		又（少讀君）			6左	同上

巻24 五言絶（17右～20右）	獨湛禪師梧山舊稿 巻三	
石壁峰絶頂	8左	同上
石壁峯住静夜作	16右	同上
重過伯兄諍翁樓齋再次曽弗人韵	21左	重遇伯兄葺諍翁桜齋再次曽弗人韻
拳石図	対照の語録なし	
嵳峩山震旦栴檀佛像		
得震旦家書		
懐本師老和尚		
懐黄檗法兄木菴和尚		
寺後間行見蘭花甚茂芝草叢生		
贈翠岩法姪		
贈桂岩法姪		
示法蔵寺超然上人		
香林寺		
示松原山石牛禅人		
永思堂柏杖		
清夜聴天麟侍者課佛		
其二		

巻24	五言絶	贈戒山律師	17右～20右	対照の語録なし		
巻25	詩偈七言律上	梧山積雲寺　崇禎癸未年	1右～27右	獨湛禪師梧山舊稿巻第三	1右～	崇禎癸未年梧山積雲寺自題
巻25	詩偈七言律上	穀城古鰲峰　師族舍	1右～27右	獨湛禪師梧山舊稿巻第三	1右	穀城古鰲峰　師族舍始自穎川
巻25	詩偈七言律上	呈海崧老師	1右～27右	対照の語録なし		
巻25	詩偈七言律上	懐伯兄孝廉諍伯	1右～27右	獨湛禪師梧山舊稿巻三	2右	同上
巻25	詩偈七言律上	謁司徒家廟	1右～27右	獨湛禪師梧山舊稿巻三	4左	同上
巻25	詩偈七言律上	謁丞相家廟	1右～27右	獨湛禪師梧山舊稿巻三	5右	同上
巻25	詩偈七言律上	東井祖墓	1右～27右	獨湛禪師梧山舊稿巻三	5左	同上
巻25	詩偈七言律上	登五侯山同王炤深居士	1右～27右	獨湛禪師梧山舊稿巻三	6左	同上
巻25	詩偈七言律上	崇禎甲申年春夜集撫臺林澹先生新第	1右～27右	獨湛禪師梧山舊稿巻三	7右	同上
巻25	詩偈七言律上	曹山	1右～27右	獨湛禪師梧山舊稿巻三	7左	同上
巻25	詩偈七言律上	柳橋亭	1右～27右	獨湛禪師梧山舊稿巻三	8右	同上
巻25	詩偈七言律上	張麟符孝廉祭伯引文學招同侶建放生會	1右～27右	獨湛禪師梧山舊稿巻三	8左	同上
巻25	詩偈七言律上	寓林若鑊孝廉山堂	1右～27右	獨湛禪師梧山舊稿巻三	9左	崇禎甲申年五月寓林若鑊孝廉山堂
巻25	詩偈七言律上	臥牛石詩	1右～27右	獨湛禪師梧山舊稿巻三	10左	次韻臥牛石詩

巻25	詩偈七言律上	春日集吏部余賡之先生宅	1右～27右	獨湛禪師梧山舊稿巻三	11右	弘光元年春日集吏部余賡之先生宅
巻25	詩偈七言律上	中和寺度夏同湄長山人贈長燦長老	1右～27右	獨湛禪師梧山舊稿巻三	11左	弘光元年中和寺度夏同湄長山人贈長燦長老
巻25	詩偈七言律上	梧山重建観音殿上梁	1右～27右	獨湛禪師梧山舊稿巻三	12左	同上
巻25	詩偈七言律上	観音殿落成	1右～27右	獨湛禪師梧山舊稿巻三	13右	同上
巻25	詩偈七言律上	留別寺中諸弟姪	1右～27右	獨湛禪師梧山舊稿巻三	13右	同上
巻25	詩偈七言律上	尚書周吉人先生過話	1右～27右	獨湛禪師梧山舊稿巻三	14右	同上
巻25	詩偈七言律上	宿遂捷秀才海門樓	1右～27右	獨湛禪師梧山舊稿巻三	14左	同上
巻25	詩偈七言律上	嶼天妃宮	1右～27右	獨湛禪師梧山舊稿巻三	15右	弘光元年中秋同呉永煌黄其人吉人遊湄州嶼天妃宮
巻25	詩偈七言律上	弘光元年過大梁寺	1右～27右	獨湛禪師梧山舊稿巻三	15左	同上
巻25	詩偈七言律上	劍山中秋欽同嘉秀才賦	1右～27右	獨湛禪師梧山舊稿巻三	17右	同上
巻25	詩偈七言律上	亂後再上劍山訪欽嘉秀才	1右～27右	獨湛禪師梧山舊稿巻三	17左	同上
巻25	詩偈七言律上	薦産婦	1右～27右	獨湛禪師梧山舊稿巻三	17左	同上
巻25	詩偈七言律上	泉州承天寺謁法叔亘信老和尚	1右～27右	獨湛禪師梧山舊稿巻三	19左	同上
巻25	詩偈七言律上	昆山訪悉蕪和尚	1右～27右	獨湛禪師梧山舊稿巻三	20左	同上
巻25	詩偈七言律上	血書経像	1右～27右	獨湛禪師梧山舊稿巻三	21右	次韻血書経像
巻25	詩偈七言律上	元旦寓泉州承天寺	1右～27右	獨湛禪師梧山舊稿巻三	22右	同上

巻25 詩偈七言律上（1右〜27右）	対照の語録	丁	題
侍海嵩和尚住黄螺寺	獨湛禪師梧山舊稿巻三	22左	同上
登鼓山謁永覺和尚	獨湛禪師梧山舊稿巻四	1左	同上
福建黄檗山			同上
教忠寺書懐		2左	同上
九日登雪峰絶頂			同上
代書答張滄潭孝廉		3左	同上
支提山老僧五十初度		13右	支提山老僧五十初度
回梧山舊隠寫懐		14右	同上
本師老和尚感事歩韻頌言　壬辰年		17左	同上
本師老和尚病起示偈次韻志喜　順治癸辰年		17左	同上
次答金潤道人		20左	同上
重遊福廬山即景		21右	同上
贈扶桑古石専使　順治癸巳年		21左	同上
贈扶桑逸然請主　順治癸巳年		22右	同上
重晤尚書周吉人先生叙懐		22右	同上
恭和祖丞相太師魏國公正獻公共樂臺二首附元韻	対照の語録なし		

巻25	詩偈七言律上	懐袁中郎居士偈　中郎生浄土易名霊和 水南書院 扶桑登岸壽興禪師逸然請主 應崎主甲斐庄徳峰居士齋 送良哉師回震旦住獅子菴 上洛陽普門寺 喜象山法兄木菴和尚至普門 送大眉兄之崎調恙 喜衍兄回普門 喜曇師至 喜唐山諸師至 寄懐舅氏戊老居士 懐未發法兄　次韻 贈毓楚居士至太和 懐受業故處 寄沙堤佛會諸子 送別高泉弢玄二師歸唐	1右～27右	対照の語録なし

巻25	詩偈七言律上	1右～27右	対照の語録なし
	後二師皈唐不果賦壯慰之 送道栄道姪回長崎 示姪 答友 皷山永覺和尚示寂賦感 法叔亘信和尚示寂賦感 贈龍溪法兄結茅瑞慶 贈慧林法兄 黄檗山萬福禅寺 竹林精舎　次韻 贈大眉兄結茅限韻 送法兄慧林和尚之武陵 題雙鶴亭 新禅堂玩月次韻本師老和尚 松隠堂次韻本師老和尚 次韻佛日慧林法兄送別 次韻龍溪法兄送別		

巻25	
詩偈七言律上	
作品	次韻南源法弟送別
	次韻獨吼法弟送別
	次韻高泉法姪送別
	次韻暁堂法姪送別
	次韻悦山法姪送別
	次韻月潭法姪送別
	蒼名水宿
	清見寺
	富士山
	宿紹太寺
	和鐵牛法姪見贈
	寓天澤寺贈洞院老師
	随喜天澤寺蔵経
	東叡山
	三縁寺
	登大将軍城別歸
	贈酒井雅楽頭居士
1右～27右	
対照の語録なし	

巻	分類	題	丁	対照の語録	丁	対照の題
巻25	詩偈 七言律上	贈牧野吉峰居士	1右～27右	対照の語録なし		
		贈近藤語石居士				
		應修理大夫居士				
		應関梅巌居士放生供				
		題吉峰居士園亭厭来居				
		輓空印老居士				
		應松仙院放生供				
		洞雲寺				
		自肯庵				
		酒井修理大夫居士望山亭詩				
		建長寺禮蘭溪和尚塔				
		圓覺寺謁子元和尚開山堂				
		謁天照大神宮				
巻26	詩偈 七言律下	採隠初山	1右～22右	初山獨湛禪師語録（1冊75丁）	64右	六月六日採隠初山
		近藤語石居士請師入初山定基并放生志喜		対照の語録なし		
		海眼亭		初山獨湛禪師語録（1冊75丁）	67右	海眼亭五首
		諸禅人共約来参答其原韵		対照の語録なし		

巻26	詩偈 七言律下	近藤智空居士過訪	1右～22右	対照の語録なし
		薦覺心道浄居士		対照の語録なし
		輓報親慧門和尚		初山獨湛禪師語録（1冊75丁） 71右 同上
		示石淙維那		対照の語録なし
		次韵月潭法姪見寄		対照の語録なし
		似鐵崕法姪		対照の語録なし
		賀近藤語石居士移居		対照の語録なし
		鳳来寺		対照の語録なし
		示洲貝		対照の語録なし
		示真璧		対照の語録なし
		法兄木庵和尚六十三壽		対照の語録なし
		華蔵和尚五十壽		対照の語録なし
		法雲法姪見過		対照の語録なし
		示元鑒戒子捨長明燈		対照の語録なし
		薦芳山元薫信士		対照の語録なし
		旋聞侍者求薦母元蓮妙香		対照の語録なし
		嘆雪潭侍者		対照の語録なし

巻26	詩偈七言律下	永思塔定基 永思塔上梁 石佛 廬墓書懐 墨経所破土 墨經所開斧 上梁 落成 龝葉山 倣當麻浄土變相高塚大郎右衛門善士造堂于永思塔偈以贈之 梅嶺法姪見過 寶藏院鐵眼法姪見過 輓壽山法兄即非和尚 輓正明法兄龍溪和尚 輓東林寺法弟大眉和尚 紫雲院落成贈法兄木菴和尚 贈華藏法弟南源和尚	1右~22右	対照の語録なし

巻26	詩偈七言律下	賀木菴和尚賜紫 天台山 愛宕山 天龍寺 清凉寺禮栴檀瑞象 高雄山 園城寺 高野山 南都大銅佛 勝尾山 摩耶山　師因二木居士請 直指菴 佛日寺 天王寺 八幡山詩　幷序 常陸州謁鹿島大神廟 謁北野天神廟 厳有院大将軍輓辭	1右～22右	対照の語録なし

巻26	詩偈七言律下	輓黄檗第三代慧林和尚 受請赴黄檗山臨行示衆 謁見　本國大将軍　癸亥四月初一日 至大久保平兵衛居士宅賦贈 過龍泉山洞雲寺 芝石吟　弾正少弼居士請 太和吟壽漢松和尚六十 次答支那黄檗清斯法姪扇頭来韵 次答震旦黄檗雲崖法姪扇頭来韵 千呆法姪 南嶽悦山法姪 觀月素千信女臨終以佛塔見遺偈以挽之 戒壇示衆 家蓴伯兄翰教至志喜有懐 峨山法弟獨照和尚七旬 次家瑤伯兄来韵	1右~22右	対照の語録なし

巻	分類	題	丁	対照の語録	題	丁
巻26	詩偈七言律下	次表弟曽翰公来韵	1右〜22右	対照の語録なし		
		題寧謐亭贈紫雲兄翁和尚				
		獅子林破土定基得古剣一口				
		答果為第二首				
		輓漢松法弟獨吼和尚				
		彌陀寺一萬日念佛回向慶讃				
		贈近藤備中大守居士莅任長崎				
		辭法源西堂請				
		七十示徒				
		黄檗千堂頭賜紫				
		雷音法孫呈浄土詩數十首示之				
巻27	詩偈七言絶上	積雲開山衣珠大師	1右〜1左	獨湛禪師梧山舊稿 巻三	開山祖衣珠大師	1左
		壺公山			同上	
		遊福清廬山			崇禎癸未年四月遊福清福廬山	2左〜4左
		東坡亭			同上	
		梧山	1左〜3左		同上	
		茘林			同上	

巻27	詩偈七言絶上積雲寺十二景										詩偈七言絶上							
	梅嶺	鼎峰	月池	雙榕	竹圃	獅巖	鳳嘴	溝流	峻崕	天毬	九座獅子林大師塔	答朱寅初孝廉	崇禎甲申年天現雙日	木蘭陂早發	乞食至仙遊縣	南山	謝六嫂信女	重過西漳渡
	1左~3左										3左~9右							
獨湛禪師梧山舊稿巻三	2左~4左										5左	7右	8右	9右			10右	10左
	同上	同上	同上	同上	同上	同上	同上	同上	同上	同上	同上	同上	同上	同上	崇禎甲申年乞食至仙遊縣	同上	同上	同上

巻27 詩偈 七言絶上	獨湛禪師梧山舊稿 巻三	
野哭	11右	同上
弘光元年遊莆禧玉皇殿示諸善友	11左	同上
春日同黄檗其人居士過湄長山人宅		同上
次韻示諸弟姪	13左	同上
張家園設刀梯	14左	同上
簡林履鄉孝廉	15左	同上
亂中慰張厚宇商士	16右	同上
登壺山絶頂同賓和尚東曦兄謁玉帝殿	16左	同上
天徳岩輓慧廣禅徳		同上
寓劍山夜懐伯兄諍伯公	17右	同上
閩中大亂	17左	同上
大清初治明臣有顯宦者投刺従予外祖乞花戲作一偈	18右	同上
春日従外祖過吏部余賡之先生李愛軒観草字古書		同上
薦呉嫂信女		同上
心水黄公七旬祝意	18左	若水黄公七旬祝意
3左～9右		

巻27			獨湛禪師梧山舊稿 巻三	
詩偈七言絶上	寓藏經所侍法叔亘信和尚聞金粟費隱老和尚應請徑山喜而有賦	3左～9右	20左	同上
	閑居		21左	同上
	三品梅詩幷畵留別近藤登助德用居士		対照の語録なし	
	畵梅　二首　時師在遠州			
	次韻長瀬茂才			
	次韻德用居士早朝口號			
	新年　近藤德用居士韻初山大檀			
	遇長瀬茂才宅次韻			
詩偈七言絶上梵擇寺八景	天龍山	9右～10左	対照の語録なし	
	一指岩			
	萬松嶺			
	照心潭			
	望海崗			
	一字堤			
	放生池			
	辯天居			
詩偈七言絶上	即事走筆與桂堂西堂	10右～14左		

巻27	詩偈七言絶上	法源西堂 喝禅法姪住醫王山 大衡法姪孫 慈空上人以當麻圖方寸餘丸数珠顆見恵偈以誌之 東潤法姪孫 雪歴法姪孫應請千秋寺 喝浪曽姪孫 金墩郷信至書懐 海眼蔵前対八幡湖水東明西堂来見以為大似杭州西湖…… 大衡侄孫五十初度 龍興旭山姪孫 贈舜僊上人 寫佛號偈 十万聲念佛人命簡 名山霊木観音像 贈忍澄（澂）上人	10右~14左	対照の語録なし

巻	分類	詩題	丁数	対照の語録	丁数	題
巻27	詩偈七言絶上	贈知恩白譽上人	10右～14左	対照の語録なし		
		元光禅尼製僧伽黎成偈以示之				
		獨入禅弟歸郷				
巻28	詩偈七言絶	欠本				
巻29	詩偈五言律	禮玄沙和尚塔	1右～22左	獨湛禪師梧山舊稿巻四	2左	禮玄妙和尚塔
		再謁永覺老和尚			14左	同上
		真如老師係徑山老人剃度住佛頂寺			15右	同上
		聖泉寺訪中柱和尚			20左	同上
		先妣黄孺人起棺			23左	同上
		福城托鉢應信士齋			21左	同上
		周尚書暨張朱林三孝廉見過			14右	同上
		連江盤谷			13右	同上
		石門暁起			4右	同上
		閩清道中			3左	同上
		重陽寓皷山會法眷印公			3右	同上
		伯兄姜伯瑤伯蕚伯暨壽姪見過		獨湛禪師梧山舊稿巻三	2右	同上

巻29 詩偈五言律（1右～22左）	獨湛禪師梧山舊稿卷第三	
雄伯兄齋頭茶話	6左	同上
積雲間居舅氏戊老見過		同上
坐月同王炤深居士	7左～8右	同上
沛上遇雨		同上
市上		同上
重登文峰岩　崇禎甲申二月外祖心水公建	8左	崇禎甲申二月重登文峰岩外祖若水公建
答鄭道子居士	9右	同上
慰病寄國歡寺達空禅師　久参博山		同上
病起再寄		同上
崇禎甲申年國變	11右	同上
宿院知縣協周居士園亭	12右	同上
侍自申老師入大關寺	13左	同上
寄懐寺中弟姪		同上
次永師見寄　與使麒善友	14右	同上
與使麟善友		與使麒善友
大梁寺先君頻遊之處	19右	同上
承天禅堂	20右	同上

巻	分類	題	丁	獨湛禪師梧山舊稿巻第三	獨湛禪師梧山舊稿巻四	備考
巻29	詩偈五言律	贈平山石梅和尚	1右～22左	21右		同上
		侍芙蓉賓和尚住雲樵巖		21右		同上
		大田縣		22右		同上
		名山室晩眺			2右	同上
		秋夜寓永福縣重光寺同僧録夜話			3右	同上
		坐雨			3左	同上
		芙蓉道中虎甚傷人偈以告之			17右	同上
		喜惟一師姪至		対照の語録なし		
		誓願寺				
		高雄山				
		再得震旦法友書				
		應了質齋				
		訪海福燭本和尚				
		寓武州懐黄檗法兄木和尚				
		贈漢松獨吼和尚				
		贈峩山獨照和尚				
		次韻泉姪見過				

巻29	詩偈 五言律	閲大清順治皇帝賜號弘覚禅師天童寺山翁老叔祖和尚奏對録 次慧林法兄見遇永思塔韻 寶積山自在寺落成偈　并序 瀬戸三島宮詩示如仙道士 堯轉居士几前焼香二偈 又（生来無） 本師老和尚扶龕入塔 答法藏寺純固上人 送純固上人 宿市野摠太夫居士第 太田式部居士見遇賦贈 薦板倉内膳正居士 長瀬十郎左衛門落成宅宇示之 挽掃部頭井伊直澄大居士 示市野春山居士 永思搭鳴鐘 挽大澤居士	1右～22左	対照の語録なし

巻	29
詩偈	五言律
	薦慈懿院 示川島居士賑濟饑民 梅谷法姪重興大雲山福清寺・ 默堂當家従至江府謁見國主大将軍回山書以贈之 別傳法姪見過 贈閣老 贈閣老 贈閣老 贈閣老 贈僚臣 贈青木甲斐守居士 贈唯一耆舊公 示瑠救國僧覚深 贈萬松院寂門姪 示山田徳庵儒醫 慧極法侄 喝禪法姪
	1右~22左
	対照の語録なし

巻	詩偈五言律		対照の語録
29	梅谷法姪應請 贈佐野修理太夫居士 寶洲法侄刻藏圓成送經回黄檗賦以贈 除夕和韻漢松和尚 元日立春次韻漢松和尚 避俗和袁中郎居士韻　附原作 袁中郎居士詩云窮鄉何足戀大抵為林泉曰次其韻作懐慕岩詩 拜長耳和尚肉身和中郎居士　在西湖法相寺 香國法姪 慈缶法侄 戒光寺 東岸姪孫 新荷 薦陳孺人 喜本多下野守大居士至 賀近藤登之助居士得男	1右～22左	対照の語録なし

巻29	詩偈 五言律	獅子林造海眼塔偈 又（在世先） 又（平治自） 又（虚空生） 戒壇示衆 又（手持木） 又（具戒門） 又（曠劫前） 又（防非厳） 又（菩提諸） 又（妙厳心） 又（六祖伝） 石川居士見過 勧学法印送経入初山 首座圓通公應請梵釋寺 祝耆舊一公七十壽 送石窓西堂歸菴 漢松智覺法姪
1右～22左		
対照の語録なし		

巻	29
詩偈五言律	壽泉天巖法子 贈松平伯耆守居士 本多弾正居士六十壽詩 輓法兄木和尚 丹崕西堂 初山藏經所 次徳用居士早梅来韻 茶磨山亦多和氣古念佛寺即事書懐二首與東明山悦峰西堂 又（萬峰朝） 山民獻石 長興山 次韻徳用居士丁丑早春 輓高淳院普光浄覚居士 贈無塵居士手盡當麻圖作知恩院法室 當麻紫雲庵禮法如菩薩像 又
	1右〜22左
	対照の語録なし

巻	分類	題	丁	対照語録	丁	備考
巻29	詩偈 五言律	奉贈林丘寺光子内親王　照山元瑤公主幷序	1右~22左	対照の語録なし		
		致謝				
巻30	雜體 三言	卓晩春仙祠	1右~6右	獨湛禪師梧山舊稿巻第三	10右	同上
		懐本静居			18左	同上
		祝廣壽法兄即非和尚五十		初山獨湛禪師語錄（1冊75丁）	69左	祝廣壽法兄即非和尚五十初度
		次韵法弟南源和尚			70右	次韻贈南源兄
		登妙高峰青龍潤請水作雩徳雨志喜		対照の語録なし		
		道撲居士……				
		山中四威儀		獨湛禪師梧山舊稿巻第三	16右	同上
		寓古田縣大穆寺		獨湛禪師梧山舊稿巻四	14左	同上
		過紫雲山贈良舜法姪		対照の語録なし		
		贈青木端山居士				
		無縁寺埋蔵火亡佛子七萬餘人偶經其處				
		嘆玉光院智浄禅尼				
		嘱合掌坐逝偈曰				

巻30

雜體三言	薦榮巌禪人	1右〜6右	対照の語録なし		
	林三教先生祠		獨湛禪師梧山舊稿巻第三	10右	同上
	秋夕懐梧山受業師			21左	同上
	山中鹿角可作拂柄適有麈尾乃合成之得半偈		対照の語録なし		
	武陵行				
歌	富士山歌	6右〜9左	対照の語録なし		
	次韻喜雨歌				
	血書華厳經歌贈惟一老姪				
	放歌似道生優婆塞				
	堂中書懐歌				
	武陵客中答法兄慧林和尚				
辭	懐浄土和歸去来辭	9左	獨湛禪師梧山舊稿巻四	15左	同上
賦	中秋月賦	10左		19右	同上
	九日登妙高峰賦	11左	対照の語録なし		
説	誡亡人衣書法華經説	12右	初山獨湛禪師語録（1冊75丁）	36左	同上
	近藤語石老居士定印入寂圖説	13左	対照の語録なし		

巻30	説	徑山費隱師翁遺事説	13左	対照の語録なし		
		日本大和州當麻寺化人織造藕絲西方境縁起説梵語曼那羅	14右	翻刻　當麻圖記	3右～8左	日本大和州當麻寺化人織造藕絲西方境縁起説
		関梅岩居士手畫達磨幷舍利説	18右	対照の語録なし		
		黄檗四代獨湛禅師全録後序	1右	獨湛禪師全錄（浜松）巻九（冊二）	1右	同上
		編集者　名簿	6左	対照の語録なし		

表3　『獨湛和尚全録』三十巻に記載がない法語

語録名	丁	種類	法語題名
獨湛禪師梧山舊稿巻第一	1右～11左		梧山舊稿　自序
			先妣孝慈黄孺人割股記
			外祖若水黄先生遺行記
			瑤光貫日記
			篆隷諸體金剛經記
			地蔵殿留松記為東里黄居士作
			手書梁皇懺記
			檀文
			惠記
			梧山紀諍
獨湛禪師梧山舊稿巻二	19左～25左		呉道子墨刻石本三十二相觀世音菩薩頌（第一相～第三十二相）
	25右	題賛	曙星
	25左～28左		出山
			釋迦文佛
			又（竺國一枝）
			又（寶座妙嚴）

獨湛禪師梧山舊稿 巻二	
25左~28左	28左~32左
題賛	

又（東司邊殿）
大日如来
阿彌陀佛
西方三聖
又（花間垂手）
阿逸多菩薩
又（一文入手）
文殊菩薩
又（雲間低首）
普賢菩薩
雲頂文殊普賢
維摩居士
觀世音菩薩
又（天人拂衣）
又（展出梵書）
又（天心片月）
又（善心為男）
又（巌石擎天）

獨湛禪師梧山舊稿　巻二

28左〜32左

題贊

又（佛號密持）
又（崖石為床）
又（一滴之水）
又（盤陀石頂）
又（據石説法）
又（金剛石巓）
又（唯大菩薩）
又（顕露自心）
又（刹海含孤）
又（氷壺撃出）
又（此方教體）
又（耳中觀色）
又（一性歸元）
又（崖頭踞坐）
又（正觀觀時）
又（轟轟布水従）
又（轟轟布水雷）

獨湛禪師梧山舊稿 巻二

28左～32左	題賛	又（不起那伽）
32左		枯木觀音
33右～35左	十六羅漢	第一位手展巻軸側面注視
		第二位坐石執杖
		第三位披禪衣遊行于山林間一鶴従其後
		第四位放下苕帚大笑
		第五位仰視雲中遊龍一瓶在側
		第六抱膝而坐飛鳥啣花
		第七位肩桃笠杖飄然獨行回首遠眄山花用用然
		第八位披髮跣足遊山撫石
		第九位照鏡
		第十位一手執如意一手拈巻軸
		第十一位拜月焼香
		第十二位倚柳爬耳有慶快之容壚瓶在側
		第十三位仰觀雲中佛像背後叉手
		第十四位俯視水底明珠
		第十五位擔錫杖充充而行一手遠指有獅子在後
		第十六位跨虎

獨湛禪師梧山舊稿　巻二	35左～39右	
		四睡
		十六羅漢四幅
		又（赤幡堅起）
		又（此三比丘）
		又（晏坐巌間）
		又（二九開士）
		石羅漢
		達磨大師
		又（少空堂前）
		又（祖意西来）
		又（在昔辯珠）
		蹈蘆
		又（梁庭掩采）
		臨濟和尚
		徳山
		普化和尚
		趙州和尚

獨湛禪師梧山舊稿巻二	35左〜39右		慈明圓和尚
			高峰中峰二祖師同軸像
			韋駄菩薩
			監齋使者
			地蔵菩薩
獨湛禪師梧山舊稿巻三	1左	詩偈	贈自申老師
	2右		簡張滄澤孝廉
	6右		又（林巣皈暮）
	16右		又（何處雪濤）
	16右		又（治圃随時）
	16右		又（木蘭一水）
	16右		又（未空身見）
	16右		又（徳高望重）
	16左		余世南進士見過
	21左		答西巌善友
	21右		紫雲禮祖膊和尚眞身
	22左		渡瀬溪橋
	23右		又（為僧愧我）

獨湛禪師梧山舊稿巻三	23右	詩偈	三賢詞
獨湛禪師梧山舊稿巻四	1右	詩偈	上黄檗禮本師老和尚　順治辛卯年
	1右		懐法叔亘信老和尚
	1左		長慶懐古歩心盤和尚韻
	2右		洋嶼庵次韻
	2右		高蓋山紫頂
	3右		禮雪峯和尚開山塔
	4右～5右	八景	瀟湘夜雨
			山市晴嵐
			江天墓雪
			煙寺晩鐘
			洞庭秋月
			遠浦歸帆
			漁村夕照
			平沙落鴈
	5右		大公叟
	5左		山水圖

出典	丁	題	本文
獨湛禪師梧山舊稿 巻四	5左		又（寒松影裏）
	6右		布袋同孩児泛船圖
	6右～8右	十八開士偈	第一尊者立海牛脊絶流而過 第二尊者坐綵帨中雪眉垂兩肩四海鬼獰甚昇之行 第三尊者乗巴苴葉傲睨太空 第四尊者與前尊者共泛蕉葉一沙彌荷槖隨後 第五尊者遡風立飛濤中足蹈鉢多羅 第六尊者横杖在腕有大黿負而行黿半隠水中 第七尊者瞪目東望口噓氣成雲雲中現七成塔景 第八尊者玩塔景微笑一王孫持四菓獻之 第九尊者杖錫而行足下寶珠輪有光 第十尊者騎海魚鼓鬣而遊 第十一尊者布杖干海赤足躡是 第十二尊者擎鉢噬唇仰視小龍 第十三尊者踞崖石坐左攬衣右舒指指空若有所示 第十四尊者手執修多羅欲讀未讀回顧隣座者 第十五尊者側耳聽經神觀清静如在禪定時 第十六尊者騎鹿行栢下

獨湛禪師梧山舊稿巻四	6右~8右	十八開士偈	第十七尊者誇班文虎持降魔杵過巌前
			第十八尊者趺坐作入定相白毫光宛轉起両眉間
	8右		包山花巻
	8左		古松圖
	8左		拳石圖
	8左		祝本師老和尚六十壽　順治辛卯年
	9右~12左	雪峯二十四咏	雪峰山
			萬松關
			梯雲嶺
			半山亭
			一洞天
			寶所亭
			無字碑
			藍田庄
			望州亭
			應潮泉
			三毬堂

獨湛禪師梧山舊稿
巻四

9右～12左	雪峯二十四咏	蘸月地
9右～12左	雪峯二十四咏	卓錫泉
9右～12左	雪峯二十四咏	文殊臺
9右～12左	雪峯二十四咏	羅漢崕
9右～12左	雪峯二十四咏	龍眠坊
9右～12左	雪峯二十四咏	象骨峰
9右～12左	雪峯二十四咏	雪嶠路
9右～12左	雪峯二十四咏	化城亭
9右～12左	雪峯二十四咏	金鰲橋
9右～12左	雪峯二十四咏	摩香石
9右～12左	雪峯二十四咏	枯木庵
9右～12左	雪峯二十四咏	放生地
9右～12左	雪峯二十四咏	古鏡臺
12左		念佛會鐘銘
12左		舟中風雨
13右		贈雲門心盤和尚
13左		答聖木禪友夜話有懐
13左		留別留香堂

獨湛禪師梧山舊稿
巻四

13左		再参南山法叔亘信老和尚
14右		將回梧山先寄王炤深居士
14右		回積雲寺簡張滄潭朱寅二孝廉
15右		送別行僧
15左		蜆子和尚遺跡
17右		獨行募化
17右		春日同言兄遊萬松庵限韻
20右		芙蓉竇和尚圓寂赴荼毘所
20右		同石言兄福城持鉢
20左		登旗山絶頂探白雲古基
21右		永福縣能仁寺贈生公比丘
21右		送楚僧松潮参方
21左		補山上瞻和尚以常著大衣見恵
22右		答周懋皇貢士
22左		訪曹源老師静室
22左		贈怡山崇寶大師
22右		壽無上兄母

獨湛禪師梧山舊稿 巻四	23右		黄檗解制留別葉道兄
	23右		萬石山
	23右		漁問
	23右		小桃源
	23左		一線天
	23左		水樂洞
	24右		祖貢元希振公先考翊宣公安葬　幷序　癸巳年
初山獨湛禪師語録（1冊75丁）	16右～19右		小参（元旦小参僧）
			濱松如圓信女送紅法依至請小参
			除夕小参（僧問古徳）
			結制七日小参
			除勇小参（僧問梅経）
	33右		示佐佐義海居士
初山獨湛禪師語録（1冊75丁）	39右～40左		掛鐘板
			釋迦文佛開光
			阿彌陀佛安座
			淨光菴阿彌陀佛開光

初山獨湛禪師語錄（1冊75丁）	39右～40左		三嶽山石佛開光
			觀音大士安座
			爲覺心道淨居士對靈
			松隱堂上梁
			佛殿動土偈
			若水黃光曁曽孺人靈前焼香偈
初山獨湛禪師語錄（1冊75丁）	41右～44左		釋迦文佛手結三寶印像
			無量壽佛
			血書接引阿彌陀佛
			千手觀音像賛
			千手觀音
			水月觀音
			魚籃觀音
			入定觀音
			白衣送子觀音
			觀瀑大士
			文殊大士
			維摩居士

初山獨湛禪師語錄（1冊75丁）	41右〜44左		又（斤諸偏）
			達磨大師
			五祖大師
			又（言下悟）
			六祖大師
初山獨湛禪師語錄（1冊75丁）	44左〜49右		第一賓度羅跋羅墮闍尊者
			第二迦諾迦伐蹉尊者
			第三跋釐墮闍尊者
			第四蘇頻陀尊者
			第五諾詎羅尊者
			第六跋陀羅尊者
			第七迦理迦尊者
			第八闍羅弗多羅尊者
			第九戍博迦尊者
			第十半託迦尊者
			第十一羅怙羅尊者
			第十二那迦犀那尊者
			第十三因羯陀尊者

初山獨湛禪師語録（1冊75丁）	44左～49右		第十四伐那波斯尊者
			第十五阿氏多尊者
			第十六賓頭盧尊者
			布袋和尚
			寒山
			拾徳
			懶瓚和尚
			弘法大師
			雲棲大師
			黄檗山御賜佛牙舍利讃
			本師老和尚像
			即非和尚像
			闗聖帝君
初山獨湛禪師語録（1冊75丁）	49右～54右		祖均禪人請
			近藤語石檀越請
			觀禪寺古石禪人請
			月礀禪人請

初山獨湛禪師語録（1冊75丁）	49右～54右	
		雲松禪人請
		牧野吉峯居士請
		龍珠寺如石禪人請
		性澄夫人請
		礒部九郎右衛門請
		濱松妙圓信女請
		衆禪人請
		自光徒弟請
		元初禪人請
		智照行者請
		秀美禪人請
		半身　濱松祐補信女請
		元香禪者請
		智明行者請
		濱松貞心信女請
		半身　宗甫禪人請
		了義禪人請
		祥雲禪人請

初山獨湛禪師語録（1冊75丁）	49右～54右		濱松摠右衛門請
			松源月川禪人請
			達然禪人請
			長瀬與兵衛請
			今泉摠右衛門請
			礒部道調信士請
			智永禪人請
			觀泉禪人請
			濱松道定信士請
			直歳請
初山獨湛禪師語録（1冊75丁）	55右～60右		上本師老和尚書
			賀黄檗木菴和尚開堂啓
			賀佛日慧林和尚生日開堂啓
			與法輪龍溪法兄書
			復法苑山高泉禪師啓
			復海福獨本禪兄書
			與東林大眉法兄書

初山獨湛禪師語録（1冊75丁）	55右〜60右		復近藤語石居士啓
			上本師老和尚書
			復南源兄啓
			上本師老和尚書
初山獨湛禪師語録（1冊75丁）	61右〜72左	詩偈	應遠州近藤語石居士請　甲辰年五月念三日
			到金指
			六月六日採隠初山乙巳年三月十五日進寺
			初山十八景
			牛眼石詩　有序
			徑山翁寄示偈語奉次大韻以志不忘時佛成道日也
			懐本師老和尚
			懐黄檗木菴和尚
			祝廣壽即非和尚五十初度
			懐摩耶慧林和尚
			龍溪法兄受詔住幡枝山
			大眉法兄五十初度
			次韻懐後堂獨吼兄
			次韻贈南源兄

初山獨湛禪師語錄（1冊75丁）	61右～72左	詩偈	次韻懐法苑山高泉禪師 次韻答惟一禪姪 次韻月潭姪見寄 次韻月泉姪見過 輓晩堂禪師 輓報親慧門和尚 超格侍者呈偈依韻示之 示石淙維那 示天瑞書記 示古石典座 示岫雲侍者 懐戊老黄居士 近藤語石居士與建初山大雄寳殿不労民力偈以示之
初山勵賢錄	一巻		
授手堂浄土詩	一巻		
施食要訣	一巻		

参考文献・論文一覧

《参考文献》

〈引用原点・辞書類〉

『黄檗第四代獨湛和尚行略』一巻（京都大学大学院文学研究科図書館）
『初山獨湛禪師行由』一巻（駒澤大学図書館）
『獨湛禪師梧山舊稿』四巻（駒澤大学図書館）
『初山獨湛禪師語録』一巻（浜松市立中央図書館）
『初山勵賢録』（駒澤大学図書館）
『獨湛禪師全録』九巻（浜松市立中央図書館）
『獨湛和尚全録』三〇巻（京都萬福寺）
『當麻圖記』一巻（佛教大学図書館）
『授手堂淨土詩』一巻（法然院）
『黄檗獨湛和尚開堂法語』一巻（京都萬福寺）
『施食要訣』一巻（駒澤大学図書館）
『輓偈稱讃淨土詠』一巻（大正大学附属図書館）
『獨湛和尚念佛會』一巻（法然院）
『扶桑寄歸往生傳』二巻（佛教大学図書館）
『近代諸上善人詠』一巻（東北大学附属図書館）
『永思祖德録』一巻（京都萬福寺）

『皇明百孝傳』一巻（京都大学附属図書館）
『初山寶林寺開山獨湛性瑩禪師由緣』（京都萬福寺）
『本山歴代戒壇執事記』（京都萬福寺）
『隱元黄檗清規』（『大正蔵』）
『禪林課誦』（佛教大学図書館）
『高僧伝』（京都萬福寺）
『檗宗譜略』（駒澤大学）
『黄檗開山隱元老和尚末後事實』（京都大学）
『隨聞往生記』（佛教大学図書館）
『洛東華頂義山和尚行業記幷要解』（佛教大学図書館）
『獅谷白蓮社忍澂和尚行業記』（佛教大学図書館）
『貞傳上人東域念佛利益傳』（佛教大学図書館）
『一枚起請文拾遺鈔』刊本　正徳元年（佛教大学図書館）
『淨土依憑集』（称名庵）
『專念法語』刊本、天保五年（佛教大学図書館）
『隨聞往生記』刊本　天明五年（佛教大学図書館）
『東域念佛利益傳』（佛教大学図書館）
『病堂策』（筑波大学）
『蓮會百萬念佛圖說述贊』刊本、享保十九年（佛教大学図書館）
『陰隲錄』（龍谷大学図書館）
『和語陰隲錄大意』（佛教大学図書館）
『古本漢語燈錄』（『佛教古典叢書』）

『元亨釋書』(『新訂増補国史大系』吉川弘文館刊行所収)
『扶桑略記』皇円編(『新訂増補国史大系』吉川弘文館刊行所収)
『日本宗教史研究年報』一九七九年
『黒谷誌要』(『浄全』巻二十四)
『蓮池大師全集』(和裕出版社〈台湾〉)
『續日本高僧傳』(『大日本佛教全書』第六四巻)
『大蔵経全解説大辞典』(雄山閣出版、一九九八年)

〈図録類〉

『大本山くろ谷金戒光明寺　宝物総覧』思文閣出版、二〇一一年
『仏教の宇宙観』龍谷大学大宮図書館、二〇〇九年度特別展観
『近江と黄檗宗の美術』栗東歴史民俗博物館、一九九二年
『栗東の宗教文化』栗東歴史民俗博物館、一九九〇年
『創造と継承――寺院復興』栗東歴史民俗博物館、二〇〇八年
『隠元禅師と黄檗宗の絵画展』神戸市立博物館、一九九一年
『黄檗山萬福寺歴代画像集』萬福寺文華殿、一九八三年
『黄檗――禅と芸術――』岐阜市歴史博物館、一九九二年
『黄檗の美術――江戸時代の文化を変えたもの――』京都国立博物館、一九九三年
『黄檗　京都宇治・萬福寺の名宝と禅の新風』九州国立博物館、二〇一一年

〈単行本類〉

秋月竜珉・秋月真人著『禅宗語録漢文の読み方』春秋社、一九九三年
荒木見悟著『雲棲袾宏の研究』大蔵出版、一九八五年
伊藤曙覧著『越中の民俗宗教』岩田書院、二〇〇二年

伊藤古鑑著『合掌と念珠の話』大法輪閣、一九八〇年
井村修著『独湛性瑩と近藤貞用』私家版、一九八七年
今堀太逸著『本地垂迹信仰と念仏　日本庶民仏教史の研究』法藏館、一九九九年
岩井大慧著『日支仏教史論攷』原書房、一九八〇年（初版東洋文庫、一九五七年）
大谷愍成編輯『普光觀智國師』増上寺、一九一九年
小笠原宣秀著『中國近世浄土教史の研究』百華苑、一九六三年
小川貫弌著『佛教文化史研究』永田文昌堂、一九七三年
笠原一男編『近世往生伝集成』山川出版社、一九七八年―一九八〇年
川上孤山著・荻須純道補述『増補　妙心寺史』思文閣出版、一九七五年
鎌田茂雄著『中国の仏教儀礼』大蔵出版、一九八六年
川口高風著『諦忍律師研究』法藏館、一九九五年
木村英一編『慧遠研究』創文社、一九六〇年
木村得玄著『初期黄檗派の僧たち』春秋社、二〇〇七年
木村得玄訳『隠元禅師年譜〔現代語訳〕』春秋社、二〇〇二年
木村得玄著『黄檗宗の歴史・人物・文化』春秋社、二〇〇五年
木村得玄著『校注江戸黄檗禅刹記』春秋社、二〇〇九年
倉田邦雄・倉田治夫編著『善光寺縁起集成―寛文八年版本―』龍鳳書房、二〇〇一年
小島孝之・浅見和彦編『撰集抄』桜楓社、一九八五年
小林一郎著『善光寺如来縁起：元禄五年版』銀河書房、一九八五年
孤峰智璨著『禅宗史　印度・支那・日本』大本山総持寺、一九七四年
小松茂美編集・解説『続日本の絵巻　法然上人絵伝』中央公論社、一九九〇年
坂井衡平著『善光寺史』東京美術、一九六九年

竹貫元勝著『日本禅宗史』大蔵出版、一九八九年
竹貫元勝編著『近世黄檗宗末寺帳集成』雄山閣出版、一九九〇年
田中俊孝編『雲介子関通全集』関通上人全集刊行会、一九二六年
田中良昭編『禅学研究入門』大東出版社、二〇〇六年
張勇著『傅大士研究』中国古典文献学研究叢書、巴蜀書社、二〇〇一年
塚本善隆著『日中仏教交渉史研究』大東出版社、一九七四年
辻善之助著『日本佛教史』岩波書店、一九六〇年
中尾文雄訳・服部祖承『黄檗隠元禅師の禅思想』黄檗宗東向山自敬寺、一九九九年
中島悦次校註『古今著聞集』上下巻、角川書店、一九七五年―一九七八年
中村薫著『中国華厳浄土思想の研究』法藏館、二〇〇一年
那須大慶編『諸大宗数珠纂要』那須大慶、一九八五年
西尾光一校註『撰集抄』岩波書店、一九七〇年
西澤嘉朗著『陰隲録の研究』八雲書店、一九四六年
西田耕三著『近世の僧と文学――妙は唯その人に存す――』ぺりかん社、二〇一〇年
能仁晃道編著『隠元禅師年譜』禅文化研究所、一九九九年
長谷川匡俊著『近世浄土宗の信仰と教化』北辰堂、一九八八年
長谷川匡俊著『近世念仏者集団の行動と思想：浄土宗の場合』評論社、一九八〇年
服部英淳著『浄土教思想論』山喜房仏書林、一九七四年
平久保章編『新纂校訂　隠元全集』開明書院、一九七九年
平久保章著『隠元』吉川弘文館、一九九二年
平久保章編『新纂校訂　木菴全集』思文閣出版、一九九二年
藤吉慈海著『鈴木正三』名著普及会、二〇〇一年、（初版一九八二年）

藤吉慈海著『禅の語録19禅関策進』筑摩書房、一九七〇年
藤原正纂訳『孔子全集』岩波書店、一九三一年
牧田諦亮著『浄土仏教の思想　五　善導』講談社、二〇〇〇年
増谷文雄著『東洋思想の形成』冨山房、一九六四年
松浦秀光著『禅宗古実偈文の研究』山喜房仏書林、一九七一年
道端良秀著『中国仏教史全集』第九巻、書苑、一九八五年
望月信亨著『中国浄土教理史』法藏館、一九四二年
柳田聖山・梅原猛著『無の探求』〈中国禅〉（仏教の思想　7）角川ソフィア文庫、二〇〇三年
芳澤勝弘訳注『遠羅天釜』禅文化研究所、二〇〇一年

伊丹市史編纂専門委員会編集『伊丹市史』伊丹市、一九六八年
黄檗布教師会編『黄檗のお授戒』一九八三年
駒澤大学曹洞宗教化研究所『共同研究　授戒会の歩みと伝道』駒沢大学曹洞宗教化研修所、一九七四年
仏教大学民間念仏研究会編『民間念仏信仰の研究』隆文館、一九六六年

《論文》

池田英淳稿「禅浄融合思想の一考察」（『念佛と禅　浄土学特輯』法藏館）一九四二年
石上善應稿「佛教三学としての禅と念仏――天台止観と念仏」（『仏道のあゆみ　禅、念仏そしてダルマ』佛教大学ロサンゼルス校）一九九九年
伊藤唯真稿「往生伝と浄土伝燈の史論　解説」（扶桑寄帰往生伝　二巻、『続浄土宗全書』第一七巻）一九七四年
井村修稿「近藤貞用と御林と独湛」（『引佐町史』上巻）一九九一年

岩田郁子稿「禅林課誦と中国課経本」(『黄檗文華』一一八号)一九九八年
巖谷勝正稿「香誉祐海の「勧修百万遍十界一心願生西方作福念仏図説」について」(『佛教論叢』第四十六号)二〇〇二年
大石守雄稿「黄檗清規の研究」(『禅学研究』第四九号)一九五九年
岡本貞雄稿「黄檗宗の禅」(『禅へのいざない　第三巻　日本仏教と禅』大東出版社)一九九一年
大賀一郎稿『黄檗四代念佛禪師獨湛について』(『念佛と禅　浄土学特輯』法藏館)一九四二年
大槻幹郎稿「独湛と念仏禅」(『大法輪』)一九七六年
大槻幹郎稿「黄檗獨湛の絵画序説」(『大和文華』一一一号)二〇〇四年
落合俊典稿「禅と浄土思想」(『禅へのいざない　第二巻　中国仏教と禅』大東出版社)一九九一年
香月乗光稿「東晋代に於ける禅法と浄土教」(『念佛と禅　浄土学特輯』)一九四二年
光地英学稿「中国における禅浄関係」(『駒沢大学仏教学部研究紀要』三〇)一九七二年
高雄義堅稿「明代に大成されたる功過思想」(『龍谷大学論叢』第二四四号)一九二二年
玉山成元稿「善導・法然の来迎図」(『日本仏教史学』第十四号)一九七九年
藤堂恭俊稿「鳩摩羅什訳出と言われる禅経典の説示する念佛観」(『福井博士頌寿記念　東洋思想論集』)一九六〇年
藤堂恭俊稿「『坐禅三昧経』に説示する念仏観の成立背景」(『印度学佛教学研究』第八巻第二号所)一九七〇年
藤堂俊英稿「仏教看護の原型とその基本」(水谷幸正編『仏教とターミナル・ケアに関する研究』〈その3〉)一九九三年
藤堂俊英稿「宋・日の蓮華勝会」(『香川孝雄博士古稀記念論集　佛教学浄土学研究』永田文昌堂)二〇〇一年
藤堂俊英稿「勢至菩薩所証法門」をめぐって」(『浄土宗学研究』第三十一号)二〇〇四年
禿氏祐祥稿『念仏図の起源並に伝播』(『龍谷史壇』第二巻第一号)一九二九年
中尾文雄稿「独湛禅師の参禅と念仏観」(『黄檗文華』十一号)一九七四年
中尾文雄稿「独湛禅師の参禅と念仏――『初山独湛禅師語録』より――」(『黄檗文華』二十三号)一九七五年

錦織亮介稿「黄檗僧独湛　絵画作品録（稿）」（『北九州市立大学文学紀要』第七十四号）二〇〇八年
錦織亮介稿「黄檗僧獨湛　絵画作品目録（稿）」（『北九州市立大学文学部紀要』第七四号）二〇〇八年
長谷川匡俊稿「近世念仏と外来思想――黄檗宗の念仏者独湛をめぐって――」（季刊『日本思想史』二十二号）一
九八四年
牧田諦亮稿「松誉巌的の疑経観　附、仏説阿弥陀三昧海経其他」（『恵谷先生古稀記念　浄土教の思想と文化』）一
九七二年
増永霊鳳稿「支那禅宗史に於ける五家の地位とその性格」（『念佛と禅　浄土学特輯』法藏館）一九四二年
松永知海稿「黄檗四代獨湛和尚巧――當麻曼荼羅をめぐる浄土宗僧侶の関連において――」（『坪井俊映博士頌寿記
念佛教文化論攷』）一九八四年
松永知海稿「『勧修作福念仏図説』の印施と影響――獅谷忍澂を中心として――」（『佛教大学大学院紀要』十五）
一九八七年
水野弘元稿「禅宗成立以前シナの禅定思想史序説」（『駒沢大学研究紀要』十五号）一九五七年
宮坂宥勝稿「密教における色の役割」（『panoramic mag is』増刊号「色」ポーラ文化研究所）一九八二年

初出一覧　（新稿は省略した）

緒言　黄檗僧念仏獨湛の生涯（『佛教文化研究』第五十六号、二〇一二年三月）

第一章　黄檗宗と獨湛

第二節以外は、「黄檗僧念仏獨湛の生涯」（『佛教文化研究』第五十六号、二〇一二年三月）を元に加筆・修正している。

第二章　獨湛の著作類

第一節　黄檗僧念仏獨湛の著作（『佛教大学総合研究所紀要』第二十号、二〇一三年三月）

第二節　念仏獨湛について――『扶桑寄帰往生伝』――（『佛教論叢』第五十三号、二〇〇九年三月）

黄檗僧念仏獨湛の著作（『佛教大学総合研究所紀要』第二十号、二〇一三年三月）

第三節　黄檗僧念仏獨湛の絵画に見る浄土教（『佛教論叢』第五十六号、二〇一二年三月）

第三章　獨湛の浄土教

第三節　黄檗僧念仏獨湛の絵画に見る浄土教（『佛教論叢』第五十六号、二〇一二年三月）

第五節　黄檗獨湛の『勧修作福念仏図説』について（『佛教大学大学院紀要』第三十九号、二〇一一年三月）

第四章　獨湛と浄土宗

第一節　念仏獨湛の研究――獨湛の法然観について――（『印度學佛教學研究』第五十八巻一号、二〇〇九年十二

月）

第二節　黄檗獨湛の善導観（『法然上人八〇〇年大遠忌記念　法然仏教とその可能性』二〇一二年三月）

第三節　獨湛と浄土宗の諸師――忍澂と義山を中心にして――（『佛教論叢』第五十四号、二〇一〇年三月）

結語　黄檗僧念仏獨湛の生涯（『佛教文化研究』第五十六号、二〇一二年三月）

あとがき

この小著では江戸初期に隠元と共に渡来した黄檗僧獨湛の生涯と日本仏教史上に残したその業績を歴史的、思想史的に取りあげ、その全体像に迫れるように努めました。もともと黄檗宗は臨済宗の一派でしたが、隠元が伝えた教えは日本臨済宗とは異なり、明治九年には臨済宗から独立して今日に至っています。日本臨済宗では座禅が主たる修行法ですが、隠元が伝えた教えの基調には永明延寿や雲棲袾宏が中国で弘めた禅浄双修という伝統があります。これについて妙心寺二百十九世虚櫺了廓は書簡の中で、「座禅の儀式はいかにも殊勝に見え申候、総じて能能見申候に外は浄土宗に似、内は禅宗の様存候是雲棲の規範故乎」とその特徴を伝え、獨湛については「工夫専一に勤め隠元も感じられしひとなり」とその人柄を書き残しています。

二十七歳で渡来した獨湛は三十四歳の時、師に随従して長崎から宇治の萬福寺に移りました。三十七歳の時には招請されて浜松に赴き、そこで初山宝林寺を建立しています。四十六歳の時にはその宝林寺で近世往生伝の先駆的位置を占める『扶桑寄歸往生傳』を編纂しています。獨湛は記録の上では、東は上野の国、西は伊予の国にわたる二十近くに及ぶ寺院の開山となっています。五十三歳の時には萬福寺に戻り、第四世として十年間住持を務めました。六十四歳で退いた後は大和の国の霊場を巡り、七十五歳頃に當麻寺で當麻曼荼羅に出会って感動し、日本浄土教への思いを一層深めたのです。七十七歳の時には『勸修作福念佛圖說』を印施し、独自の教化法で念仏の教えを弘め、日本浄土教界に大きな影響を与えたのです。そのような晩年、獨湛は浄土宗、西山浄土宗等の諸僧とも親しく交流していました。浄土宗の学僧義山の伝記では獨湛を「禪師禪而念佛」と禅浄双修の徳僧として受け止めています。獨湛は晩年浄土教に関する多くの絵画を描きながら念仏を教化していたことから「念仏獨湛」と言う名で知られるようになりました。獨湛の人柄については先にも少し触れましたが、『黄檗開山隱元老和尚末後事實』では師の隠元が、獨湛には孝の徳があり、言葉を謹み、行動を慎み、仏法のために疲倦することなく精進し、一処の主として恥じることのない人であると述べています。

私は渡来僧獨湛が禅浄双修の伝統を踏まえながら日本浄土教諸宗の僧とも交流する中で、独自の教化を展開し、しかも故国の先祖や眷属の恩を忘れない仏教者としての真摯な姿に強く惹かれながら研究を進めてきました。この拙い小著が細やかながら黄檗宗と近世日本浄土教の研究の役に立つことができればさいわいです。

本書は二〇一一年九月に佛教大学へ提出した学位請求論文「黄檗僧獨湛の浄土教」に加筆修正したものです。学位論文の執筆にあたり、恩師である藤堂俊英先生には、仏教学部長としてご多忙の中ご指導して下さったことに感謝の意を表します。また淑徳大学の長谷川匡俊先生と佛教大学の松永知海先生には獨湛浄土教研究の先学として私の研究の道しるべであった上に、学位論文審査を担当して頂き種々にわたるご指導を頂きましたことにも感謝の意を表します。

ブラジル生まれ日系三世の私はマウアー工科大学を卒業後、幼いころから関心のあった仏教に本格的に触れたいという願いをもって来日、親戚の寺である杜若寺に入りました。そこから佛教大学専攻科へ進学、平成六年には知恩院で加行を受け浄土宗僧侶となりました。専攻科の修了論文「臨終行儀の研究」は藤堂先生のご指導でした。その論文審査で田中典彦先生から大学院進学を勧められたのですが、事情もありブラジルに帰りました。その五年後、やはり仏教をもっと勉強したいという思いに駆られ再来日、佛教大学大学院修士課程浄土学専攻に入学しました。修士論文は再び藤堂先生のご指導で「善導の懺悔観」をまとめました。その折に現黒谷金戒光明寺ご法主髙橋弘次先生が博士課程での研究をお勧め下さったこともあって進学を決意しました。このように私は佛教大学の諸先生方の懇切なご指導と、日本でめぐり会えたよき学友の励ましを受けながら今日にいたりました。

博士課程では「浄土宗大辞典」の依頼原稿の執筆や、「近世浄土宗典籍目録」の増補版作成の手伝いをする中で、江戸時代の浄土教に関心を懐くようになり、黄檗僧獨湛の浄土教を研究テーマに選びました。松永知海先生は萬福寺の黄檗文華殿の田中智誠様をご紹介して下さり、文華殿の皆様からは多くの資料の提供とご親切なご指導を頂きました。また研究の基礎作業として京都萬福寺、駒澤大学図書館、浜松中央図書館、京都大学附属図書館、京都大学大学院文学研究科図書館、獅子谷法然院、大正大学附属図書館、東北大学附属図書館、佛教大学図書館に所蔵されている資料の提供を受け、『獨湛全集』全四巻を作成することが出来ました。また浜松の初山宝林寺、大谷大学、龍谷大学、長崎歴史文化博物館、深草眞宗院、鳴虎報恩寺、岡崎清凉寺、長崎興福寺所蔵の貴重な資料の閲覧を許され論文に生かすことができました。また錦織亮介先生よりは獨湛の絵画資料を提供して頂きました。こうした関係各位のご厚意なくしてこの論文は成りませんでした。ここに衷心より感謝いたします。

本書が佛教大学研究叢書として出版されるに当たりご配慮下さった佛教大学に厚く御礼を申し上げます。また出版を引き受けて下さった法藏館西村明高社長、担当者として種々アドバイスを下さった秋月俊也さんに感謝いたします。

最後に、私を遠くから応援し見守ってくれた両親と妹弟に感謝のこころを込めて本書を捧げます。また師僧の西本英尊、叔母の西本絹子両氏には私の研究生活を支援し続けて下さったことにこころより感謝をいたします。

二〇一三年十二月二五日

田中実マルコス（芳道）

さ行――

た行――

ま行――

や行――

ら行――

人名索引

あ行――

か行――

は行――

ま行――

や行――

ら行――

書名索引

あ行――

か行――

は行——

ま行——

や行——

ら行——

寺院名索引

あ行——

か行——

さ行——

た行——

な行——

索　引

事項索引

あ行——

か行——

さ行——

た行——

な行——

◎著者略歴◎

田中実マルコス（たなか・みのる・まるこす）　法名：芳道（ほうどう）

1967年ブラジル・サンパウロ市生。
1991年マウア工科大学電気・電子科卒業（ブラジル）。
1994年知恩院で加行成満ののち、1995年佛教大学専攻科仏教学科修了。
2011年佛教大学大学院文学研究科博士後期課程修了。
博士（文学）。現在、佛教大学非常勤講師。

〔主要論文〕
「善導の光明観―念仏とのかかわりについて―」（『印度學佛教學研究』56-2、2008）
「黄檗獨湛の『勧修作福念仏図説』について」（『佛教大学大学院紀要』39、2011）
「黄檗僧念仏獨湛の著作」（『佛教大学総合研究所紀要』20、2013）
「ポルトガル語『浄土宗日常勤行式』」（『佛教論叢』57、2013）

佛教大学研究叢書20

黄檗禅（おうばくぜん）と浄土教（じょうどきょう）——萬福寺第四祖獨湛の思想と行動

2014（平成26）年2月28日発行

定価：本体7,000円（税別）

著　者　田中実マルコス
発行者　佛教大学長　山極伸之
発行所　佛教大学
〒603-8301　京都市北区紫野北花ノ坊町96
電話 075-491-2141（代表）
制　作
発　売　株式会社　法　藏　館
〒600-8153　京都市下京区正面通烏丸東入
電話 075-343-0030（編集）
075-343-5656（営業）

印　刷
製　本　亜細亜印刷株式会社

 ISBN978-4-8318-7455-9 C3021

『佛教大学研究叢書』の刊行にあたって

二十一世紀をむかえ、高等教育をめぐる課題は様々な様相を呈してきています。科学技術の急速な発展は、社会のグローバル化、情報化を著しく促進し、日本全体が知的基盤の確立に大きく動き出しています。高等教育機関である大学も、その使命を明確に社会に発信していくことが重要な課題となってきています。

本学では、こうした状況や課題に対処すべく、先に「佛教大学学術振興資金」を制度化し、教育研究の内容・成果を公表する体制を整備してきました。その一部はすでに大学院、学部の研究紀要の発行などに実を結び、また、通信教育課程においては鷹陵文化叢書、教育学叢書、社会福祉学叢書等を逐次刊行し、研究業績のみならず教育内容の公開にまで踏み出しています。今回の『佛教大学研究叢書』の刊行はこの制度化によるもう一つの成果であり、今後の本学の研究を支える根幹として位置づけられるものと確信しております。

研究者の多年にわたる研究の成果は、研究者個人の功績であることは勿論ですが、同時に、本学の貴重な知的財産としてこれを蓄積し、活用していく必要があります。したがって、それはまた特定の研究領域にのみ還元されるものでもありません。社会への発信が「知」の連鎖反応を呼び起こし、延いては冒頭にも述べた二十一世紀の知的基盤社会を豊かに発展させることに、大きく貢献するはずです。本学の『佛教大学研究叢書』がその貢献の柱になることを、切に願ってやみません。

二〇〇七年三月

佛教大学長　福原隆善